Krankengymnastik, Band 7

Krankengymnastik

Taschenlehrbuch in zwölf Bänden

Herausgegeben von
H. Cotta, W. Heipertz, A. Hüter-Becker,
G. Rompe

Georg Thieme Verlag Stuttgart · New York

Band 7

Chirurgie, Frauenheilkunde

Bearbeitet von S. Dörfer, G. Steinmetz,
G. Voigt und H. Krebs, I. Wengerofsky

3., neubearbeitete Auflage

46 Abbildungen in 97 Einzeldarstellungen

1995
Georg Thieme Verlag Stuttgart · New York

Wichtiger Hinweis: Wie jede Wissenschaft ist die Medizin ständigen Entwicklungen unterworfen. Forschung und klinische Erfahrung erweitern unsere Erkenntnisse, insbesondere was Behandlung und medikamentöse Therapie anbelangt. Soweit in diesem Werk eine Dosierung oder eine Applikation erwähnt wird, darf der Leser zwar darauf vertrauen, daß Autoren, Herausgeber und Verlag große Sorgfalt darauf verwandt haben, daß diese Angabe dem Wissensstand bei Fertigstellung des Werkes entspricht.

Für Angaben über Dosierungsanweisungen und Applikationsformen kann vom Verlag jedoch keine Gewähr übernommen werden. Jeder Benutzer ist angehalten, durch sorgfältige Prüfung der Beipackzettel der verwendeten Präparate und gegebenenfalls nach Konsultation eines Spezialisten festzustellen, ob die dort gegebene Empfehlung für Dosierungen oder die Beachtung von Kontraindikationen gegenüber der Angabe in diesem Buch abweicht. Eine solche Prüfung ist besonders wichtig bei selten verwendeten Präparaten oder solchen, die neu auf den Markt gebracht worden sind. Jede Dosierung oder Applikation erfolgt auf eigene Gefahr des Benutzers. Autoren und Verlag appellieren an jeden Benutzer, ihm etwa auffallende Ungenauigkeiten dem Verlag mitzuteilen.

Die Deutsche Bibliothek – CIP-Einheitsaufnahme
Krankengymnastik : Taschenlehrbuch in zwölf Bänden / hrsg. von H. Cotta . . . - Stuttgart ; New York : Thieme.
NE: Cotta, Horst [Hrsg.]
Bd. 7. Chirurgie, Frauenheilkunde / bearb. von S. Dörfer . . .
[Zeichn.: Peter von Aspern . . .]. - 3., neubearb. Aufl. - 1995
NE: Dörfer, Stephanie

Zeichnungen: Peter von Aspern, Hamburg
Horst Busse, Heidelberg
Günther Bosch, Stuttgart

Fortsetzung des Standardwerkes „Lehrbuch der Krankengymnastik“ in 4 Bänden, hrsg. von K. Lindemann, H. Teirich-Leube, W. Heipertz

1. Auflage 1983
2. Auflage 1989

Satz und Druck: Druckhaus Götz GmbH, 71636 Ludwigsburg
Gesetzt auf CCS Textline (Linotronic 630)

ISBN 3-13-600703-4 1 2 3 4 5 6

Übersicht über die weiteren Bände

Band 1	Grundlagen, Techniken
Band 2	Psychologie, Gruppenbehandlung, Berufslehre, Massage
Band 3	Praxis der Physiotherapie
Band 4	Funktionelle Anatomie des Bewegungsapparates, Physiologie, allgemeine Krankheitslehre
Band 5	Orthopädie
Band 6	Traumatologie
Band 8	Innere Medizin
Band 9	Neurologie
Band 10	Psychiatrie, Querschnittlähmungen
Band 11	Kinderheilkunde – Neuropädiatrie
Band 12	Sportmedizin und Arbeitsmedizin

Anschriften

Cotta, H., Prof. Dr., Direktor der Stiftung Orthopädische Universitätsklinik Heidelberg, Schlierbacher Landstr. 200a, 69118 Heidelberg

Dörfer, Stephanie, Chirurgische Universitätsklinik, Im Neuenheimer Feld 110, 69120 Heidelberg

Heipertz, W., Prof. Dr., ehem. Direktor der Orthopädischen Universitätsklinik und Poliklinik Friedrichsheim, Marienburgstr. 2, 60528 Frankfurt/Main

Hüter-Becker, Antje, Leiterin der Krankengymnastikschule der Orthopädischen Universitätsklinik, Schlierbacher Landstr. 200a, 69118 Heidelberg

Krebs, H., Prof. Dr., Hengstplatz 11, 76227 Karlsruhe

Rompe, G., Prof. Dr., Leiter der Abt. Physiotherapie und Sportorthopädie, Stiftung Orthopädische Universitätsklinik, Schlierbacher Landstr. 200a, 69118 Heidelberg

Steinmetz, Gabriele, Krankengymnastikschule der Orthopädischen Universitätsklinik, Schlierbacher Landstr. 200a, 69118 Heidelberg

Voigt, Gerlinde, Universitäts-Frauenklinik, Voßstr. 9, 69115 Heidelberg

Wengerofsky, I., Dr., Arzt für Gynäkologie und Geburtshilfe, Naturheilverfahren und Umweltmedizin, Bismarckstraße 51, 67059 Ludwigshafen

Vorwort der Herausgeber zum Gesamtwerk

Das 1959 von K. LINDEMANN, H. TEIRICH-LEUBE UND W. HEIPERTZ herausgegebene Lehrbuch der Krankengymnastik wurde als Zusammenfassung des Wissensstoffes der Freiburger und Heidelberger Krankengymnastikschulen konzipiert. In 5 Auflagen waren wiederholt Neubearbeitungen erforderlich, um vor allem erweiterten Indikationen und neuen Techniken in operativen Fächern Rechnung zu tragen.

In den vergangenen 20 Jahren hat sich das Buch zum Standardwerk der Krankengymnastik entwickelt und den Anstoß gegeben zu einer Vereinheitlichung des Lehrstoffangebotes der Krankengymnastikschulen und zur Einrichtung einer Weiterbildungsstätte für Lehrkräfte der Krankengymnastik an der Orthopädischen Klinik und Poliklinik der Universität Heidelberg.

Der rasche Fortschritt in der Medizin einerseits und die Entwicklung kostengünstiger Druckverfahren andererseits gaben nun die Veranlassung zu einer völlig neuen Konzeption. Durch die Gliederung in 12 Bände wird es schneller als bisher möglich sein, die einzelnen Beiträge zu aktualisieren. Dies ist von besonderem Vorteil, da die Diskussion um Lehrinhalte und Lehrziele in der Krankengymnastik durch die zunehmende Zahl von Schulneugründungen stark belebt wurde. Die zu erwartenden Ergebnisse dieser Diskussion können bei der neuen Konzeption des Lehrbuches schneller berücksichtigt werden als bisher. Der Gedankenaustausch zwischen Herausgebern, Autoren und unterrichtenden Krankengymnasten ist dazu unerläßlich und sei hiermit ausdrücklich angeregt.

Unser gemeinsames Anliegen ist es, eine Gesamtdarstellung der Krankengymnastik vorzulegen, die internationalen Ansprüchen genügt. Die Herausgeber hoffen, daß dieses Werk den auf dem Gebiet der Krankengymnastik Tätigen und allen an der Physiotherapie Interessierten, insbesondere den Schülern der Lehranstalten, solide Informationen bietet, die dieser wertvollen Behandlungsmethode zu immer größerem Nutzen verhelfen möge.

Frankfurt a. M. und Heidelberg,
im Winter 1981/82

H. COTTA
W. HEIPERTZ
A. HÜTER-BECKER
G. ROMPE

Vorwort zur 3. Auflage

In den sechs Jahren, die seit der zweiten Auflage dieses Buches vergangen sind, haben sich die Aufgaben der Krankengymnasten/Physiotherapeuten in der Akutklinik wesentlich verändert. Die Patienten werden nach chirurgischen Eingriffen sehr viel rascher mobilisiert und sehr viel früher aus der stationären Behandlung entlassen; die Intensivmedizin hat an Bedeutung zugenommen.

Bei der Bearbeitung dieser dritten Auflage haben die Autoren diese Entwicklung berücksichtigt. Für die Chirurgie wurde eine neue Mitarbeiterin zugezogen, die in der krankengymnastischen Behandlung von Patienten auf der Intensivstation besonders erfahren ist. Übungsbeispiele, die nach neueren funktionellen Erkenntnissen weniger zu empfehlen sind, wurden herausgenommen oder ersetzt; dies gilt sowohl für die Chirurgie als auch für die Frauenheilkunde und Geburtshilfe.

So hoffen Herausgeber und Autoren, daß dieses Buch in seiner aktualisierten Auflage als Lern- und Unterrichtshilfe oder auch zum Repetitorium hilfreich ist und von den Lesern angenommen wird.

Heidelberg, Februar 1995 ANTJE HÜTER-BECKER

Inhaltsverzeichnis

1. Chirurgie

G. Steinmetz, S. Dörfer und H. Krebs

Allgemeine Chirurgie

Allen operativen Spezialfächern ist die theoretische Grundlage des chirurgischen Handelns, die allgemeine Chirurgie, gemeinsam. Die Kenntnis der Grundlagen dieser allgemeinen Chirurgie und der Vorgänge bei der Wundheilung ist für die krankengymnastische Behandlung von Operierten und Verletzten unerläßlich. Hierzu gehört auch ein ausreichendes Wissen um Infektion, Asepsis und Antisepsis, Thrombose und Embolie sowie über die Grundlagen der Anästhesie.

Wunde

Ursache. Gewaltsame Durchtrennung von Haut oder Schleimhaut. Die Art der Gewalteinwirkung kann hierbei mechanischer, thermischer oder chemischer Art sein.

Symptome. Je nach Art der Gewalteinwirkung werden unterschieden:

Schnittwunden durch mehr oder weniger senkrechte Einwirkung scharfer Gegenstände. Die Wunden bluten stark und haben glatte Wundränder, wodurch eine gute Heilung gewährleistet ist.

Hiebwunden entstehen durch mit großer Wucht senkrecht oder schräg auf das Gewebe auftreffende Gewalt. Die Hiebwunde unterscheidet sich durch die Quetschung der Wundränder von den Schnittwunden.

Stichwunden erfolgen durch Eindringen eines spitzen Gegenstandes auf eng umschriebener Fläche in das Gewebe. Die Stichwunden sind wegen ihrer unberechenbaren Tiefe und der Gefahr einer Mitverletzung tiefer gelegener Gebilde gefährlich.

Quetschwunden entstehen durch Einwirken einer stumpfen, flächigen Gewalt auf Weichteile, unter denen sich in geringem Abstand Knochen befinden, so daß die Weichteile zwischen einwirkender Gewalt und Knochen zusammengepreßt werden. Die Wundränder sind gequetscht, vielfach unterminiert, blutunterlaufen und ernährungsgestört. In der Umgebung sind ausgedehnte Hautabschürfungen. Infolge der Quetschung ist die Blutung aus solchen Wunden oft gering.

Rißwunden erfolgen bei Beanspruchung von Haut, Schleimhaut oder Serosa von Organen durch Dehnung oder Zerreißung des Gewebes über die Elastizitätsgrenze hinaus.

Schußwunden sind wegen ihrer Ausdehnung in die Tiefe genau wie die Stichwunden gefährlich. An Mitverletzung darunterliegender Gebilde muß gedacht werden.

Bißwunden, die durch den Biß eines Menschen oder Tieres entstehen, können hochvirulente Erreger übertragen, die zu gefährlichen Infektionen führen können (AIDS!).

Folgen einer Wunde sind Wundschmerz infolge Reizung oder Schädigung der verletzten Nervenfasern und Blutung infolge Durchtrennung von Gefäßen. Je nach Ausdehnung kann die Wunde nur die oberflächliche Hautschicht schädigen; man spricht dann von einer *Schürfwunde.* Sie kann aber auch unter Mitverletzung weiterer Gewebeschichten eine erhebliche Ausdehnung in die Tiefe besitzen (tiefe Wunde) oder gleichzeitig zu einer Eröffnung von Körperhöhlen führen (penetrierende Wunde).

Die Form des Wundrandes ist je nach Art der einwirkenden Gewalt, der Richtung, der Gewalteinwirkung und dem Verlauf der betroffenen Hautspaltlinie unterschiedlich. Je nach Elastizität des durchtrennten Gewebes klaffen die Wundränder mehr oder weniger stark, vor allen Dingen, wenn sie senkrecht zu den Hautspannungslinien verlaufen.

Untersuchungstechnik. Eine Wunde ist stets unter aseptischen Bedingungen zu untersuchen, wobei nach Begleitverletzungen wie durchtrennte Sehnen, Nerven und Gefäße sowie nach einer Mitverletzung innerer Organe – besonders bei Stich- und Schußverletzungen – gefahndet werden muß.

Therapie. Ziel der ärztlichen Therapie ist die Wiedervereinigung der getrennten Wundflächen unter möglichster Wiederherstellung des ursprünglichen Zustandes. Die Wundheilung ist abhängig von der Größe der Wunde und der Beschaffenheit der Wundränder. Je glatter die Wundränder, um so besser ist die Heilungstendenz. Der Verlauf der Wundheilung ist abhängig vom allgemeinen Gesundheitszustand, vom Ernährungszustand, vom Lebensalter und von äußeren Faktoren.

Je nach Art der Wundheilung unterscheiden wir eine primäre Wundheilung und eine sekundäre Wundheilung.

Bei der primären Wundheilung, z. B. nach einer operativ gesetzten Wunde, kommt es zunächst zur Bildung eines Wundschorfes, der sich aus Blut und Lymphe bildet. Die Wundränder verkleben mit Hilfe des von der Wundfläche ausgeschiedenen Fibrins. Anschließend folgt eine Einwanderung von Leukozyten, die mit Unterstützung proteolytischer Enzyme die Gewebetrümmer auflösen. Der Abtransport erfolgt über die Lymphbahnen. Die Gewebezerfallsprodukte rufen eine Vermehrung der Bindegewebszellen und eine Sprossung der Gefäßkapillaren hervor. Von den Epithelzellen aus erfolgt die Regeneration des Deckepithels und damit der Verschluß der Wunde, der nach etwa einer Woche stattfindet.

Stark verschmutzte, infizierte und veraltete Wunden sowie Bißwunden überläßt man besser einer sekundären Wundheilung.

Die sekundäre Wundheilung hat ihre Ursache im Klaffen der Wundränder durch örtlichen Zug, durch entstandene Gewebeverluste oder durch Infektionsprozesse. Die zerfetzten Wundränder der meist noch weit klaffenden Wunden sind durch die Gewalteinwirkung oder den Wundinfekt nekrotisch geworden und verhindern eine Verklebung der Wundränder. Die Wundfläche füllt sich zunächst mit einem körnigen Gewebe, dem sog. Granulationsgewebe, welches aus Kapillaren, Bindegewebszellen und Leukozyten besteht. Durch Wucherung der Epidermis vom Wundrand her schließt sich die Oberfläche unter Bildung einer mehr oder weniger breiten Narbe. Der klinische Ablauf der sekundären Wundheilung ist durch eine wesentlich längere Heilungsdauer, starke Entzündungsreaktionen und Ausfüllung des Defektes durch Granulationsgewebe gekennzeichnet.

Im Falle einer sauberen Schnittwunde, wie wir sie bei allen Operationen finden, bedarf es keiner speziellen krankengymnastischen Behandlung. Die für die Heilung notwendige Durchblutungsanregung wird über ein Kreislauftraining, durch Bettgymnastik und frühes Aufstehen gewährleistet.

Die ärztliche Behandlung bei einer frischen, sauberen Wunde besteht in der Wundausschneidung mit Entfernen der inneren – meist verschmutzten Wundränder und primärer Vereinigung der Wundränder mittels Naht. Die Wundausschneidung erfolgt meist in örtlicher Betäubung durch Unterspritzen mit einem Lokalanästhetikum.

Kleinere Gefäße werden unterbunden oder koaguliert, größere Gefäße werden genäht, begleitende Sehnen- oder Nervenverletzungen werden primär oder sekundär wieder vereinigt.

Bei Stich- und Schußwunden im Bereich des Abdomens und des Thorax ist in der Regel eine operative Freilegung der Brust- oder Bauchhöhle erforderlich, um begleitende Organverletzungen zu versorgen.

Zur Tetanusprophylaxe muß – sofern kein ausreichender Impfschutz besteht – Tetagam und Tetanol gegeben werden, letzteres ist nach 4 Wochen und nach 12 Monaten zur Erlangung eines dauernden Impfschutzes zu wiederholen. Die Nähte werden, je nach Spannungszustand, zwischen dem 7. und 12. Tag entfernt, je früher desto besser ist das kosmetische Ergebnis der Narbe. Für die Hautnähte werden heute meist Kunststoffäden verwandt, während die tieferen Gewebeschichten meist mit resorbierbarem Nahtmaterial genäht werden. Zur Erzielung einer raschen und guten Wundheilung ist es erforderlich, die Verletzung durch zweckmäßige Hochlagerung und schienende Verbände ruhigzustellen und eine sekundäre Infektion durch Bedecken der Wunde mit einem aseptischen Verband fernzuhalten.

Unter den Komplikationen der Wundheilung ist das Narbenkeloid zu nennen, welches in einer derben, meist geröteten Verdickung der Narbe besteht. Die Behandlung des Keloids besteht in der Ausschneidung des gesamten Narbenbereiches, evtl. Infiltration der Wundränder mit Kortisonsuspension, und einer sofort postoperativ eingeleiteten lokalen Röntgenbestrahlung.

Als eine weitere Komplikation der Wundheilung sind die Wunddehiszenz und im Bereich der Bauchwand der Platzbauch zu nennen. Als Ursache kommen lokale Gründe wie fehlerhafte Knotentechnik und Wundrandnekrose, allgemeine Gründe wie Vitamin- und Eiweißmangel, Leberschaden, Blutarmut und hohes Alter in Frage.

Auch Antikoagulantien, Kortison, Zytostatika, Hormone sowie Erhöhung des intraabdominalen Druckes können zu einer Wundruptur führen.

Die Behandlung besteht im sofortigen Wundverschluß.

Krankengymnastische Behandlung

Die krankengymnastische Behandlung ist bei primärer und sekundärer Wundheilung, die eine störende Einziehung der Narbe nach sich zieht, indiziert, und zwar dann, wenn die Lokalisation der Narbe die Gelenkbeweglichkeit beeinträchtigt.

Gesichtspunkte

- Durchblutungsanregung,
- Verminderung der Schrumpfungstendenz,
- Lösen von Adhäsionen,
- Desensibilisierung,
- Erhalten oder Erweitern der passiven und aktiven Gelenkbeweglichkeit bzw. des Gelenkspiels („joint play“),
- Vermeiden von Schonhaltungen.

Maßnahmen

Zur Hyperämisierung und gleichzeitigen Desensibilisierung kommen alle Eisanwendungsformen in Frage.

Um die Elastizität des Gewebes wieder herzustellen, eignen sich vorwiegend Griffe aus der klassischen Massage und der Bindegewebsmassage, wie

- Zirkelungen,
- Hautverschiebungen,
- abhebende verwindende Knetungen entlang der Narbe (Fingerkuppen – Daumen).
- Dehnlagerungen wirken in Verbindung mit den schon beschriebenen Techniken unterstützend.
- Die funktionellen Bewegungsabläufe werden durch alle KG-Techniken gefördert und verbessert (z. B. PNF, FBL, Brügger)
- Haltungsschule.

Falls zusätzlich Einschränkungen des Kapsel-Band-Apparates aufgetreten sind, werden Techniken aus der manuellen Therapie, wie z. B. Gleit- und Traktionsmobilisation, angewendet.

Blutung, Blutstillung, Blutersatz

Ursache. Jede Gewebeverletzung, die mit einer Durchtrennung eines Gefäßes einhergeht, hat eine Blutung zur Folge.

Symptome. Bei Verletzung einer Arterie quillt synchron mit dem Herzschlag hellrotes Blut aus der Wunde. Bei Verletzung großer Arterien besteht die Gefahr der Verblutung, bei kleinen und mittleren Arterien kann infolge Retraktion des Gefäßstumpfes durch Einrollen der Intima und Kontraktion der elastischen Fasern der Media eine arterielle Blutung zum Stillstand kommen. Die Teilruptur eines Gefäßes führt infolge fehlender Gefäßretraktionsmöglichkeit zu einer besonders starken Blutung.

Die venöse Blutung ist gekennzeichnet durch gleichmäßiges Fließen dunkelgefärbten Blutes. Je nach Größe und Lokalisation des betreffenden Gefäßes variiert die Stärke der Blutung. Besonders gefährlich sind venöse Blutungen in vorgebildete Hohlräume, z. B. in den Pleuraspalt, in die Bauchhöhle oder in das Magen- und Darmlumen.

Die Kapillarblutung kann ebenso wie die venöse Blutung durch Verkleben der Endothelien und durch Bildung eines Thrombus zum Stillstand kommen. Bei jeder Blutung versucht der Organismus durch Gegenregulationen den Blutverlust auf ein Minimum zu reduzieren. Die spontane Blutstillung beginnt mit der Gefäßkontraktion und Bildung eines Verschlußthrombus. Durch Einströmen von Gewebeflüssigkeit in die Blutbahn versucht der Körper, die zur Lebenserhaltung notwendige zirkulierende Blutmenge zu erhalten. Nähert sich der Blutverlust der Hälfte des zirkulierenden Blutes, so besteht Lebensgefahr, es entsteht das Bild des Verblutungsschocks. Die Extremitäten werden infolge mangelnder Durchblutung kalt, das Gesicht blaß. Die Blutmenge, die zum Herzen zurückfließt, verringert sich.

Damit verkleinert sich auch die Auswurfmenge des Herzens, der Blutdruck sinkt ab. Die Verminderung der Auswurfmenge versucht das Herz durch Erhöhung der Schlagfolge auszugleichen, es resultiert ein Anstieg der Pulsfrequenz.

Untersuchungstechnik. Eine spezielle Untersuchungstechnik von Blutungen ist heute mittels Röntgenkontrastdarstellung der Gefäße durch Angiographie möglich, wobei auch gleichzeitig eine Blutstillung durch den Katheter direkt erfolgen kann, z. B. bei diffusen Blutungen nach Beckenfrakturen. Bei inneren Blutungen in der Speiseröhre und im Magen-Darm-Trakt ist die Spiegelung (Endoskopie) die Methode der Wahl, die auch eine Blutstillung ermöglicht. Blutungen in die Brust- und Bauchhöhle lassen sich mittels Ultraschall nachweisen.

Therapie. Die notwendige zirkulierende Flüssigkeitsmenge kann durch Infusion von Kolloidlösungen oder salzhaltigen isotonischen Flüssigkeiten aufrechterhalten werden. Bei längeren oder größeren Blutverlusten kann der Verblutungsschock nur durch entsprechende Bluttransfusionen bzw. Stillung der Blutungsquelle verhindert werden. Die Übertragung des blutgruppengleichen Blutes, mittels indirekter Transfusion konservierten Blutes, stellt heute kein Problem dar. Neben den allgemeinen Maßnahmen zum Ersatz des verlorengegangenen Blutes ist primär die lokale Blutstillung von entscheidender Bedeutung. Eine vorläufige Blutstillung ist bei den Maßnahmen der Ersten Hilfe oft lebensrettend. Bei Blutungen aus kleineren Gefäßen genügt ein senkrechtes Anheben der verletzten Gliedmaße oder ein steriler Kompressionsverband. Auch bei Eröffnung großer Venen, wie z. B. bei Krampfadern an den Beinen, bringt das senkrechte Anheben der unteren Extremität die Blutung schlagartig zum Stehen. Bei Durchtrennung größerer Arterien muß das verletzte Gefäß herzwärts von der Verletzungsstelle durch Druck oder Umschnürung zusammengedrückt werden. Die endgültige Blutstillung besteht in der Unterbindung oder Naht des verletzten Gefäßes, bei Verletzung von Arterien auf eine größere Strecke muß in der Regel eine – meist vom Bein entnommene – Vene zwischengeschaltet werden. Gelegentlich ist – wie bei Milzrissen und gelegentlich bei Nierenverletzungen – die Entfernung des blutenden verletzten Organs notwendig.

Thrombose, Embolie

Ursache. Zu einer Thrombose – Gerinnung des Blutes innerhalb eines Blutgefäßes – kommt es, wenn

- ein allgemein oder örtlich vermindertes Angebot von Heparin vorliegt, so daß die Blutgerinnungsfaktoren überwiegen;
- die Gefäßdurchblutung eine Stromverlangsamung erfährt, wodurch die geformten Bestandteile, an der Spitze Thrombozyten und Leukozyten, aus der Strommitte an den sonst vom zellarmen Plasma eingenommenen Rand treten;
- die Glätte und Unversehrtheit der Gefäßwand beeinträchtigt ist.

In der Regel bleibt das Blut innerhalb der Gefäßwand flüssig, auch wenn es nicht dauernd an der Zirkulation teilnimmt. Ursache hierfür ist das ständig von den Mastzellen gebildete Heparin, das jede lokale oder allgemeine intravasale Gerinnung verhindert.

Symptome. Unterschieden werden die Thrombophlebitis und die Phlebothrombose.

Bei der Thrombophlebitis handelt es sich um eine aseptische oder bakterielle Entzündung der Venenwand. Die Thromben entstehen hier sekundär auf der Venenwand, sie haften fest auf dem aufgerauhten Endothel und sind nur selten Anlaß zu Embolien. Die thrombosierte Vene ist als ein harter und sehr druckschmerzhafter Strang zu tasten, außerdem bestehen im Bereich der Venen Rötung und ein Ödem.

Die Phlebothrombose entsteht meist bei älteren Menschen oder adipösen Patienten, die wegen einer Krankheit oder nach einem operativen Eingriff für einige Zeit Bettruhe einhalten müssen. Sie entwickelt sich überwiegend im Bereich der tiefen Unterschenkelvenen, seltener am Oberschenkel oder im Beckenbereich. Klinisch findet sich keine entzündliche Reaktion, die befallene Extremität ist angeschwollen und druckschmerzhaft. Die größte Gefahr einer Phlebothrombose ist die Lungenembolie. Diese entsteht dadurch, daß sich ein mehr oder weniger großes Stück des Thrombus löst und nach Passage des Herzens in die Pulmonalarterie gelangt. Bei großen Thromben führt der vollständige Verschluß der Pulmonalarterie durch Unterbrechung jeder Blutzirkulation zum sofortigen Tod.

Therapie. Beim unvollständigen Verschluß der A. pulmonalis kann der Patient überleben, hier kann eine sofortige Operation mit Eröffnung der Lungenarterie und Entfernung des Thrombus (Trendelenburg-Operation) oder eine medikamentöse Behandlung mit Streptokinase mit dem Ziel der Auflösung des Embolus das Leben des Patienten retten. Bei kleineren Lungenembolien erfolgt eine Behandlung mit Heparin, das zu einer Herabsetzung der Gerinnungsbereitschaft und Auflösung des Thrombus führt.

Zur Vermeidung der gefürchteten Komplikation einer Lungenembolie bei bettlägerigen und frisch operierten Patienten muß eine intensive Thromboseprophylaxe betrieben werden. Diese besteht in regelmäßigen Beinbewegungen – wie Radfahren im Bett, Atemübungen, Bettgymnastik, Hochstellen des Bettendes –, außerdem im frühen Aufstehen nach Operationen. Zusätzlich werden die Beine entweder mit elastischen Binden gewickelt, oder die Patienten tragen Tag und Nacht Emboliestrümpfe, außerdem wird eine medikamentöse Behandlung mit Liquemin schon präoperativ eingeleitet. Bei länger notwendiger Embolieprophylaxe wird meist auf Marcumar übergegangen. Beim Eintritt einer Thrombose besteht die Behandlung im Anlegen eines festen Kompressionsverbandes, Gabe von hohen Dosen Liquemin und anschließend Marcumar sowie Aufstehen nach 24 Stunden mit festem Kompressionsverband. Eine Massage der thrombosierten Extremität ist unbedingt zu unterlassen.

Die Behandlung der Thrombophlebitis besteht in Bettruhe, Hochlagerung der betreffenden Gliedmaße, lokalen Alkoholumschlägen und Salbenverbänden, bei Auftreten von Fieber gleichzeitige Antibiotikatherapie.

Chirurgische Infektionen

Ursache. Die unverletzte Haut bietet in der Regel einen ausreichenden Schutz gegen das Eindringen von Bakterien in den Körper. Aber bereits die kleinste Wunde kann den Erregern als Eintrittspforte dienen. Dabei ist das Vorhandensein von Bakterien in der Wunde aber keineswegs einer Infektion gleichzusetzen. Erst wenn im Kampf zwischen den eingedrungenen Erregern und den Schutzmaßnahmen des Körpers die humoralen und zellulären Abwehrkräfte überwunden werden, tritt eine Wundinfektion ein.

Pyogene Infektion

Die Erreger sind in der Regel Staphylokokken, Streptokokken und Kolibakterien. Als Erscheinungen der Entzündung sind folgende 5 Kardinalsymptome bekannt:

- Rubor: Entzündungsröte durch verstärkte Blutzufuhr in die erkrankten Bezirke. Die Blutüberfüllung hält an, solange die entzündungserregenden Schädigungsfaktoren wirksam sind;
- Calor: Entzündungswärme als Folge der vermehrten Blutzufuhr;
- Dolor: Entzündungsschmerz als Folge der entzündlichen Schwellung, da die erhöhte Gewebespannung einen Druck auf die sensiblen Nervenendigungen ausübt;
- Tumor: Schwellung als Folge der entzündlichen Ausschwitzung;
- Functio laesa: Funktionseinschränkung der erkrankten Körperabschnitte.

Putride Infektion

Die Erreger sind Anaerobier; sie gehören zu der Gruppe der Fäulniserreger. Ihre Toxine sind sehr wirksam, in kürzester Zeit wird der gesamte Organismus vergiftet. Das körpereigene Eiweiß wird zersetzt, es entstehen Gewebegifte, aus der Wunde entleert sich übelriechendes Sekret.

Furunkel, Karbunkel

Unter einem Furunkel versteht man eine Entzündung des Haarbalgs mit den dazugehörenden Anhangsgebilden durch pyogene Erreger. Es kommt zu einer eitrigen Einschmelzung des Gewebes unter Bildung eines Eiterpfropfes, der fermentativ gelöst und abgestoßen wird. Der dadurch entstandene Substanzverlust wird mit Granulationsgewebe ausgefüllt. Bevorzugter Sitz der Furunkel sind behaarte Körperteile, die mechanischen Reizen ausgesetzt sind, z. B. der Nacken. Beim Übergreifen der Entzündung eines Haarbalges auf die benachbarten Haarbälge entsteht ein Karbunkel, der im Gegensatz zum Furunkel die Tendenz hat, in die Tiefe vorzudringen und zu tieferliegenden Zerstörungen des Gewebes führt. Besonders gefährdet sind Diabetiker.

Bei der *krankengymnastischen Behandlung* von Patienten mit Furunkeln besteht wie bei allen Patienten mit eitrigen Wunden die Gefahr einer Furunkulose infolge Schmierinfektion und Übertragung auf das behandelnde Personal und andere Patienten. Zur beschleunigten Abstoßung des Eiterpfropfes bei einem Furunkel werden Salbenverbände sowie Rotlicht, Kurz- und Mittelwellenbestrahlungen angewendet. Der Karbunkel muß operativ eröffnet werden. Besonders gefährlich sind Gesichtsfurunkel, da sie entsprechend ihrer Abflußbahn zu einer Ausschwemmung der Keime in die Hirnvenen und damit zu einer eitrigen Meningitis führen können. Die Behandlung des Gesichtsfurunkels besteht in Bettruhe, Sprechverbot, flüssiger Nahrung und Gaben von Antibiotika.

Abszeß

Unter einem Abszeß versteht man eine umschriebene Eiteransammlung. Unter leukozytärer Durchtränkung des Gewebes kommt es zu einer Ernährungsstörung mit folgender Gewebenekrose. Das gesamte nektrotische Gewebe wird von einer Abszeßmembran umgeben, die den entzündlichen Herd gegen die Umgebung abgrenzt.

Die Verflüssigung des Gewebes macht die für einen Abszeß typische Fluktuation. Die Behandlung des Abszesses besteht in der Inzision und Drainage. Schweißdrüsenabszesse bilden sich in der Achselhöhle.

Phlegmone

Unter einer Phlegmone versteht man eine flächenhafte eitrige Entzündung des Unterhautzellgewebes, die meist durch Streptokokken hervorgerufen wird. Im Gegensatz zum Abszeß findet keine eigentliche Abgrenzung statt. Phlegmonen breiten sich entlang den Gewebespalten aus und dringen in tiefe Muskelschichten vor. Besonders gefürchtet ist die Mundbodenphlegmone, die meist ihren Ausgang von eitrigen Zahnwurzelinfektionen nimmt.

Die Behandlung besteht in Gaben von Antibiotika, Ruhigstellung und evtl. Inzisionen.

Empyem

Unter einem Empyem versteht man eine Eiteransammlung in einer vorgebildeten Körperhöhle, z. B. als Gallenblasenempyem, Pleuraempyem oder Kniegelenksempyem. Die Behandlung besteht in der Drainage der Empyemhöhle und Gabe von Antibiotika nach Abstrich, beim Gallenblasenempyem wird die Gallenblase entfernt.

Erysipel

Das Erysipel wird genau wie die Phlegmone durch Streptokokken hervorgerufen, die Erkrankung geht mit hohem Fieber einher; auf der Haut ist eine schmerzhafte Rötung mit fingerförmigen Ausläufern erkennbar. Die Behandlung besteht in Bettruhe, Hochlagerung, Salbenverbänden und Gaben von Penizillin.

Panaritium, Paronychie

Unter *Panaritium* wird eine eitrige Entzündung an der Volarseite der Finger verstanden. Ursache sind meist kleine Verletzungen an der Greiffläche der Finger, die üblichen Infektionserreger sind Staphylo- und Streptokokken. Je nach dem Sitz wird das Panaritium cutaneum, subcutaneum, tendinosum, ossale und articulare unterschieden. Klinisch imponiert das Panaritium durch Rötung, Schwellung und starken Druckschmerz.

Die Behandlung besteht in der frühzeitigen breiten Freilegung der Eiterherde und Drainage. Bei nicht rechtzeitiger operativer Entlastung dehnt sich das Panaritium rasch aus und führt zu Zerstörungen der Sehnen, Knochen und Gelenke.

Die *Paronychie* ist im Gegensatz zum Panaritium an der Streckseite des Fingers lokalisiert und stellt eine Eiterung des Nagelbetts dar, meist ausgehend von kleinen Verletzungen am Nagelbett, z. B. nach Maniküre. Die Behandlung kann anfangs in der Inzision des Eiterherdes bestehen, meist muß ein Teil des Nagels oder der ganze Nagel entfernt werden.

Tetanus

Der Wundstarrkrampf ist eine relativ seltene, im Einzelfall jedoch meist dramatische und in einer großen Zahl auch heute noch zum Tode führende Erkrankung. Erreger ist das Clostridium tetani, ein schlankes, anaerob wachsendes Stäbchen. Es kommt besonders im Erdreich, Straßenstaub und in altem Holz vor. Der Tetanusbazillus ist ein Anaerobier, d. h., er entwickelt sich nur unter Sauerstoffabschluß. Der Erreger bleibt am Ort der Verwundung, die oft klein und völlig unscheinbar sein kann.

Von hier werden die Giftstoffe abgesondert, die eine besondere Affinität zu den Nervenzellen haben. Diese Toxine wandern entlang den peripheren Nerven bis zu den motorischen Zentren im Rückenmark. Die Inkubationszeit ist verschieden, sie beträgt zwischen 24 Stunden und 8 Wochen. Je kürzer die Inkubationszeit, desto geringer sind die Heilungsaussichten. Frühsymptome der Erkrankung sind allgemeine Zunahme des Muskeltonus, gesteigerte Reflexerregbarkeit, ziehende Nackenschmerzen und auffälliges Schwitzen.

Drei Muskelgruppen werden besonders befallen: Infolge des Dauerkrampfes der Kaumuskulatur kann der Mund nicht mehr geöffnet werden, es entsteht das typische Bild des Trismus. Wenig später kommt es zu einer Starre der gesamten mimischen Muskulatur und zur Kontraktion der geraden Bauchmuskeln. Gleichsinnig und gleichzeitig werden die gesamten Rückenstrecker angespannt, wodurch die ganze Wirbelsäule stark lordosiert wird. Im 3. Stadium der Krankheit geht der maximale Hypertonus der gesamten Muskulatur bereits auf geringe Reize in tonisch-klonische Krämpfe einzelner Muskelgruppen oder des ganzen Körpers über. Dehnt sich die Erkrankung auf die Atemmuskulatur aus, besteht die Gefahr der Erstickung.

Die *Behandlung* des Tetanus besteht in einer vollständigen Abhaltung jeglicher Reize, Gabe von krampflösenden Medikamenten, Antibiotika und Tetanusantitoxin sowie künstlicher Beatmung. Von großer Wichtigkeit ist die sofortige großzügige Wundexzision, die allein in der Lage ist, die Erreger aus dem Organismus zu entfernen und die Wundverhältnisse durch das Offenlassen der Wunde zu bessern. Der einzige sichere Schutz gegen den Wundstarrkrampf ist die aktive Impfung, die, lege artis durchgeführt, einen lebenslangen Schutz bietet. Sie besteht in einer 3maligen Gabe von Tetanol in einem Abstand von 4 Wochen und 12 Monaten. Kommt es 5 Jahre nach der vollständigen aktiven Immunisierung mit Tetanol zu einer stark verschmutzten Wunde, sollte eine Tetanolauffrischung durchgeführt werden. Besteht keine aktive Immunisierung, muß gleichzeitig bei einer Wunde passiv immunisiert werden, die allerdings nur einen kurzfristigen, etwa 8–12 Tage dauernden Schutz bietet.

Gasbrand

Der Gasbrand stellt eine eitrige Entzündung des Gewebes dar, die mit Gasbildung einhergeht. Infektionserreger ist das Clostridium perfringens, das wie der Tetanusbazillus ein Anaerobier ist.

Bei der Infektion erscheint die Haut zunächst infolge der toxischen Gefäßsperre weißlich, später verfärbt sie sich gelblich, grünlich, bräunlich und bläulich. In der Tiefe der Wunde sieht die Muskulatur wie gekocht, schmutzig-bräunlich, aus. Hinzu kommen Emphysemknistern, Gasblasen im Röntgenbild und die schwere allgemeine Intoxikation.

Die *Behandlung* ist in jedem Fall operativ, sie besteht in einer breiten Eröffnung der Wunde, u. U. kann nur die frühzeitige Amputation oder Exartikulation lebensrettend sein. Weitere Maßnahmen sind Gaben von hohen Dosen Penizillin, das auch bei stark verschmutzten Wunden prophylaktisch wirkt, nachdem bei einer primär durchgeführten Penizillintherapie stark verschmutzter, gasbrandgefährdeter Wunden das Auftreten eines Gasbrandes nicht beobachtet wird. Eine zusätzliche Behandlungsmethode besteht in der Sauerstoffüberdruckbeatmung, bei der der Erkrankte mehrfach für 1–2 Stunden in eine Überdruckkammer eingeschleust wird, in der ein Sauerstoffdruck von 3 atü herrscht. Durch die Druckerhöhung wird entsprechender Sauerstoff im Blut und Gewebe physikalisch gelöst. Diese vermehrte Sauerstoffkonzentration hindert die weitere Vermehrung der streng anaerob wachsenden Erreger.

Spezifische Infektionen

Zu diesen gehören die Tuberkulose, die Ruhr, der Typhus und der Milzbrand.

Das charakteristische Zeichen der spezifischen Infektion ist eine ganz bestimmte, nur bei diesen Erkrankungen auftretende Gewebereaktion.

Hospitalismus

Trotz Entwicklung immer neuer Antibiotika ist im Krankenhaus, besonders bei langliegenden Patienten und Patienten auf Intensivstationen, die Besiedlung mit einem bestimmten Keim zu beobachten. Nur durch strengste Asepsis und Hygiene im Krankenhaus kann die Keimverschleppung von Patient zu Patient verringert werden.

Bei der Ausweitung der pathogenen Keime von Patient zu Patient spielt die Tätigkeit des Arztes, des Pflegepersonals und des Krankengymnasten eine nicht unwesentliche Rolle. Zur Vermeidung der Übertragung der Keime von Patient zu Patient sollte einmal bei der Begrüßung und Verabschiedung des Patienten auf das Händedrücken verzichtet werden, ferner sollte die Krankengymnastin nach Beendigung der Behandlung – vor Beginn einer krankengymnastischen Behandlung des nächsten Patienten – die Hände sorgfältig mit einem desinfizierenden Mittel waschen, was vor allem bei der Behandlung von Patienten mit Infektionen und bei Patienten auf der Intensivstation von ganz besonderer Wichtigkeit ist. Unter Umständen empfiehlt sich auch das Tragen einer entsprechenden Schutzkleidung.

Asepsis, Antisepsis

Unter Asepsis versteht man die Verhütung der Wundinfektion durch Fernhalten pathogener Keime. Mit der Wunde dürfen daher nur Gegenstände in Berührung kommen, die völlig keimfrei sind. Die Antisepsis stellt sich die Aufgabe, die Krankheitserreger in der Wunde, an der Körperoberfläche, der Arzthand und den medizinischen Gebrauchsgegenständen mengenmäßig mechanisch zu verringern und den Rest durch Desinfektionsmittel weitgehend unschädlich zu machen, wenn möglich ganz zu vernichten. Für antiseptische Zwecke kommen in erster Linie chemische Stoffe (Desinfektionsmittel, Alkohol) in Frage, für die Sterilisation von Gegenständen kommt die Anwendung von Hitze in Betracht, und zwar in einem Temperaturbereich, der das zu sterilisierende Material nicht schädigt oder in seiner Wirksamkeit beeinträchtigt. Die Sterilisation von Wäsche, Verbandstoffen, Instrumenten, Gummi- und Glaswaren erfolgt heute in besonders dafür gebauten Geräten, den sog. Sterilisationsapparaten. Ein moderner Hochdruckdampf-Sterilisator arbeitet bei einer Temperatur von 134 °C und einem Druck von etwa 2,2 atü. Von einem solchen Sterilisationsapparat wird verlangt, daß er einen Gegenstand vollkommen keimfrei macht, d. h. von allen lebenden Mikroorganismen befreit. Eine andere Möglichkeit der Sterilisation besteht in der sog. Gassterilisation oder Sterilisation durch Strahlen.

Die Händedesinfektion des Chirurgen erfolgt durch Waschen mit Seife unter fließendem Wasser, mit steriler Bürste, 5 Minuten lang, anschließend durch 6minütiges Waschen in alkoholischer Lösung. Bei der Operation schützen Kopfbedeckung, Mund- und Nasenschutz, steriler Operationsmantel und sterile Gummihandschuhe vor einer Infizierung des Operationsgebietes. Die Vorbereitung des Operationsfeldes am Patienten erfolgt nach Waschung mit Wasser und Seife am Tag vor dem Eingriff durch einen Anstrich mit desinfizierenden Lösungen wie Dijozol, Merfen o. ä. Präparaten. Hierdurch kann zwar keine völlige Keimfreiheit der Haut, aber eine Keimarmut erreicht werden.

Anästhesie, Reanimation

Anästhesie bedeutet Gefühllosigkeit; ihr Ziel ist vor allem anderen die Schmerzausschaltung. Daneben hat sie die Aufgabe, die für den Operateur störenden Muskelspannungen und Abwehrbewegungen auszuschalten. Dieses Ziel kann auf 2 verschiedenen Wegen erreicht werden:

- Allgemeinnarkose: Hierbei wird der Patient vorübergehend in den Zustand der Bewußtlosigkeit versetzt, so daß die Schmerzempfindung völlig ausgeschaltet ist;
- örtliche Betäubung: Diese hat das Ziel, eine örtliche Unempfindlichkeit gegen Schmerzen – unter Beibehaltung des Bewußtseins – zu erzielen.

Die Wahl der Anästhesieform richtet sich nach dem Wesen und der Lokalisation der Erkrankung unter Berücksichtigung des allgemeinen Zustandes des Patienten, ferner nach der Länge und Art des operativen Eingriffes.

Allgemeinnarkose

Die Bedingungen, die an eine gute Allgemeinnarkose gestellt werden, sind völlige Schmerzausschaltung, Muskelentspannung unter Reflexausschaltung, Reversibilität und Steuerbarkeit.

Die Narkosemittel oder Anästhetika greifen störend in den Zellstoffwechsel ein. Als höchst differenzierte Zellen des Körpers stellen die Nervenzellen als erste ihre Funktion ein. Die Reihenfolge, in der die Bezirke des zentralen Nervensystems ausfallen, ist konstant. Aus diesem Grunde ist es möglich, die Narkosetiefe in verschiedene Stadien und Stufen einzuteilen. Die einzelnen Stadien nach Guedel, die bei dem unprämedizierten und spontan atmenden Patienten in Äthernarkose durchlaufen werden, sind folgende:

1. Analgesiestadium: Das Bewußtsein ist zunächst noch erhalten, es wird jedoch zusammen mit der Erinnerungsfähigkeit zunehmend eingeschränkt.
2. Exzitationsstadium: Infolge des Wegfalls zentraler Hemmungen führt jeder Reiz zu übertriebenen reflektorischen Abwehrbewegungen. Die Atmung ist unregelmäßig, Husten und Erbrechen können ausgelöst werden, Harn- und Stuhlentleerung sind möglich. Die Pupillen sind weit, die Reflexe sind gesteigert. In diesem Stadium sollen keine Eingriffe oder Manipulationen am Kranken vorgenommen werden, dieses Stadium sollte möglichst rasch durchschritten werden.
3. Toleranzstadium: Hierbei sind Großhirn und Rückenmark ausgeschaltet. Die reflektorischen Abwehrbewegungen sind erloschen, der Muskeltonus läßt nach. Lediglich die vegetativen Funktionen der automatischen Atmungs- und Kreislaufregulation sind in Tätigkeit. Die Atmung ist regelmäßig, auch das Kreislaufverhalten ist gleichmäßig, die Pupillen sind eng. In diesem Stadium, das wiederum in 4 Stufen eingeteilt wird, werden die chirurgischen Eingriffe durchgeführt. Der Patient ist in diesem Stadium völlig schmerzfrei, ruhig und entspannt und damit in günstigster Operationsbereitschaft.
4. Stadium der Vergiftung: Eine weitere Vertiefung der Narkose führt zu einer Schädigung der lebenswichtigen Zentren und geht in das asphyktische Stadium über, welches ohne künstliche Beatmung und Infusionstherapie binnen weniger Minuten zum Tode führt.

Narkosearten

Vor jeder Allgemeinnarkose ist eine mindestens 4-, besser 6stündige Nahrungskarenz unbedingt erforderlich, da es sonst bei Erbrechen zu einer tödlichen Aspiration kommen kann. Muß eine Allgemeinnarkose aus zwingenden Gründen früher durchgeführt werden, ist der Magen unbedingt auszuhebern. Liegt die letzte Nahrungsaufnahme und auch Flüssigkeitszufuhr vor dem geplanten Eingriff in Allgemeinnarkose nicht länger als 4 Stunden zurück, sollte wenn irgend möglich auf eine örtliche Betäubung zurückgegriffen werden.

Inhalationsnarkose

Sie stellt die einfachste und am besten dosierbare Anästhesieform dar. Allerdings ist die Zufuhr gas- oder dampfförmiger Narkotika über die Atemwege wegen der erforderlichen Gesichtsmaske für den Kranken nicht angenehm. Gebräuchlichstes Inhalationsnarkotikum ist das Stickoxidul (Lachgas), welches das heute am meisten verwendete Narkosemittel darstellt. Es ist geruch- und geschmacklos, nicht explosibel und nicht toxisch. Der einzige Nachteil ist die verhältnismäßig schwache Wirkung. Stickoxidul muß wegen seines niedrigen Siedepunktes in komprimierter Form in Stahlflaschen aufbewahrt werden und wird mit Hilfe speziell konstruierter Narkoseapparate zugeführt. In Krankenhäusern besteht meist eine zentrale Sauerstoff- und Lachgasversorgung.

Halothan, Methoxyfluoran, Etrane und Isofluran werden als flüssige Inhalationsanästhetika wegen ihres höheren Siedepunktes über spezielle Verdampfer zugeführt.

Die meisten, vor allen Dingen alle größeren Operationen, werden heute in Intubationsnarkose durchgeführt. Hierbei wird ein Tubus in die Luftröhre eingeführt, durch den das Narkotikum und Sauerstoff gegeben werden. In der Regel wird vor der Intubation der Patient mittels eines intravenösen Narkosemittels bewußtlos gemacht, danach wird die Intubationsnarkose durchgeführt. Die üblichen Narkotika bei der Intubationsnarkose sind Halothan und Lachgas, auch kann eine Neuroleptanalgesie durchgeführt werden. Der Vorteil der Intubationsnarkose besteht darin, daß nach Gabe von muskelerschlaffenden Mitteln, wie z. B. Kurare, eine vollständige Erschlaffung der Muskulatur besteht, was auf der anderen Seite eine künstliche Beatmung erforderlich macht. Mittels der Intubationsnarkose können an dem völlig gelähmten Patienten Eingriffe mit Eröffnung der Brust- und Bauchhöhle ohne Störung und ohne allzu schwere Belastung für den Kranken vorgenommen werden.

Intravenöse Narkose

Diese stellt heute die beliebteste Art der Narkoseeinleitung dar und eignet sich auch für kurzdauernde Eingriffe. Dem Kranken bleibt die Gesichtsmaske und die Intubation erspart. Wegen der geringen therapeutischen Breite eignet sich die intravenöse Barbituratnarkose jedoch nicht für längere Eingriffe. Bei Überdosierung droht die Gefahr der Asphyxie infolge Atemstillstandes. Eine vollkommene Muskelerschlaffung und Reflexlosigkeit kann durch die intravenösen Narkotika ebenfalls nicht erreicht werden, weshalb die moderne Narkose heute mit einem intravenös zugeführten Barbiturat nur eingeleitet und dann mit einem Inhalationsanästhetikum weitergeführt wird.

Intubationsnarkose

Mit den muskelerschlaffenden Mitteln kann bei der Intubationsnarkose jeder gewünschte Grad und jede gewünschte Dauer der Muskelerschlaffung erzielt werden.

Voraussetzung für die Anwendung dieser Muskelrelaxanzien ist – neben der Erfahrung des Arztes – das Vorhandensein eines Narkoseapparates, mit dem für die Dauer der Lähmung der Atemmuskulatur der Patient künstlich beatmet werden kann.

Örtliche Betäubung

Die Lokalanästhesie hat den Vorteil, daß die Schmerzbahnen zwar lokal unterbrochen, die zentralen Zentren und Funktionen jedoch nicht in Mitleidenschaft gezogen werden; Nachteile sind die mangelnde Schonung der Psyche des Kranken, der den Eingriff bei vollem Bewußtsein miterlebt, ferner die zeitliche Begrenzung der Anästhesie auf 1–2 Stunden und die fehlende Muskelerschlaffung.

Arten der örtlichen Betäubung

Die *Oberflächenanästhesie* ist nur an Schleimhäuten möglich, da die Epidermis der Haut zu wenig durchlässig ist. Zu den gebräuchlichsten Mitteln gehört das Pantocain. Die Oberflächenanästhesie wird in der Chirurgie besonders zur Betäubung der Rachen- und Bronchialschleimhaut bei der Bronchoskopie, Ösophagoskopie und Gastroskopie angewandt.

Bei der *Infiltrationsanästhesie* wird die Haut bis in die Subkutis im Bereich der Inzisionsstelle infiltriert. Sie findet Verwendung zur Behandlung von Wunden, zur Exstirpation kleiner in und unter der Haut gelegener Geschwülste oder bei diagnostischen Punktionen. Die meist verwandten Mittel sind das Novocain, Scandicain, Meaverin oder ähnliche Anästhetika, welche in einer 0,5- bis 1%igen Lösung injiziert werden.

Bei der *Leitungsanästhesie* werden nicht die Funktionen der Nervenendigungen, sondern die Hauptstämme unterbrochen. Aus diesem Grund müssen Konzentration des Anästhetikums und die Wartezeit verdoppelt werden. Die reine Leitungsanästhesie wird als Plexusanästhesie zur Ausschaltung des Plexus brachialis bei Eingriffen an den Armen oder als sog. Oberst-Leitungsanästhesie an den Fingergrundgliedern bei Eingriffen an den Fingern durchgeführt. Auch eine isolierte Blockade einzelner Nervenstämme wie die Ulnarisblockade oder Axillarisblockade sind üblich. Häufig wird die Leitungsanästhesie mit der Infiltrationsanästhesie kombiniert, wie z. B. bei Leistenbruchoperationen.

Die *Peridural*- oder *Spinalanästhesie* wird heute bei vielen Eingriffen an den unteren Extremitäten, wie bei pertrochanteren Frakturen und Schenkelhalsfrakturen, angewandt. Die meist alten Patienten überstehen den Eingriff mit der Spinalanästhesie besser als mit einer Allgemeinnarkose, da hierdurch die häufigen Lungenkomplikationen nach Allgemeinanästhesie vermieden werden können. Bei der Periduralanästhesie werden die Nerven am Austritt aus der Durahöhle des Rückenmarks umspritzt, die Dura wird im Gegensatz zur Spinalanästhesie nicht durchstochen. Bei der Spinalanästhesie wird das Anästhetikum in den Duralsack selbst eingespritzt, wobei die entsprechenden sensiblen, sympathischen (vegetativen) und motorischen Fasern gelähmt werden.

Plastische und wiederherstellende Chirurgie

In der plastischen Chirurgie werden Eingriffe vorgenommen, bei denen die Wiederherstellung von Form und Funktion von vornherein als rekonstruktiver Hauptzweck feststeht. Diesem dienen Formveränderungen (z. B. Nasen-, Ohren- und Mammadeformitäten), die Beseitigung angeborener Mißbildungen, Hasenscharten, Gaumenspalten, Epi- und Hypospadien, Blasenspalten, Meningozelen, die Beseitigung erworbener Gewebedefekte (z. B. Haut- und Weichteildefekte, Röntgenulzera, ausgedehnte Hautkarzinome usw.), die Beseitigung von Narben und deren Folgezuständen sowie der Wiedergewinn verlorengegangener Funktionen (Sehnenplastiken, Nerventransplantationen, Gelenkplastiken und Weichteilplastiken). Zur plastischen Chirurgie gehören auch Eingriffe aus ästhetischer Indikation, wie die Beseitigung von Gesichtsfalten, Bruststraffungen, Brustvergrößerungen, Beseitigung vermehrter Fettansammlungen am Körper und Bauchdeckenplastiken. Zur plastischen Chirurgie gehört die Gewebeverlagerung aus der Umgebung als Verschiebe- oder Schwenklappen, die ortsfremde Verpflanzung umgebenden Gewebes (Transplantation) sowie die Einpflanzung körperfremder Stoffe (Alloplastik).

Autoplastische Transplantationen

Unter autoplastischer Transplantation versteht man die Verpflanzung von körpereigenem Gewebe. Für diese eignen sich vor allem Haut, Fettgewebe, Faszien, Sehnen, Knochen, Gefäße und Nerven. Entscheidend für das Gelingen einer solchen Transplantation ist das rasche Eindringen der Kapillaren des Transplantatlagers zur Ernährung des keimfrei entnommenen Transplantates. Wegen der guten Regeneration läßt sich Haut am besten transplantieren. Hauttransplantate finden Verwendung zur Deckung granulierender Flächen, wie nach Verbrennungen und Hautdefekten.

Die Entnahme erfolgt entweder in kleinen, etwa pfennigstückgroßen Hautstückchen nach Reverdin oder von größeren Hautstücken mit Hilfe eines Messers nach Thiersch oder mittels eines Dermatoms.

Die Einheilung eines Spalthautlappens benötigt etwa 8 Tage – so lange muß der transplantierte Körperabschnitt ruhiggestellt werden; nach 8 Tagen ist auch der erste Verbandwechsel notwendig. Bei Spalthautlappenplastiken an den unteren Extremitäten ist daher eine Woche strenge Bettruhe einzuhalten, die entsprechende Extremität sollte auch nicht bewegt werden. Dagegen ist eine krankengymnastische Übungsbehandlung an den übrigen Extremitäten angezeigt. Von Bedeutung sind auch Faszientransplantate, die besonders bei der Deckung von Duradefekten oder Narbenbrüchen Anwendung finden. Eine besondere Art der Transplantation ist die Kutisplastik zur Deckung von Faszienlücken, bei der ein von der Epidermis entblößtes Hautstück unter die Haut versenkt und in den Fasziendefekt eingenäht wird. Heutzutage ist auch anstelle der Kutisplastik eine Plastik mit einem Kunststoffnetz (Marlex) möglich. Knochentransplantationen dienen zum Auffüllen von Knochendefekten, meist als autologe Spongiosaplastik vom Beckenknochen, Trochanter major und Schienbeinkopf.

Bei den gestielten Lappenplastiken wird ein aus Haut und subkutanem Fettpolster bestehender Weichteillappen in der Nähe oder Ferne des zu deckenden Defektes gebildet.

Homöoplastische Transplantationen

Diese Überpflanzung von Gewebe von Mensch auf Mensch ist sehr beschränkt. Lediglich die Bluttransfusion macht hier eine Ausnahme. Auch die homöoplastische Knochentransplantation hat durch verschiedene Methoden der Knochenkonservierung, z. B. der Tiefkühlung, einen gewissen Anwendungsbereich erhalten, ist jedoch der autoplastischen Knochentransplantation deutlich unterlegen. Eine zunehmende Bedeutung haben schließlich auch die seit Jahren erfolgreich durchgeführte Nierentransplantation, die Lebertransplantation, die Herztransplantation, in geringerem Maße auch die Transplantation der Bauchspeicheldrüse und die Lungentransplantation erlangt.

Alloplastische Transplantationen

Diese Implantationen von körperfremden Geweben spielen in der Chirurgie eine große Rolle und bestehen in der Versenkung körperfremden, toten Materials in den menschlichen Organismus. Neben der Versenkung verschiedener Formen von Nahtmaterialien ist es die Verwendung von Kunststoffen als Band- und Gefäßersatz, ferner das Einbringen von Kunststoff- und Metallprothesen, beispielsweise als Gelenkersatz.

Chirurgie der Geschwülste

Bösartige Geschwülste nehmen unter allen menschlichen Erkrankungen eine Sonderstellung ein, unbehandelt verlaufen sie tödlich. Grundeigenschaften der bösartigen Geschwülste sind Destruktion, Infiltration und Metastasierung, wodurch sie sich von den gutartigen Geschwülsten unterscheiden. Die sog. semimalignen Geschwülste – wie der Riesenzelltumor und das Chondrom am Stamm – zeichnen sich durch eine hohe Rezidivfreudigkeit und die Möglichkeit der malignen Entartung aus.

Heute stirbt jeder 5. Mensch am Krebs. Dabei nimmt diese Krankheit seit der Jahrhundertwende weiter zu. Während man unter einem Karzinom jeden von epithelialen Elementen ausgehenden bösartigen Tumor versteht, werden alle vom Stütz-, Binde- und Knochengewebe ausgehenden bösartigen Geschwülste als Sarkome bezeichnet. Eine Krebsgeschwulst führt neben dem lokal infiltrativ gewebezerstörenden Wachstum auf lymphogenem oder hämatogenem Wege zum Auftreten von Tochtergeschwülsten (Metastasen). Die am häufigsten auftretenden Metastasen findet man in der Leber, der Lunge oder im Skelettsystem.

Für die Behandlung einer Krebsgeschwulst gibt es 3 Wege: operative Behandlung, Strahlenbehandlung und Chemotherapie.

Operative Behandlung

Da eine Krebsgeschwulst ein zunächst örtliches Leiden darstellt, besteht die Möglichkeit, die Erkrankung im Anfangsstadium radikal operativ zu entfernen und damit eine Heilung zu erzielen. Wenn infolge örtlicher Ausbreitung der Geschwulst eine vollständige Entfernung nicht mehr möglich ist oder wenn bereits Geschwulstabsiedlungen in anderen Organen vorliegen, ist die operative Entfernung noch als palliative Maßnahme zu erwägen. Krebsoperationen werden je nach Körperregion, Organ, Krebsstadium und Ausbreitung der Geschwulst in vielen Varianten durchgeführt.

Radikale Operation

- Einfache Exstirpation einer scharf abgrenzbaren Krebsgeschwulst weit im Gesunden;
- isolierte Exstirpation des ganzen krebstragenden Organs (Nephrektomie bei Hypernephrom, Gastrektomie bei Magenkarzinom);

- Amputation bzw. Exartikulation bei Knochentumoren;
- Resektion krebstragender Hohlorgane mit anschließender Wiederherstellung der Kontinuität (Magenresektion, Darmresektion);
- Exstirpation des ganzen tumortragenden Organs samt dem zugehörigen Lymphabflußgebiet in einem Stück (Ablatio mammae mit Exstirpation des ganzen axillären Fettkörpers, Rektumexstirpation mit dem gesamten Mesorektum);
- En-bloc-Exstirpation mehrerer Organe bzw. Organteile (Magen-Ösophagus-Resektion bei Kardiakarzinom, Magen-Milz-Pankreas-Resektion bei fortgeschrittenem Magenkarzinom, Pankreas-Duodenum-Pylorus-Resektion bei Pankreaskopfkarzinom).

Kommt es nach einer Operation zu einer Rückfallgeschwulst, spricht man von einem Rezidiv. Gelegentlich kann eine Nachoperation beim Rezidiv noch Heilung bringen.

Palliative Operationen

Die palliativen Operationen sind Eingriffe, welche nicht die Krebskrankheit, sondern nur die Krebsfolgen beseitigen oder lindern. Als Beispiele seien die Gastroenterostomie bei inoperablem stenosierenden Pyloruskarzinom, die Gastrostomie beim inoperablen Ösophagus- bzw. Kardiakarzinom, die Anlage eines Anus praeter bei Ileus wegen Rektum- oder Dickdarmkarzinom und die Zystostomie bei Blasenkarzinom genannt.

Symptomatische Operationen

Von symptomatischen Operationen spricht man bei Eingriffen, die nur störende Symptome der Krankheit wie Dauerschmerz, Blutung und Verjauchung beseitigen sollen. Als Beispiel sei die Chordotomie, die Durchtrennung der Vorderseitenstrangbahnen des Rückenmarks bei unerträglichen Schmerzen, genannt. Stenosierende Tumoren in der Speiseröhre, dem Magen und im Darm können endoskopisch abgetragen werden, um die Passage vorübergehend zu verbessern und eventuelle Blutungen zu stillen.

Strahlenbehandlung

Die Strahlentherapie ist die zweite Waffe im Kampf gegen den Krebs. Ihre Indikation ist bei der Behandlung von strahlenempfindlichen Geschwülsten wie oberflächlich wachsende Karzinome der Haut, der Zunge, der Zervix usw. gegeben. Bei dieser Therapie werden die schnell wachsenden Tumorzellen durch die Strahlentherapie bis zum Absterben geschädigt. Ein Nachteil der Strahlenbehandlung ist der, daß nicht nur die Geschwulstzellen, sondern auch normale Körperzellen in Mitleidenschaft gezogen werden.

Chemotherapie

Gewisse medikamentöse Substanzen, sog. Zytostatika, können das Wachstum der Geschwulstzellen ohne stärkere Schädigung der Körperzellen in vielen Fällen hemmen. Diese Zytostatika verhindern in ausgewählten Fällen eine allzu rasche Ausbreitung der Geschwulstzellen; die Nebenerscheinungen sind oft nicht unbeträchtlich. Bei vielen Geschwulstarten, wie beim Prostata- oder Mammakarzinom, kann auch eine entsprechende hormonelle Behandlung einen günstigen Effekt bewirken. Mittels intraarterieller Chemotherapie können die Medikamente in höherer Dosis an den Tumor herangebracht werden.

Krankengymnastische Behandlung

Präoperative krankengymnastische Behandlung

Die präoperative krankengymnastische Behandlung dient in erster Linie der Pneumonie- und Thromboseprophylaxe. Sie ist primär indiziert bei älteren Patienten, bei Patienten mit großen abdominalen oder thorakalen Eingriffen und bei Patienten mit erhöhten Risiken aufgrund vorbestehender internistischer Erkrankungen (z. B. Asthma bronchiale, Varikosis).

Die präoperative Behandlung erfordert eine frühzeitige stationäre Aufnahme.

Der Patient soll über die Notwendigkeit und das Ziel der krankengymnastischen Behandlung informiert werden.

Für eine individuelle Atemtherapie ist eine vorhergehende und therapiebegleitende physiotherapeutische Untersuchung erforderlich.

Der Erfolg der Behandlung muß durch fortwährende Beobachtung kontrolliert werden.

Befund

Atembefund:

- Beschwerden (gegenwärtig und früher):
  - Atemnot: in Ruhe, bei körperlicher Belastung, nach Husten;
  - Husten: produktiv, unproduktiv, mit Schwindel;
  - das Gefühl, „nicht durchatmen zu können“;
  - Hyperventilationsneigung;
  - Schmerzen beim Atmen.
- Atemform – Körperstellung: Rückenlage, Sitz, Bauchlage;
- Atemweg: Mund, Nase;
- Atemnebengeräusche;

- verkürzte Sprechweise;
- Atemrhythmus:
  - regelmäßig – unregelmäßig (z. B. Cheyne-Stokes),
  - Verhältnis Inspiration/Exspiration (z. B. Asthma bronchiale);
- Atemfrequenz/min;
- Atembewegungen:
  - kostoklavikular,
  - kostosternal,
  - kostoabdominal,
  - inspiratorischer Atemhilfsmuskeleinsatz,
  - exspiratorischer Bauchmuskeleinsatz,
  - inspiratorische Einziehungen.

Allgemeinbefund:
- Kräftezustand,
- Bewegungsablauf: hastig, schnell, angemessen, verlangsamt, koordiniert;
- Hautfarbe:
  - Zyanose (Lippen, Akren);
- Puls:
  - Frequenz/min, Rhythmus;
- Körperstatus:
  - Muskelverspannungen (Hartspann, Myogelosen),
  - Bindegewebsbefund (Verschieblichkeit des Subkutangewebes),
  - Bauch (adipös, muskelschwach, muskelkräftig),
  - Thoraxform: gewölbt (Emphysemthorax), Trichterbrust, Thorax piriformis, Asymmetrie, thorakale Skoliose mit Rippenbuckel;
  - Thoraxbeweglichkeit (Umfangmaße).

Die Konsequenzen der Behandlung lassen sich befundentsprechend ableiten, und nur so können Prioritäten in der Behandlung gesetzt werden.

Gesichtspunkte

- Umstellen auffälliger, emotional verursachter Atemformen in Richtung einer individuellen Norm.
- Sekretolyse.
- Vorübergehende Änderung der Ventilation und Besserung eines gestörten Belüftungs- und Durchblutungsverhältnisses.
- Verbessern der Thoraxdehnbarkeit, d. h. Senken erhöhter Gewebewiderstände in Haut und Muskeln des Rumpfes, und Mobilisieren der Rippen-Wirbel-Gelenke.
- Der Patient soll mit dem Therapeuten eine schmerzfreie Hustentechnik lernen, um sie postoperativ selbständig anwenden zu können.
- Zwerchfellkräftigung.

Maßnahmen

- Feuchte Inhalationen, die zusätzlich durch die Gabe von Medikamenten unterstützt werden.
- Manuelle Thoraxkompressionen
  - mit anschließender Richtungshilfe oder einem Richtungswiderstand für eine tiefere Einatmung.
  - Während der Einatmung das Sternum oder die unteren Rippen komprimieren, die Einatembewegung abwarten und dann ein zweites und drittes Mal wiederholen, bis ein tiefer Einatemzug resultiert (PNF-Technik nach Kabat und Knott).
- Behandlungstechniken aus der Lösungs- und Atemtherapie nach A. Schaarschuch und H. Haase;
  - Packegriffe bzw. Hängegriffe,
  - sog. Abhebeproben,
  - Dehnlagen.
- Zur Zwerchfellkräftigung kommen Maßnahmen in Frage, die das Diaphragma zwingen, in verschiedenen Stellungen Haltearbeit zu leisten, z. B.
  - sakkadierendes Einatmen.
  - Tönen (während aktiver Übungen werden Töne gehalten. Aus möglichst aufrechter Haltung – Sitz auf dem Hocker – kommt man aus einer Rumpfrotation zurück und hält dabei einen Ton oder einen Dreiklang usw.) – „Spiegleinübung".
- Mobilisation der Rippen-Wirbel-Gelenke:
  - Becken gegen Schultergürtel bewegen,
  - Ziehharmonikagriff,
  - Ausgangsstellung Sitz auf dem Hocker unter Einsatz von Geräten.
  - Übungen auf dem Pezzi-Ball (s. postoperative krankengymnastische Behandlung bei Lungenoperationen, S. 44).
- Wahrnehmen der Atembewegung, vornehmlich der Bewegung des Bauches und der unteren Rippen. Die Wahrnehmung geschieht zu Beginn mit Handkontakt von seiten des Therapeuten oder des Patienten. Hat der Patient die Atembewegung gelernt, kann er sie alleine üben (Basaltext).
- Einatmungsförderung, indem der Ausatmung Widerstände entgegengesetzt werden, z. B. Lippenbremse.
- Hustentechnik (den Patienten über die Notwendigkeit der Hustentechnik informieren).
- Zur selbsttätigen Unterstützung dieser Maßnahmen werden die Atemhilfsgeräte „Trigger-Bird", Triflo oder VRP_1-Desitin eingesetzt; eine stündliche kurzfristige (bis 10 min) Anwendung ist ausreichend.

Postoperative krankengymnastische Behandlung

Gesichtspunkte

- Pneumonie- und Thromboseprophylaxe;
- Sekrettransport und Entfernung nach außen;
- Abatmen der eingeatmeten Narkotika;
- vorübergehende Änderung der Ventilation und Besserung eines gestörten Belüftungs- und Durchblutungsverhältnisses;
- Vorbeugen gegen orthostatische Dysregulationen;
- Mobilisation der Rippen-Wirbel-Gelenke;
- Leistungssteigerung durch Training zum Verbessern der Kreislaufregulationsfähigkeit unter Belastung und zur größeren Ausdauer beim Bewegen.

Maßnahmen

Zur Unterstützung des Sekrettransports kommen folgende Maßnahmen zur Anwendung:
- feuchte Inhalationen, die zusätzlich durch die Gabe von Medikamenten unterstützt werden;
- exspiratorische Thoraxkompressionen:
  - Vibrationen kontra- und bilateral,
  - Klopfungen,
  - Erschütterungen;
- Ausatmen auf Summ- und Brummtönen und Vokale in Verbindung mit Vibrationen;
- Umlagerungen (Sitz, Seitlage);
- Vibrationen im Bereich Th 4/5 paravertebral;
- Abhusten des Sekrets: Hustenprovokation zur Sekretabhustung, wenn „Trachealrasseln“ zu hören ist.
  Technik: Durch Thoraxkompressionen in der Exspiration in Verbindung mit Vibrationen und Summtönen wird die Ausatmung verlängert.

Hilfen zur Erleichterung des Aushustens von Sekret nach operativen Eingriffen:
- bei thorakalem Eingriff „Fixation der Rippen“,
- bei abdominalem Eingriff „Fixation der Wunde“.

Möglichkeiten der Fixation:
- Mit beiden Händen bilateral der Wundränder fixieren und den Hustenstoß durch leichten Druck auf die Wunde abfangen.
- Durch großflächiges Anlegen beider Hände und durch leichten Druck auf die Wunde wird eine Dehnung der Narbe weitgehend verhindert.
- Der Patient fixiert zum Aushusten die Narbe selbständig.

Eine weitere Erleichterung des Aushustens ist das Hochstellen des Kopfteils und Anstellen beider Beine zur „Entspannung“ der Bauchmuskulatur.

Im Anschluß an diese Maßnahme erfolgt eine Prüfung auf Restsekret. Dazu wird der Patient aufgefordert, stakkatoartig auf „H“ auszuatmen.

Weitere Maßnahmen der postoperativen krankengymnastischen Behandlung sind:

- Behandlungstechniken aus der Lösungs- und Atemtherapie nach A. Schaarschuch und H. Haase:
  - Packegriffe bzw. Hängegriffe,
  - sog. Abhebeproben,
  - Dehnlagen.
- Manuelle Thoraxkompressionen
  - mit anschließender Richtungshilfe oder einem Richtungswiderstand für eine tiefere Einatmung.
  - Während der Einatmung das Sternum oder die unteren Rippen komprimieren, die Einatembewegungen abwarten und dann ein zweites und drittes Mal wiederholen, bis ein tiefer Einatemzug resultiert (PNF-Technik nach Kabat und Knott).
- Einatemtechniken:
  - Langsames, tieferes Einatmen durch die Nase und Vergrößern der kostoabdominalen Einatembewegung nach ventral/lateral und lumbodorsal. Das Wahrnehmen und Vergrößern wird mit Handkontakt und verbaler Information gelernt und geübt (S. 76).
  - „Schnüffeln“ bzw. „Schnuppern“ zur Vergrößerung des Einatemvolumens.
  - Bei bestehender Obstruktion der Bronchien erweist sich das Einatmen „gähnend“ bei geschlossenen Lippen als günstig.
- Ausatemtechniken:
  - Ausatmen auf Geräuschlaute (aphonische Laute „ff“, „sch“) und Blasen;
  - Ausatmen auf tönende Laute (Summen und Vokale);
  - Ausatmen durch Einsatz der „Lippenbremse“.
- Kombinierte Ein- und Ausatemtechniken:
  - Ausatmen auf aphonische oder phonische Laute, unterstützt durch Atmen gegen Richtungswiderstand;
  - Wahrnehmen der kostoabdominalen und kostosternalen Atembewegung.
- Aktivierung der Muskelpumpe in Rückenlage mittels dynamischer Muskelkontraktionen von distal nach proximal.
- Treten auf der Stelle in den Ausgangsstellungen Sitz an der Bettkante und aus dem Stand.
- Maßnahmen zum Verbessern der Kreislaufregulationsfähigkeit unter Belastung und zur größeren Ausdauer beim Bewegen sind

- Formen des freien Bewegens in intermittierender Dauerform (s. postoperative krankengymnastische Behandlung nach Herzoperationen, S. 77).
- Zur Unterstützung des venösen Rückstroms werden dem Patienten beide Beine bis zur Leiste gewickelt oder Antiemboliestrümpfe angezogen.

Intensivüberwachter Patient

Ein Patient auf der Intensivstation ist vielfältigen physischen und psychischen Belastungen ausgesetzt. Seine sämtlichen Körperfunktionen sind maximal aktiviert. Er leidet unter dem sogenannten „intensive-care syndrome". Ursachen dafür sind:

- Psychischer Streß:
  - Angst (Bewußtsein der unmittelbaren Lebensbedrohung!);
  - Depression;
  - die Nähe anderer schwerkranker Patienten (Verschlechterung deren Zustandes oder sogar deren Tod);
  - eine Vielzahl unbekannter Apparaturen („Science-fiction-Landschaft" von Monitoren und Beatmungsgerät);
  - permanenter Schlafentzug.
- Somatischer Streß:
  - physische Erschöpfung;
  - „postoperatives Streßsyndrom",
  - Orientierungsschwierigkeiten in Zeit und Raum;
  - Halluzinationen;
  - Entzugssymptomatik;
  - Nachlassen der Schmerzmedikation;
  - Mindestmaß an Mobilität aufgrund notwendiger Anlage von diversen Gefäßkathetern (invasives Monitoring);
  - schmerzhafte therapeutische Maßnahmen (z. B. Tracheotomie, Verbandwechsel etc.).
- Sozialer Streß:
  - Mangel an Intimität und Abgrenzungsmöglichkeiten;
  - „Herausgerissensein" aus bisherigen Lebensumständen;
  - extreme Abhängigkeit von Personal und Apparaturen;
  - kommunikative Vereinsamung;
  - Kommunikationsbehinderung (z. B. Intubation, Tracheostoma etc.);
  - die Angehörigen verhalten sich oft unangemessen, da sie sich selbst in einer beängstigenden und fremden Situation befinden.

Daraus folgend ergeben sich einige *Regeln,* die im Umgang mit einem Patienten auf der Intensivstation unbedingt beachtet werden sollten:

- Die persönliche Identität des Patienten muß gewahrt werden; er ist als mündige Person zu behandeln.
- Jeder sollte sich dem Patienten mit Namen und Funktion vorstellen und erst dann mit der Therapie beginnen.
- Der Patient darf nicht unnötig nackt – für jeden sichtbar – im Bett liegengelassen werden.
- Jede Maßnahme am Patienten muß ihm angekündigt werden. Der Patient muß zur Mitarbeit bei der Therapie angeleitet werden.
- Der Patient muß ein positives Feedback erhalten.

Dieses Verhalten gilt selbstverständlich auch für den scheinbar nicht ansprechbaren, sedierten Patienten.

Eine Intensivbehandlung stellt eine besonders schwere Aggression auf den Gesamtorganismus dar. Hieraus resultieren pathophysiologische Veränderungen der Lunge, des Herz-Kreislauf-Systems sowie des Haltungs- und Bewegungssystems. Die Veränderungen der Lungenvolumina, der Atemform und der Abwehrmechanismen sowie auftretende Komplikationen sind im Abschnitt „Krankengymnastische Behandlung nach Herzoperation" (S. 72) beschrieben.

Gesichtspunkte

- Sekretolyse.
- Ventilation der einzelnen Lungenabschnitte und Aktivierung der Atemmuskulatur.
- Erlernen einer weitestgehend schmerzfreien und produktiven Hustentechnik (beim spontan atmenden Patienten).
- Entwöhnen beatmeter Patienten vom Respirator (weaning).
- Vermeiden aktiver und passiver Insuffizienzen der Muskulatur sowie Förderung funktioneller Bewegungsabläufe.
- Vermeiden von Druckschäden.
- Vermeiden von Komplikationen (Atelektasen, Pneumonien, Bronchiektasen, Adult respiratory distress syndrome etc.).
- Behandlung bereits aufgetretener Komplikationen.

Krankengymnastische Untersuchung

Siehe Untersuchung bei präoperativer krankengymnastischer Behandlung (S. 21).

Zusätzlich sollten bei der Untersuchung von intensivüberwachten Patienten folgende Fragen gestellt werden:

- Wie wird der Patient beatmet, oder atmet er teilweise spontan?
- Ist der Patient adäquat wach oder sediert?
- Besteht eine erhöhte Sekretviskosität?

- Sind Komplikationen (Sepsis, Atelekasten etc.) eingetreten?
- Ist der Patient erschöpft?
- Hat der Patient Angst vor Schmerzen beim Atmen oder Husten?
- Werden große Wunden künstlich offengelassen, oder liegt ein Polytrauma vor?

Wichtig ist eine genaue Kenntnis der klinikeigenen Untersuchungsdokumentation, damit die Auswirkungen momentaner Medikation und intravasaler Maßnahmen auf den Allgemeinzustand des Patienten abgeschätzt werden können. Daraufhin sollte die Auswahl und Dosierung der krankengymnastischen Behandlungsmaßnahmen individuell abgestimmt werden. Darüber hinaus ist eine ständige Absprache mit dem ärztlichen und pflegerischen Personal (Information und Koordination) unabdingbar.

Maßnahmen

IPPV (intermittent positive pressure ventilation)

Der Patient ist vollständig beatmet, sediert und oft auch relaxiert.

Atemtherapeutische Maßnahmen:

- Hyperämisierung:
  - Heiße Rolle: Kann je nach Bedarf auf allen Thoraxabschnitten angewandt werden. (Anmerkung: Anwendung im Bereich des Abdomens zur Anregung der Peristaltik!)
  - Eisapplikationen: Können je nach Bedarf auf allen Thoraxabschnitten angewandt werden.
  - Umlagerung.
- Erhalten der Thoraxbeweglichkeit:
  - Packegriffe,
  - Interkostalausstreichungen,
  - Massagegriffe,
  - Dehnlagerungen.
- Sekretolyse:
  - Exspiratorische Thoraxkompressionen in Form von Klopfungen und Vibrationen (Vorsicht bei thorakalen Eingriffen);
  - Drainagelagerung zur Sekretmobilisierung. Je nach Bedarf sollte das Sekret vor oder nach der Behandlung abgesaugt werden;
- Kontraktur- und Thromboseprophylaxe:
  - Passive Streckzüge an den Extremitäten.
  - Passives Ausschöpfen des vollen Bewegungsausmaßes in allen Ebenen (ein- oder mehrdimensional, z. B. geeignete PNF Arm- und Beindiagonalen) mit weiterlaufenden Bewegungen auf die Wirbelsäule. Die Finger, Daumen, Fuß- und Zehengelenke neigen verstärkt zur Kontraktur, deshalb ist die endgradige Mobilisation dieser Gelenke besonders hervorzuheben.

- Widerlagerndes Bewegen.
- Eine selektive Mobilisation der HWS ist nicht notwendig.

Kontraindikationen: Thrombose, Polytrauma, hämodynamische Instabilität.

SIMV (*s*ynchrone *i*ntermittent *m*andatory *v*entilation)

Der Patient wird mit einem vorgegebenen Atemminutenvolumen (Atemzugvolumen × Atemfrequenz) beatmet. Bei zunehmender Wachheit ist es ihm jedoch möglich, zwischendurch selbst zu atmen und so seine Atemmuskulatur zu trainieren. Die Atemzüge des Patienten werden anfangs noch vom Beatmungsgerät unterstützt. Mit zunehmender Eigenaktivität wird diese Unterstützung von seiten des Respirators dann weiter reduziert.

Maßnahmen zusätzlich zu IPPV:

– Atemtherapie:
  - assistierte/aktive Atemtechnik: Wahrnehmung der Atembewegungen (Basaltext);
  - Atmung im Kombination mit assistierten Bewegungen der Extremitäten;
  - beruhigende atemvertiefende Maßnahmen (z. B. Interkostalausstreichungen).

– Kontrakturen- und Thromboseprophylaxe:
  - aktiv-assistierte Mobilisation der Extremitätengelenke mit wenig Eigenaktivität des Patienten; er sollte zunehmend zur Mitarbeit aufgefordert werden.

Spontan atmender Patient

Der Patient ist extubiert und atmet selbständig.

Maßnahmen zusätzlich zu IPPV und SIMV:

– Atemtherapie:
  - aktive Ein- und Ausatemtechnik (z. B. Lippenbremse, vertiefte Atmung);
  - innere Vibrationen durch Summ- und Brummtöne;
  - *Abhusten!* Der Patient soll eine produktive, möglichst schmerzarme, narbenschonende Hustentechnik erlernen. (Die Hilfen zur Erleichterung des Abhustens von Sekret sind ausführlich auf S. 24 beschrieben.)

Atemhilfsmittel

Nachfolgend eine Auswahl günstiger Atemhilfsgeräte sowohl zur Atelektase und Pneumonieprophylaxe als auch zur Sekretolyse:

VRP$_1$-Desitin. Durch eine verstärkte Exspiration wird die in der „Flatter“ vorhandene Metallkugel zum Schwingen gebracht. Diese Vibrationen wirken reflektorisch auf das Sekret in der Lunge. Der Schleim beginnt ebenfalls zu schwingen, löst sich von der Lungenwand und kann abgehustet werden.

Trigger-Bird. Der Trigger-Bird wird eingesetzt bei postoperativ eingeschränkter Atemmechanik und Störungen der Atemregulation. Der Patient löst mit der Einatmung den Trigger-Bird aus und gibt somit dem Gerät einen Impuls. Dadurch erhält der Patient vom Gerät ein zusätzliches Einatemvolumen, entsprechend dem eingestellten Druck. Der Trigger-Bird erleichtert die Ausatmung durch einen negativen Druck (aktiver Sog). Widerstände im Atmungssystem werden dadurch leichter überwunden. Flow (Durchflußmenge des Sauerstoffs in einer bestimmten Zeiteinheit), Druck, Zeit (Frequenz) und Volumen sind je nach Zustand des Patienten variabel einstellbar.

Mediflo. Der Atemtrainer bewirkt eine SMI (sustained maximal inspiration), also ein langsames, anhaltendes und so tief wie mögliches Einatmen, das dem physiologischen Seufzen und Gähnen gleichkommt.

Durch diese Art der Inspiration wird eine gleichmäßige Gasverteilung bei Patienten, deren Atemwegswiderstände in verschiedenen Lungenteilen unterschiedlich hoch sind, begünstigt. Dieses Gerät bietet die Möglichkeit, die inspiratorische Kapazität zu bestimmen, um das Ausmaß der restriktiven Ventilationsstörung bei Patienten abschätzen zu können. Je nach Einstellung der Flußrate und der Zeit (in Sekunden), in der der Patient durch die kontinuierliche Inspiration die Kugel zum „Schweben" bringt, wird die inspiratorische Kapazität bestimmt. Beispiel: Das Gerät wird auf 200 cm^3/s eingestellt, dann hält der Patient mit seiner Einatmung die Kugel 4 s hoch. 200 $cm^3/s \cdot 4 = 800$ cm^3/s beziehungsweise 0,8 l. Die dem Status des Patienten angepaßte Flußrate kann bis auf 1200 cm^3 erhöht werden.

Triflo. Die Wirkungsweise dieses Atemhilfsgerätes basiert auf demselben Prinzip wie das Mediflo; es bewirkt ebenso ein langsames, tiefes und anhaltendes Einatmen. Eine Einstellung der Flußrate, in der der Patient die ersten beiden Kugeln zum „Schweben" bringt, ist nicht möglich. Eine dritte, sogenannte Kontrollkugel, die nicht zum Schweben gebracht werden soll, verhindert einen zu hohen Inspirationsflow.

CPAP-Maske (*c*ontinuous *p*ositive *a*irway *p*ressure). Der Patient bekommt über eine *dicht* sitzende Maske einen sehr hohen Frischgasfluß angeboten, so daß in den Luftwegen über den gesamten Atemzyklus ein kontinuierlicher, positiver Druck aufgebaut wird (CPAP). Um eine Eröffnung der basalen Lungenalveolen zu erreichen, wird durch Vorschalten eines veränderlichen Exspirationshindernisses ständig ein Überdruck in den Atemwegen erzeugt, der dem Kollaps von Bronchiolen und Alveolen entgegenwirkt. Gleichzeitig werden Atelektasen beseitigt, die funktionelle Residualkapazität wird erhöht und der pulmonale Gasaustausch verbessert.

Kontraktur- und Thromboseprophylaxe

- aktive Mobilisation unter Anleitung, ohne Widerstand;
- aktive Mobilisation der Extremitäten gegen die Schwerkraft oder gegen Widerstand (PNF, Tera-Band, Handtrainer etc.).

Dosierung und Anwendung dieser Maßnahmen richten sich nach dem momentanen Allgemeinzustand und den funktionellen Problemen des Patienten.

Lagerung

Der Patient sollte möglichst bequem und seiner Situation angepaßt gelagert werden.

Nachfolgend einige Beispiele:

Thoraxeingriffe	Rückenlage Oberkörper leicht erhöht
Schädel-Hirn-Trauma	30° Kopf erhöht
Herzinsuffizienz, Bauchschnitt	Oberkörper erhöht
Atembeschwerden	evtl. Pilotsitz

Einige Stellen am Körper sind bei langen Liegezeiten prädestiniert für Druckstellen am Nerv und am Gewebe. Ihnen sollte besondere Aufmerksamkeit geschenkt werden:

- Schulterblatt
- Dornfortsätze (kaudaler Brustwirbelsäulenbereich),
- Außen- und Innenseite der Oberarme,
- Ellenbogen (N. ulnaris, N. medianus, N. radialis),
- Spina iliaca anterior superior,
- Trochanter major,
- Fibulaköpfchen (N. peronaeus),
- Ferse,
- Innen- und Außenknöchel
- Kreuzbein,
- Steißbein.

Die aufgeführten markanten Stellen werden entweder gut unterpolstert oder frei gelagert. Außerdem sollte nach Möglichkeit ein häufiger Lagewechsel vorgenommen werden. Das Optimum besteht in einem Zweistundenrhythmus. (Lagerung fällt meist in den Kompetenzbereich des Pflegepersonals).

Insuffizienzen der passiven Strukturen des Bewegungsapparates und Dekubiti werden durch häufigen Lagewechsel und durch exaktes Lagern in folgenden Ausgangsstellungen vermieden.

Rückenlage:
- leichte Abduktion im Schultergelenk;
- leichte Flexion im Ellbogengelenk;
- Hand in Funktionsstellung (Dorsalextension im Hangelenk, leichte Flexion und Abduktion aller Fingergelenke, Daumen in Abduktion);
- Beine in leichter Außenrotation;
- Ferse frei lagern;
- Fuß in Nullstellung (Spitzfußprophylaxe). Wird eine Kiste oder ein Schaumstoffkeil eingelegt, kann der bewußtseinsklare Patient einen Druck dagegen ausüben, um mittels statischer und dynamischer Kontraktionen die „Muskelpumpe“ anzuregen.

Beachte. Bei hemiplegischen Patienten wird eine Lagerung des Fußes zur Spitzfußprophylaxe nur dann vorgenommen, wenn dadurch die Extensorensplastizität nicht verstärkt wird.

Seitenlage:
- Unten liegender Arm nach Möglichkeit intermittierend im Schultergelenk in Außenrotation/Abduktion und Innenrotation/Abduktion lagern (Patient darf nicht direkt auf dem Schultergelenk liegen);
- oberer Arm in Flexion vor dem Körper;
- unteres Bein in leichter Flexion;
- oberes Bein unterstützt in 90° Flexion in Hüft- und Kniegelenk;

Bauchlage:
- Kopf in Rotation, Gesicht muß freiliegen;
- Arme entweder über dem Kopf oder am Körper gelagert, Ellenbogen in leichter Flexion;
- Sprunggelenk unterlagert (Spitzfuß!);

Diese Lagerungsmaßnahmen müssen die besonderen Bedingungen des Patienten (z. B. Dialysekatheter in der Leistenbeuge) berücksichtigen.

Der krankengymnastische Behandlungsplan eines Patienten auf der Intensivstation muß in Zusammenarbeit mit dem behandelnden Arzt und dem Pflegepersonal, dem Zustand des Patienten entsprechend sorgfältig erstellt werden.

Erkrankungen des Thorax

Verletzungen

Ursache. Da die knöcherne Wand aus Sternum, Rippen und Wirbelsäule einen wirksamen Schutz gegen äußere Gewalteinwirkung auf den Thorax bietet, führen nur solche Gewalteinwirkungen zu Verletzungen der Pleura und in schweren Fällen auch zu Veränderungen der Lunge, die nicht durch die Elastizität der Brustwand abgefangen werden können. Bei der Gewalteinwirkung ist wichtig, ob der Thorax im ganzen mechanisch überbeansprucht, z. B. allseits komprimiert wird, oder ob er an einer örtlich scharf umschriebenen Stelle getroffen wird. Zu einer örtlich scharf umschriebenen Thoraxverletzung kommt es bei Hieb-, Stich- und Schußverletzungen, Deichselstoß und Pfählungsverletzungen. Eine mechanische Überbeanspruchung des gesamten Thorax erfolgt besonders beim Überfahren, beim Einklemmen und beim Aufschleudern des Thorax auf unbewegliche Widerlager sowie beim Sturz aus großer Höhe. Trifft eine heftige stumpfe Gewalt den Thorax, so kommt es bei gleichzeitig einsetzendem reflektorischem Glottisverschluß zu einer Erhöhung des intrathorakalen Druckes mit Zerreißung der dünnwandigen Blutgefäße und Alveolen. Diese Veränderungen schaffen die Voraussetzung für die spätere Kontusionspneumonie. In schweren Fällen mit einer direkten Thoraxkompression kommt es zu Brüchen mehrerer Rippen, der sog. Rippenserienfraktur.

Symptome. Wichtigste Symptome einer Thoraxverletzung sind Schmerzen beim Atmen und Atemnot. Die häufigste Komplikation ist das Gewebeemphysem, welches entsteht, wenn Rippenfragmente die Lunge anspießen. Durch Zutritt der Lungenluft in die intramuskulären, subfaszialen und subkutanen Bindegewebsräume kommt es zu einer luftkissenartigen Auftreibung im Bereich der den Thorax umhüllenden Weichteile, später auch am Hals und am restlichen Stamm. Weitere Komplikationen nach einer Rippenfraktur sind Hämatothorax, Pneumothorax, Spannungspneumothorax und Mediastinalemphysem. Bei alten Menschen kann sich infolge ungenügender Belüftung der Lunge leicht eine Pneumonie entwickeln, weshalb neben Gaben von schmerzlindernden Medikamenten eine krankengymnastische Behandlung zur Verbesserung der Lungenbelüftung mit Atemübungen angezeigt ist. Offene Thoraxverletzungen sind besonders gefährlich, insbesondere wenn sie mit Verletzungen der Lungenoberfläche einhergehen. Ursache sind meist Stichverletzungen, Rippenfrakturen, Fall aus großer Höhe, Überfahrenwerden usw. Durch Eintritt der atmosphärischen Luft in den Pleuraraum zieht sich die Lunge aufgrund ihrer Elastizität zusammen, dem sofortigen Lungenkollaps (Pneumothorax) folgt eine Verziehung des Mediastinums. Bei der Inspiration verzieht sich das Mediastinum nach der gesunden Seite, bei der Exspiration wird es nach der kranken Seite hin verdrängt. Herz und

Kreislauf werden auf diese Weise stark belastet. Der Pneumothorax ist dann lebensbedrohlich, wenn die bei der Inspiration eingedrungene Luft nicht mehr entweichen kann; es bildet sich dann ein Spannungspneumothorax aus. Das Mediastinum wird hierbei durch den steigenden Druck zunehmend nach der gesunden Seite abgedrängt, die Abknickung der großen Gefäße führt zu einer mangelnden Füllung des Herzens und zum Kreislaufkollaps.

Untersuchungstechnik. Wichtigste Untersuchungsmaßnahmen bei einem Thoraxtrauma sind neben der Auskultation die Röntgenaufnahmen des Brustkorbes, die einmal die Rippenfrakturen, ferner eine Blutung oder einen Pneumothorax erkennen lassen.

Therapie. Einfache Rippenbrüche bedürfen keiner speziellen Behandlung, ein einseitiger Rippenserienbruch kann mittels eines Rippengürtels oder eines Heftpflaster-Dachziegel-Verbandes als schmerzlindernde Maßnahme behandelt werden. Auf eine ausreichende Belüftung der Lunge ist zu achten. Bettruhe sollte möglichst vermieden werden. Bei einer doppelseitigen Rippenserienfraktur ist in der Regel eine künstliche Beatmung notwendig. Beim Auftreten eines Pneumothorax wird die Lunge mittels Pleurapunktion oder Einlegen einer Bülau-Drainage zur Ausdehnung und zum Verkleben mit der Brustwand gebracht. Bei stärkeren intrathorakalen Blutungen ist eine Thorakotomie zur Blutstillung angezeigt. Beim Spannungspneumothorax kann nur eine sofortige ärztliche Hilfe dem Kranken Rettung bringen, sie besteht in der Punktion der Pleurahöhle, um den intrapleuralen Unterdruck wiederherzustellen.

Rippenstückfrakturen mit paradoxen Atembewegungen können eine Indikation für die operative Stabilisierung der Rippen sein.

Entzündliche Erkrankungen

Pleuraempyem

Ursache. Ansammlung von eitriger Flüssigkeit im Pleuraraum. Sie ist entweder Folge einer allgemeinen Infektion oder entsteht im Anschluß an eine Lungenerkrankung, z. B. nach einer Pneumonie, als postpneumonisches Empyem. Auch penetrierende Verletzungen der Brustwand, die mit Pleuraergüssen einhergehen, sowie Übergreifen der entzündlichen Prozesse der Brustwand oder des subphrenischen Raumes können Ursache eines Pleuraempyems sein.

Symptome. Das klinische Bild des Pleuraempyems variiert je nach Lage und Ausdehnung, Virulenz der Erreger und Abwehrkraft des Organismus. Häufig besteht hohes Fieber und eine Beeinträchtigung der Lungenfunktion. Die Ansammlung der eitrigen Flüssigkeit erfolgt meist als sog. basales Empyem. Zu einem abgekapselten Empyem kommt es, wenn schon Verwachsungen zwischen Pleura costalis und Lungenoberfläche bestehen. Bei Ansammlung des Eiters zwischen einzelnen Lungenlappen spricht man von einem interlobären Empyem.

Untersuchungstechnik. Sonographie und Röntgenaufnahme des Brustkorbes, die eine Flüssigkeitsansammlung im Pleuraspalt mit Verdrängung der Lunge erkennen lassen, Pleurapunktion mit Nachweis der Bakterien im Pleuraexsudat.

Therapie. Ziel der Behandlung ist die Entleerung des Eiters, die Beseitigung des intrathorakalen Überdrucks und die Wiederausdehnung der Lungen. Führen mehrfache Punktionen und Spülungen mit antibiotischer Behandlung nicht zum gewünschten Erfolg, so ist die intrathorakale Saugdrainage erforderlich. Hierbei wird an dem am tiefsten Punkte der Pleurahöhle eingelegten intrathorakalen Drain eine Wasserstrahlpumpe oder elektrische Saugpumpe angeschlossen. Unterbleibt die Rückresorption des Eiters oder wird die künstliche Entleerung unterlassen, so bildet sich ein Eitersack zwischen beiden Pleurablättern aus, der von einer derben, bindegewebig verdickten Kapsel umgeben ist. Diese entwickelt sich allmählich zu einer massiven Pleuraschwiele. Der eitrige Infekt bleibt damit bestehen und stellt eine Quelle laufender Infektion dar, wobei die andauernde Eiterresorption zur Vergiftung des Körpers führen kann. Außerdem hat die lokale Eiteransammlung eine Verminderung der Atemfläche der betreffenden Lunge zur Folge. Da der dauernde Eiweißverlust den Körper schwächt und den Allgemeinzustand beeinträchtigt, ist das Bestehenbleiben einer Pleuraempyemresthöhle auf lange Sicht für den Organismus nicht tragbar. Die operative Behandlung bezweckt die Entfernung des ganzen Eitersackes und damit die Wiederausdehnung der Lunge. Die Behandlung besteht in der Thorakoplastik, bei der die Rippen direkt über der Resthöhle entfernt, die Pleuraschwarte abgetragen und die Weichteile der Brustwand auf die pulmonale Pleura aufgelegt werden. Eine weitere Möglichkeit, eine Empyemresthöhle zur Ausheilung zu bringen, ist die Dekortikation, d. h. die Abschälung der gesamten pulmonalen und soweit als möglich auch der kostalen Pleuraschwarte. Hierbei wird der ganze Empyemsack in einem Stück mit dem Ziel exstirpiert, der in den Schwarten eingemauerten Lunge die volle Wiederentfaltung zu ermöglichen. Die Dekortikation ist der Thorakoplastik vorzuziehen, da hierbei die Lungenfunktion wiederhergestellt wird.

Lungenabszeß

Ursache. Lungenabszesse bilden sich durch aspirierte Fremdkörper, nach infizierten Verletzungen, im Anschluß an lobäre Pneumonien oder Bronchopneumonien, durch septische oder putride Embolien, bei Bronchiektasen oder Bronchialkarzinomen durch poststenotischen Infekt oder durch zentralen Tumorzerfall, ferner seltener durch Übergreifen von krankhaften Prozessen aus der Nachbarschaft. Unter einem Lungenabszeß versteht man eine umschriebene eitrige Einschmelzung des Lungengewebes, wobei die Erreger über die Bronchien oder über den Blutweg in die Lungen gelangen.

Symptome. Während der bronchogene Abszeß nach Aspiration von Speiseresten, Mageninhalt und Erbrechen usw. meist im rechten Unterlappen lokalisiert ist, treten die bei den verschiedensten septischen Erkrankungen embolisch-metastatisch durch Verschleppung der Bakterien auf dem Blutweg entstandenen Abszesse meist multipel auf. Liegt der Lungenabszeß in unmittelbarer Nähe eines Bronchus, besteht die Neigung zum Durchbruch und Abhusten des Eiters. Danach treten die entzündlichen Begleiterscheinungen wie Fieber auf, die Auswurfmengen des Sputums gehen zurück. Bei peripheren Lungenabszessen besteht die Gefahr des Durchbruchs in den Pleuraraum mit nachfolgendem Pleuraempyem. Die Arrosion von Gefäßen hat eine mehr oder weniger starke Hämoptoe (Bluthusten) zur Folge. Kapselt sich ein Lungenabszeß ab, wird die Abszeßmembran durch Lungengewebeeinlagerungen starr und verhindert den Kollaps und damit die Ausheilung. In der Anamnese häufig Alkoholismus oder Drogenmißbrauch mit Abwehrschwäche.

Untersuchungstechnik. Die Röntgenaufnahme – evtl. einschließlich Schichtaufnahme – zeigt in der Regel rundliche Verschattungen.

Therapie. An erster Stelle steht die konservative Behandlung mit Gaben von Antibiotika und krankengymnastischen Maßnahmen; Fokussanierung. Im chronischen Stadium kann die operative Entfernung des Abszesses Heilung bringen, in der Regel durch Lobektomie.

Bronchiektasen

Bronchiektasen sind sackförmige, zylindrische oder spindelförmige Erweiterungen der Bronchien, die als primäre Bronchiektasen angeboren oder sekundär durch infektiöse Prozesse frühzeitig erworben sind. Das Auftreten ist ein- oder doppelseitig, bevorzugt werden die Unterlappen – links mehr als rechts – befallen.

Symptome. In den erweiterten Bronchien staut sich das Sekret, infiziert sich und verhindert eine ausreichende Belüftung der peripheren Lungenanteile. Der auf die Bronchialschleimhaut einwirkende Reiz hat einen chronischen Husten zur Folge, der zur Schwächung und damit zur weiteren Ausbuchtung und Zerstörung der Bronchialwand führt. Die entzündlichen Erscheinungen greifen auf das Lungengewebe über und verursachen chronisch rezidivierende Bronchopneumonien. Die Auswurfmenge, das Hauptsymptom der Bronchiektasen, wechselt je nach Ausdehnung des Prozesses. Die Menge ist morgens größer als abends und kann mehrere hundert Milliliter betragen. Die bronchitischen Erscheinungen, die bronchopneumonischen Infiltrationen und das übelriechende Sputum quälen den Kranken und machen ihn oft arbeitsunfähig. Auch hier führen die toxische Allgemeininfektion und der chronische Eiweißverlust zu einem langsamen Siechtum, bis solche Kranke schließlich einer Pneumonie erliegen. Wie bei allen chronischen Lungenerkrankungen sind auch hier Auftreibungen der Finger- und Zehenglieder (Trommelschlegelfinger) typisch.

Untersuchungstechnik. Der Nachweis der Bronchiektasen erfolgt durch Röntgenschichtaufnahmen und Bronchographie.

Therapie. Die konservative Behandlung, mit der stets begonnen wird, beschränkt sich auf die Beseitigung der Krankheitssymptome. Kopftieflagerung fördert die Expektoration, die Inhalation antibiotikahaltiger Mittel wirkt den Entzündungserscheinungen entgegen. In allen Fällen, bei denen eine konservative Behandlung nicht zum Erfolg führt, ist die Resektion der bronchiektasentragenden Lungenanteile angezeigt. Bei günstig gelagerten Fällen ist eine funktionserhaltende Resektion eines oder mehrerer Segmente möglich, in anderen Fällen ist die Lobektomie erforderlich. Bei doppelseitigen Bronchiektasen wird zunächst die schwerer betroffene Seite angegangen.

Mittellappensyndrom

Ursache. Bei Kompression des Mittellappens von außen oder bei entzündlichen oder tumorösen Prozessen im Innern des Mittellappenbronchus kommt es zu einer teilweisen oder völligen Stenosierung der Lichtung, die zu einer Atelektase des zugehörigen Mittellappens führt. Sekundär bilden sich Bronchiektasen aus, es kommt zur poststenotischen Infektion, Sekretstauung und schließlich chronisch pneumonischer Schrumpfung des ganzen Mittellappens, dem sog. Mittellappensyndrom.

Symptome. Wie bei den Bronchiektasen kommt es auch beim Mittellappensyndrom zu Reizhusten, Auswurf und Rasselgeräuschen.

Untersuchungstechnik. Bronchoskopie und Bronchographie bringen endgültige Klärung.

Therapie. Operative Entfernung des Mittellappens.

Lungentuberkulose

Durch Verbesserung der Thoraxchirurgie und Einführung der endotrachealen Intubationsnarkose hat sich die Therapie wesentlich geändert. Obwohl die Behandlung der Lungentuberkulose heute meist eine rein konservative ist – die zur Verhütung stehenden Tuberkulostatika werden nach Resistenzbestimmungen der Bakterien gezielt eingesetzt und können bei genügend langer Therapie zur Heilung führen –, besteht bei bestimmten Formen noch immer eine Indikation zur operativen Therapie.

Das *Tuberkulom* besteht aus eingedickter, käsiger Masse, welche Tuberkelbazillen enthält. Es ist gegen das Lungengewebe abgekapselt, so daß es röntgenologisch als scharf abgegrenzter Rundschatten imponiert. Durch die Abkapselung können die Tuberkulostatika die Bakterien nicht erreichen. Ein Tuberkulom kann sich jahrelang symptomlos verhalten, dann aber plötzlich – bei Resistenzverminderung – zur Gefährdung führen.

Große *Kavernen* entstehen durch Abhusten von verflüssigten tuberkulösen käsigen Nekrosen durch den Bronchus, wobei ein Hohlraum entsteht, um den sich ein starrer Granulationswall bildet. Da große chronische Kavernen eine ständige Gefahr für den Organismus bilden mit Streuung von Tuberkelbazillen aus den Kavernenwänden, Arrosion von Blutgefäßen und Perforation in die Pleurahöhle, besteht auch bei diesen heute eine Indikation zu einer chirurgischen Therapie. Die frühere Kollapstherapie (Pneumolyse oder Thorakoplastik) wurde von der operativen Entfernung des kavernentragenden Lungenteils völlig verdrängt.

Tuberkulöse Veränderungen der Bronchien in Form von Knötchen, Geschwüren oder Gewebewucherungen können zum Verschluß der befallenen Bronchien und damit zu einer Bronchusstenose führen, wodurch es ebenfalls zu Bronchiektasen und einer Atelektase kommt.

Die Resektion des befallenen Lungenlappens kann Heilung bedeuten.

Verfall einer ganzen Lungenseite mit Zersetzung, käsigen Herden und multiplen Kavernen, gelegentlich von einem Herd ausgehend, führt zur Entstehung einer sog. *Destroyed lung*. Nur die Entfernung der gesamten zerstörten Lungenseite kann eine Heilung herbeiführen.

Lungenzysten

Ursache. Zysten entstehen an Alveolen oder Bronchien. Vielfach sind zystische Veränderungen an der Lunge auch von Mißbildungen an den anderen Organen begleitet. Es gibt solitäre und multiple Zysten. Während die solitäre Zyste meist symptomlos bleibt und erst mit zunehmender Größe Verdrängungserscheinungen aufweist, können multiple Zysten die Lungenfunktion beeinträchtigen.

Symptome. Bei großen Zysten kommt es zu Verdrängungserscheinungen, bei multiplen Zysten wird das funktionstüchtige Lungengewebe erheblich eingeschränkt und infektionsgefährdet.

Untersuchungstechnik. Röntgenaufnahmen des Thorax und Computertomographie.

Therapie. Je nach Ausdehnung Segmentresektion bis Pneumonektomie. Da die polyzystischen Lungenanteile so gut wie kein funktionstüchtiges Parenchym enthalten und das Leiden im Stadium des Infektes unheilbar ist, fällt der Entschluß zur Operation leicht.

Geschwülste

Mediastinaltumoren

Ursache. Geschwülste des mediastinalen Raumes sind außerordentlich vielgestaltig. Sie können sowohl gutartig als auch bösartig sein. Sie entwickeln sich aus den mediastinalen Geweben selbst, wie Fibrome, Hämangiome oder Lipome, oder sie dringen aus dem benachbarten Gewebe in das Mediastinum vor, wie z. B. intrathorakale Strumen und Neurofibrome. Daneben kann es sich auch um Erkrankungen der mediastinal gelegenen Lymphknoten handeln oder um Geschwülste, die entwicklungsgeschichtlichen Ursprungs sind, wie Teratome und Zysten.

Symptome. Allen Mediastinaltumoren ist der raumfordernde Charakter gemeinsam. Die Verdrängung und Kompression der anliegenden Hohlorgane, wie des Ösophagus, der Trachea und insbesondere der oberen Hohlvene, führen zu den ersten Symptomen. Es kommt häufig zu einer oberen Einflußstauung. Der Druck auf den Sympathikus führt zu Augenveränderungen, der Druck auf den Phrenikus führt zum Singultus.

Untersuchungstechnik. Der Röntgenuntersuchung fällt eine entscheidende Bedeutung zu. Neben der Röntgenaufnahme des Thorax bieten Schichtaufnahmen, Computertomographie und Ösophagusdarstellung diagnostische Hinweise.

Therapie. Die Behandlung besteht in der Regel in der operativen Entfernung der Geschwulst durch Thorakotomie.

Bronchialadenom

Das Bronchialadenom macht etwa 1–2% aller Lungengeschwülste aus. Unterschieden werden Karzinoide, reine Adenome und Zylindrome. Da die Geschwülste zwar örtlich begrenzt wachsen, aber später zu Durchbruch und Infiltration in die Nachbarschaft neigen und schließlich auch Metastasen setzen, werden die Bronchialadenome auch als semimaligne bezeichnet. Eine operative Behandlung der Bronchialadenome ist wegen Bronchusstenose oder völliger Bronchusverlegung und anschließender poststenotischer Entwicklung von Bronchiektasen erforderlich.

Bronchialkarzinom

Das Bronchialkarzinom ist der am häufigsten vorkommende bösartige Lungentumor. Das Bronchialkarzinom hat im Laufe der letzten Jahre, auch bei der Frau, erheblich zugenommen.

Ursache. Wirkung schädlich exogener Noxen, wobei industrielle Abgase und Zigarettenkonsum von entscheidender Bedeutung sind. Die Geschwülste gehen überwiegend von den großen Bronchien aus. Eine Sonderform stellt das entdifferenzierte Karzinom der Lungenspitze dar, welches außerordentlich bösartig ist und mit Vorliebe in die Rippen und die Pleurakuppe einwächst.

Symptome. Die Symptomatologie des Bronchialkarzinoms ist variabel. Im Anfangsstadium fehlen meist ernsthafte Erscheinungen. Die ersten Zeichen sind meist Husten, Auswurf und geringe Atemnot. Chronischer Husten, besonders mit Blutbeimengungen, ist dringend auf ein Bronchialkarzinom verdächtig.

Untersuchungstechnik. Von den speziellen Untersuchungsmethoden sind die Röntgenaufnahmen einschließlich Tomographie und Computertomographie an erster Stelle zu nennen, weitere Untersuchungstechniken sind die Bronchoskopie und Bronchographie. Die Spiegelung der Bronchien gewährleistet eine genaue Übersicht über die hilusnahen Bronchusabschnitte und ermöglicht die Probeexzision zur histologischen Untersuchung. Bei hilusfernen Bronchuskarzinomen hilft die Bronchographie, d. h. die Kontrastdarstellung der Bronchien mittels Katheter. Ein weiteres Hilfsmittel bei der Diagnostik des Bronchialkarzinoms stellt die Mediastinoskopie dar. Hierbei wird das vordere Mediastinum von einer Inzision im Jugulum aus direkt inspiziert; es können Probeexzisionen zur histologischen Untersuchung vorgenommen werden.

Therapie. Beim Bronchialkarzinom kommt in der Regel nur die Operation in Frage, je nach Lage und Ausdehnung des Tumors entweder die Resektion eines Lappens, die Lobektomie, oder die Entfernung eines ganzen Lungenflügels, die Pneumonektomie. Beim Entfernen von 2 Lungenlappen spricht man von einer Bilobektomie. Erbringt die präoperative Untersuchung oder die Probethorakotomie Inoperabilität, so ist die Strahlenbehandlung angezeigt, eventuell kombiniert mit Chemotherapie.

Die Lobektomie und die Segmentresektion sind weitaus schonender als die Pneumonektomie, da nach Teilresektion der respiratorische Funktionsausfall geringer ist und durch Überblähung der zurückgebliebenen Lungenabschnitte ausgeglichen wird. Nach Entfernung eines Lungenlappens entsteht zunächst ein Hohlraum, der von der Restlunge der betreffenden Seite ausgefüllt werden muß. Die Pleurahöhle wird drainiert; die Drainage dient einmal der Ableitung der von der Pleura abgesonderten Flüssigkeit und zum anderen der Erzeugung eines Unterdruckes in der Pleurahöhle, wodurch die Ausdehnung der Lunge erleichtert wird. Nachdem der durch die Entfernung des Lungenlappens entstandene leere Raum von der Restlunge ausgefüllt ist, sistiert die Exsudation der Pleura, und die Drainage kann entfernt werden.

Die Pneumonektomie bedeutet die operative Entfernung des ganzen Lungenflügels. Diese ist aber nur gerechtfertigt, wenn durch die präoperative Lungenfunktionsuntersuchung festgestellt wird, daß die Funktion der restlichen Lunge ausreichend ist. Der durch die Wegnahme eines Lungenflügels entstandene Raum wird zunächst durch ein von der Pleura produziertes Exsudat ausgefüllt (Serothorax). In diesen sprossen Zellen und neugebildete Kapillaren, die Flüssigkeit wird in eine homogene Masse umgewandelt (Fibrothorax). Diese besitzt trotz der Festigkeit eine gewisse Elastizität und damit die Fähigkeit, sich dem Wechsel des intrathorakalen Druckes anzupassen. Im Laufe der Jahre tritt eine Schrumpfung des Fibrothorax ein, die eine Verziehung der mediastinalen Organe und auch der Brustwirbelsäule im Sinne einer Skoliose zur Folge haben kann. Durch Hochsteigen des Zwerchfells, Verengung der Zwischenrippenräume und Verlagerung des Mediastinums nach der operierten Seite hin versucht der Organismus, den entstandenen Hohlraum nach der Pneumonektomie möglichst zu verkleinern.

Ösophaguskarzinom

Das Karzinom der Speiseröhre befällt vorwiegend Männer.

Ursache. Meist Kombination von übermäßigem Alkohol- und Nikotingenuß.

Symptome. Häufigste Zeichen sind Schluckbeschwerden, retrosternaler Schmerz und Regurgitation. Die Prognose ist schlecht, da das Ösophaguskarzinom frühzeitig auf benachbarte Organe übergreift.

Untersuchungstechnik. Röntgenkontrastdarstellung des Ösophagus sowie Ösophagoskopie mit Probeexzision stellen die wichtigsten diagnostischen Maßnahmen dar.

Therapie. Die Behandlung besteht in der Resektion des tumortragenden Ösophagusanteiles und Wiederherstellung der Kontinuität durch Hochziehen des Magens in die Thoraxhöhle oder Zwischenschalten von Dickdarm. Bei Inoperabilität stehen als palliative Verfahren die endoskopische Tumorverkleinerung, die Einlage einer Ernährungssonde oder die Witzel-Fistel, d. h. Einnähen eines Schlauches in den Magen, oder die Einführung einer Endoprothese aus Kunststoff – zusätzlich zur Strahlenbehandlung – zur Verfügung.

Krankengymnastische Behandlung

Lungenoperationen

Präoperative krankengymnastische Behandlung

Zu Voruntersuchungen werden manche Patienten einige Tage vor der Operation stationär aufgenommen. Für die Krankengymnastik besteht daher die Möglichkeit, die Patienten auf die Operation vorzubereiten.

Die präoperative Behandlung umfaßt nicht nur die Verbesserung der pulmonalen Leistung; durch Entspannung trägt sie zur Ökonomisierung der Atmung bei.

Präoperative Unruhe und Angst können durch krankengymnastische Maßnahmen gemildert werden.

Die Atembewegungen sollen wahrgenommen werden, um dadurch das Umstellen in Richtung einer individuellen Norm zu erreichen.

Weitere Gesichtspunkte der krankengymnastischen Behandlung sind:
- Ökonomisierung der Atmung durch Wahrnehmen der kostoabdominalen Atembewegungen,
- Einüben der Atembewegung nach klavikular, sternal und diaphragmal,
- Kräftigung des Zwerchfells,
- Erlernen der Hustentechnik,
- Vermeiden eines Elastizitätsverlustes des Lungengewebes,
- Erhalten oder Erweitern der aktiven Bewegungsmöglichkeiten in den Schultergelenken und der Wirbelsäule,
- Mobilisieren der Rippen-Wirbel-Gelenke.

Vorbereitend auf die postoperative Behandlung unter dem Gesichtspunkt des Vermeidens von Funktionsverlusten am Haltungs- und Bewegungsapparat mit eventuell resultierender skoliotischer Haltung, können sowohl stabilisierende als auch mobilisierende KG-Maßnahmen angewendet werden (z. B. Brügger oder therapeutische Übungen und Ballgymnastik nach Klein-Vogelbach).

Passive Maßnahmen der krankengymnastischen Behandlung:
- Vibrationen,
- Ausstreichen der Interkostalräume,
- Hautverschiebungen,
- Ziehharmonikagriff,
- Becken gegen Schultergürtel bewegen,
- Drainagelagerungen. Sie werden mehrmals am Tage durchgeführt, um den Sekretabfluß zu unterstützen (evtl. auch selbständige Durchführung der Drainagelagerungen vom Patienten).

Die hyperämisierende und gewebelösende Wirkung dieser beschriebenen Maßnahmen unterstützt die folgenden *aktiven* Maßnahmen.

- Wahrnehmen der Atembewegung (Basaltext), vornehmlich der Bewegung des Bauches und der unteren Rippen (zu Beginn benutzt der Patient den Kontakt der eigenen Hand und übt später ohne Handkontakt).
  Ausgangsstellung: anfangs Rückenlage, später in anderen Übungspositionen.
  Sind die Atembewegungen deutlich wahrgenommen worden, können sie willentlich vergrößert werden.

Die Konzentration auf die Atemform ermöglicht dem Patienten ein selbsttätiges Lösen bei Verspannungen des Atembewegungsvorgangs:
- selbsttätiges Dehnen von Arm und/oder Bein mit Wirkung auf den Rumpf;
- Dehnlagen;
- Hautfalte wegatmen lassen;
- Kontraktionen der Bauchmuskulatur. Dadurch werden die unteren Thoraxabschnitte komprimiert, und die Atmung wird nach diaphragmal gelenkt; ebenso wirken Kontraktionen der seitlichen (M. serratus anterior) und hinteren (M. latissimus dorsi) Thoraxmuskulatur.
- Zur Zwerchfellkräftigung kommen Maßnahmen in Frage, die das Diaphragma zwingen, in verschiedenen Stellungen Haltearbeit zu leisten, z. B.
  - sakkadierendes Einatmen;
  - Tönen (während aktiver Übungen werden Töne gehalten. Aus möglichst aufrechter Haltung – Sitz auf dem Hocker – kommt man aus einer Wirbelsäulenrotation zurück und hält dabei einen Ton oder einen Dreiklang usw. – „Spiegleinübung").
- Mobilisation der Rippen-Wirbel-Gelenke:
  - Becken gegen Schultergürtel bewegen,
  - Ziehharmonikagriff,
  - Ausgangsstellung Sitz auf dem Hocker unter Einsatz von Geräten und Ausnutzung der Atemübungen,
  - Pezzi-Ball (s. postoperative Behandlung, unten).

Ergänzend zur präoperativen Einzelbehandlung ist eine Therapie in der Gruppe nach Rücksprache mit dem Arzt möglich.

Durch die präoperative Behandlung werden nicht nur günstige somatische Voraussetzungen für die Operation geschaffen. Der Therapeut kann durch sein Verhalten, durch sein aktives Zuhören, durch seine Zuwendung die psychische Ausgangslage des Patienten verbessern.

Dazu gehört, daß er den Patienten über die Ängste sprechen läßt, die ihn bedrängen, daß er ihn beruhigt und ermutigt und ihm das Gefühl vermittelt: Hier ist jemand, der mich mit meinen Sorgen und Befürchtungen ernst nimmt, jemand, der Zeit hat für mich und meine Probleme.

Postoperative krankengymnastische Behandlung

Gesichtspunkte

- Sekretolyse,
- Abatmen der eingeatmeten Narkotika,
- Belüften aller Lungenabschnitte zur vermehrten Ausdehnung dieser Bereiche und Steigerung der Vitalkapazität,
- Vermeiden von orthostatischen Dysregulationen,
- Vermeiden operativ bedingter *Schonhaltungen.*

Maßnahmen

Die Behandlungen erfolgen zu Beginn in kürzeren Intervallen. Eine Mindestzahl von drei Behandlungen täglich sollte eingehalten werden.

Der Patient inhaliert mehrmals täglich und führt seine Übungen selbständig durch.

- Sekretlösung:
  - Inhalieren;
  - leichte Klopfungen und Vibrationen auf dem Sternum;
  - Ausatmen auf Summ-Brumm-Tönen in Verbindung mit leichten Vibrationen;
  - Umlagerungen in Verbindung mit Vibrationen im Bereich Th 4/5 dorsal, wenn der Patient sitzen darf.
- Aushusten:
  - möglichst die ganze operierte Seite fixieren,
  - Patient fixiert zusätzlich die Operationswunde.
- Die Wahrnehmung der Atembewegung wird verbunden mit
  - sakkadierendem Einatmen zur Zwerchfellkräftigung;
  - diaphragmaler Atmung;
  - Einatmungsförderung, indem der Ausatmung Widerstände entgegengesetzt werden, z. B. Lippenbremse;
  - Dehnlagen (sie können auch bei noch liegender Drainage durchgeführt werden).

Postoperativ bedingte statische Veränderungen am Skelett- und Organsystem mit daraus resultierender Schonhaltung sind zu vermeiden.

In den ersten postoperativen Tagen reduziert der Patient sein Bewegungspotential auf ein Minimum.

Bei der krankengymnastischen Untersuchung zeigt sich ein Hypertonus der Schultergürtelmuskulatur, eine operativ bedingte schmerzhafte Einschränkung der Beweglichkeit in den Schultergelenken, der Wirbelsäule und den Rippen.

Die vornehmlich eingeschränkten Bewegungen des Schulterblattes, die Einschränkung der Flexion in den Schultergelenken und der Extension in der Brustwirbelsäule spiegeln sich in einer deutlich veränderten Statik wider (Flexion und Lateralflexion der Brustwirbelsäule).

Diese typischen Veränderungen schränken die ökonomische Aufrichtung der Wirbelsäule deutlich ein.

Hieraus ergeben sich folgende Konsequenzen für die krankengymnastische Behandlung:
- Schmerzen lindern;
- Förderung der ökonomischen Haltung der Wirbelsäule bei stabilisierter Brustwirbelsäule in Extension;
- Beseitigung der eingeschränkten Bewegungen des Schulterblattes, der Schultergelenke und der Wirbelsäule;
- Beseitigung des Hypertonus der Schultergürtelmuskulatur;
- Lösen der Verbackungen und Verklebungen des Schulterblattes.

Aus dem Bereich der Atemtherapie eignen sich folgende Maßnahmen:
- Dehnlagen in Verbindung mit Packegriffen;
- selbsttätiges Dehnen von Arm und/oder Bein mit Wirkung auf den Rumpf;
- kombinierte Ein- und Ausatemtechniken.

Eine Auswahl günstiger Behandlungstechniken:
- Traktionen am Schulterblatt;
- widerlagerndes Bewegen im Schultergelenk.
- PNF:
  - Skapulapattern mit Betonung der Bewegungen des unteren Schulterblattwinkels nach kaudal/medial im Sinne von „rhythmischer Stabilisation“ mit anschließender „langsamer Umkehr“ zur Wiederherstellung des Muskelgleichgewichts.
  - Bewegungen des Armes in Diagonalen in die Flexion/Abduktion/Außenrotation – Extension/Abduktion/Innenrotation. Die Bewegungen des Armes in Diagonalen können uni- und bilateral durchgeführt werden und erfolgen unter aktiver Widerlagerung des Schulterblattes.
  - Bei evtl. bestehenden Kontrakturen im Bereich des Schultergelenkes werden „Entspannungstechniken“ mit anschließenden Maßnahmen zur Erhaltung des neugewonnenen Bewegungsausmaßes vorgenommen.

Durch frühzeitige Anwendung der beschriebenen Maßnahmen wird die Funktion von Thorax und Schulter wiederhergestellt und ein Elastizitätsverlust der Operationsnarbe vermieden.

So früh wie möglich wird aus der Ausgangsstellung Sitz auf dem Hocker, Vierfüßlerstand und auf dem Pezzi-Ball geübt.

Steigerungsmöglichkeiten der Behandlung bieten die Methoden zum Training lokaler Muskelausdauer und allgemeiner Ausdauer in Form von

- freiem Bewegen in intermittierender Dauerform,
- freiem Bewegen in kontinuierlicher Dauerform.

Formen des freien Bewegens in intermittierender Dauerform sind:

- Gehen in verschiedenen Tempi, d. h. Gehen im Tempo 60–80–100–120 Schritte pro Minute und eingeschalteten Pausen von 1 bis 5 Minuten (u. U. länger).
  Das Gehen wird im Zimmer, auf Fluren, bis zum Gehen auf ebener Strecke im Gelände geübt.
  Die Belastungsphase ist je nach Leistungsfähigkeit des Kranken unterschiedlich lang und variiert zwischen 1 und 10 Minuten.
- Treppengehen in verschiedenen Tempi mit variablen Pausen. Das Treppengehen ist eine anaerobe dynamische Muskelbeanspruchung der Beine mit erheblichen Reaktionen des Herz-Kreislauf-Systems. Die Anzahl der Stufenbelastung muß an die Belastbarkeit und Leistungsfähigkeit des Patienten unter Berücksichtigung seines Körpergewichtes angepaßt werden.

Formen des freien Bewegens in kontinuierlicher Dauerform sind:

- Gehen in gleichbleibendem Tempo auf ebener Strecke für die Dauer von mehr als 5 Minuten. Die Belastungsintensität, d. h. das Tempo, richtet sich nach dem krankengymnastischen Befund in bezug auf Beobachtungskriterien für das Herz-Kreislauf-System, nach dem subjektiven Leistungsempfinden des Kranken und nach der Atemform.

Übungsbeispiele

Eine Auswahl günstiger Modelübungen (Klein-Vogelbach) und Übungen auf dem Ball wird im folgenden beschrieben.

„Cowboy"

Ausgangsstellung: Tubersitz auf der Mitte des Balls.

- Becken und Brustkorb sind in die vertikal stehende Körperlängsachse eingeordnet.
- Die Handflächen liegen auf den Oberschenkeln.
- Die Fußsohlen stehen auf dem Boden, ohne einen Druck auszuüben.
- Hüftgelenke in weniger als 90 Grad Flexion und bequemer Abduktion (Abb. **1**).

Aktivierung des Bewegungsablaufs:

- Stimulation des „Hopsens" durch kurze gestoppte Handbewegungen nach unten.
- Stimulation des „Hopsens" durch kurze gestoppte Fersenbewegungen nach unten.

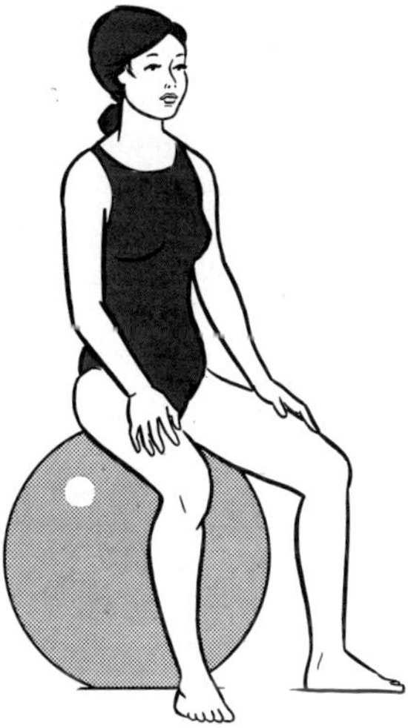

Abb. **1** „Cowboy". Ausgangsstellung.

Anpassung der Ballübung an *Konstitution* und *Kondition* des Patienten:

Die Ballübung „Cowboy" muß an die Konstitution und Kondition des Patienten angepaßt werden. Dabei spielen Größe und Festigkeit des Balls eine Rolle.

Der Ball soll so groß sein, daß eine Flexion von 90 Grad in den Hüftgelenken in der Ausgangsstellung Sitz nicht überschritten wird.

„Galionsfigur"

Mobilisation der Wirbelsäule, insbesondere der Brustwirbelsäule, in Extension

Ausgangsstellung: Kontaktstellen Körper/Boden:
Der Patient kniet hinter dem Ball am Boden. Die Knie und die eingestützten Füße stehen hüftbreit voneinander entfernt. Die Beine befinden sich in Stützfunktion.

Kontaktstellen Körper/Ball:
Die ventrale Seite des Brustkorbs liegt auf dem Ball. Der Kopf wird durch das Kinn auf dem Ball abgestützt. Die Handflächen liegen auf dem Ball unterhalb der Schultergelenke. Die Finger schauen nach vorne und die Ellenbogen nach außen (Abb. **2a**).

Aktivierung des Bewegungsablaufs in die Endstellung:
Durch Druck mit den Füßen wird der Ball so weit nach vorne gerollt, bis das Becken mit der Symphyse den Ballkontakt herstellt. Die Intensität

muß so bemessen sein, daß die Füße am Boden und die Hände am Ball bleiben können (Abb. **2b**). Das Kinn wird nach hinten oben bewegt, bzw. es erfolgt eine Translation des Kopfes nach dorsal. Die Arme gehen nun in Stützfunktion, wobei sich die Ellenbogen nach medial und die Schultergelenke nach hinten oben bewegen (Abb. **2c**).

Durch das Ausmaß der Rollbewegungen ist es möglich, einzelne Abschnitte der Wirbelsäule verstärkt zu mobilisieren. Durch kleine Rollbewegungen wird die kraniale und durch große Rollbewegungen die ganze Brustwirbelsäule mobilisiert.

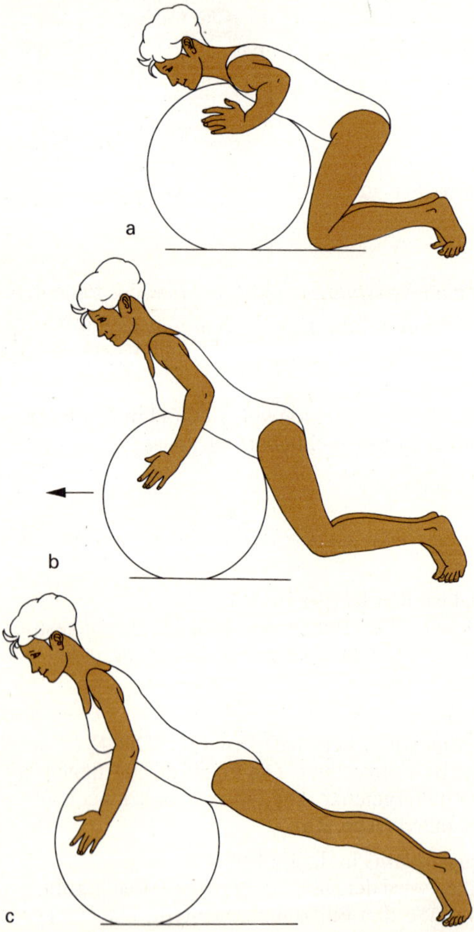

Abb. **2a–c** „Galionsfigur". Bewegungsablauf von der Ausgangsstellung in die Endstellung.

Modifizierte Ausgangsstellung:
Ist für den Patienten das Liegen auf dem Brustkorb und das Abstützen des Kinns auf dem Ball unbehaglich, können die Ellenbogen auf dem Ball und der Kopf in den Händen abgestützt werden.

Anpassung der Ballübung an die *Konstitution* des Patienten:
Patienten mit relativ langen Beinen benötigen einen großen Ball, um in der Endstellung eine deutliche Schräglage der Körperlängsachse zu erreichen.

Anpassung der Ballübung bei *Extensionseinschränkung* der Wirbelsäule:
In der Ausgangsstellung stützen sich die Hände auf den Ball ab. Während des Bewegungsablaufs wird die Extension der Brustwirbelsäule durch das verstärkte Abstützen der Arme auf dem Ball passiv unterstützt.

Mobilisation der Lendenwirbelsäule in Lateralflexion und in Extension/ Flexion

Ausgangsstellung: entspricht der Ballübung „Cowboy", bis auf die nachfolgenden Unterschiede:
- Oberschenkel und Fußlängsachsen sind parallel und nach vorne gerichtet.
- Füße sind hüftgelenkbreit voneinander entfernt.

Aktivierung des Bewegungsablaufs:
- Die reaktiven Bewegungsausschläge in der Lendenwirbelsäule werden durch die Rollbewegung des Balls nach rechts und links (Lateralflexion) und nach vorne und hinten (Flexion/Extension) ausgelöst (Abb. **3a–d**).
- Durch einige Bedingungen während des Bewegungsablaufs wird dieser limitiert und somit die gewünschte reaktive Bewegung erreicht.

Bedingungen/Begrenzungen durch
- Erhaltung der Kontaktstellen Fußsohlen/Boden,
- Beibehaltung der stabilisierten Brustwirbelsäule in Extension ohne räumliche Bewegung,
- Beibehaltung des Abstands Kniegelenk/Boden ohne räumliche Bewegung des Knies.

Anpassung der Ballübung an *Konstitution* und *Kondition* des Patienten:
- Bei Patienten mit einem großen und schweren Brustkorb wird die Lendenwirbelsäule durch Anheben des Brustkorbs und Halten des Gewichtes in den Händen entlastet.
- Diese Entlastungsmöglichkeit kann der Patient selbständig erreichen, indem man ihm rechts und links neben dem Ball einen Hocker stellt, auf den er sich mit den Händen abstützt.

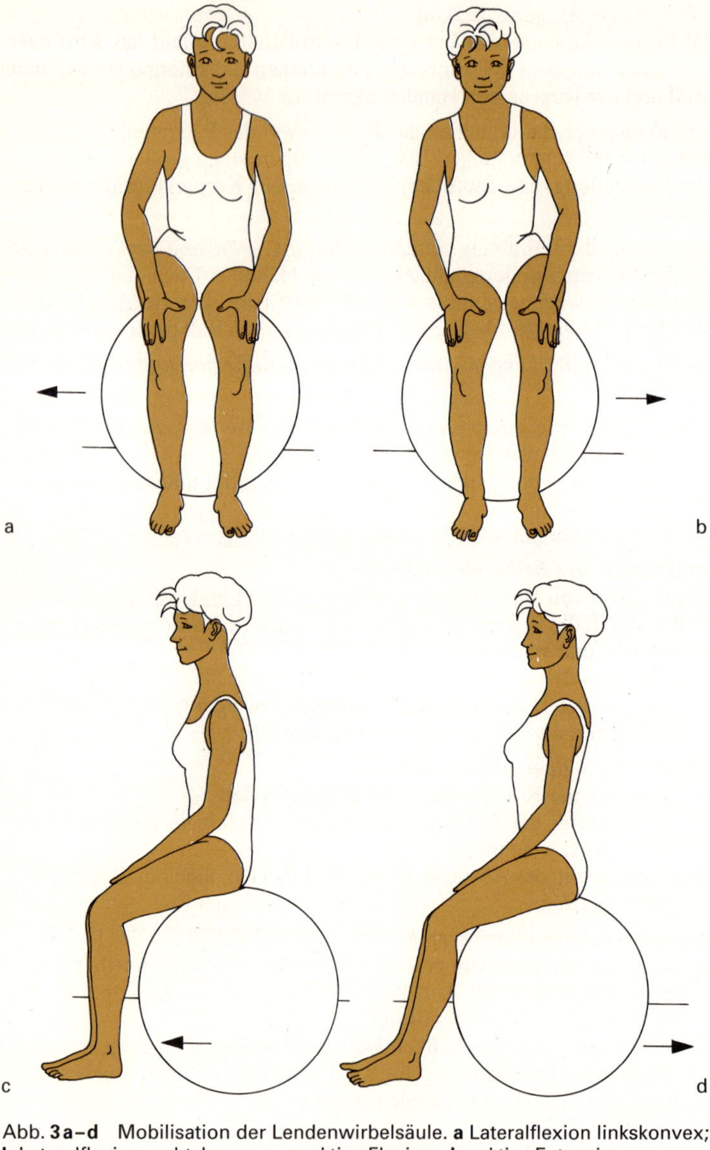

Abb. **3a–d** Mobilisation der Lendenwirbelsäule. **a** Lateralflexion linkskonvex; **b** Lateralflexion rechtskonvex; **c** reaktive Flexion; **d** reaktive Extension.

„Der klassische Vierfüßler"

Die Brustwirbelsäule wird in Extension stabilisiert durch die aktive Widerlagerung der Rotationen im unteren Bereich der Brustwirbelsäule und im oberen Bereich der Lendenwirbelsäule.

Ausgangsstellung: Vierfüßlerstand (Abb. **4a**):
- Der Kopf ist in die Körperlängsachse eingeordnet.
- Die Hüftgelenke befinden sich in ca. 90 Grad Flexion, soviel Abduktion, daß die Knie unter den Hüftgelenken stehen.
- Die Arme befinden sich in den Schultergelenken in Flexion, leichter Adduktion und Außenrotation.
- Die Ellenbogen sind in leichter Flexion zur Aktivierung des M. triceps brachii.

Aktivierung des Bewegungsablaufs:

1. Phase: Trippelphase
Die Rotation des Beckens gegen den Brustkorb wird durch abwechselnden Druck nach unten am Ort von rechter Hand und linkem Knie und von linker Hand und rechtem Knie initiiert.

2. Phase: Der rechte Arm (Spielarm) und das linke Bein (Spielbein) verlieren Bodenkontakt und bewegen sich in diagonalen Bewegungen in folgender Endstellung (Abb. **4b**):

- Rechter Arm:
  - Schultergelenk: Extension/Abduktion/Außenrotation,

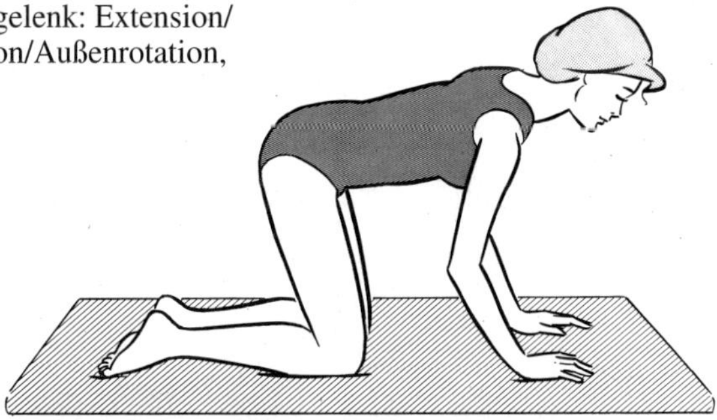
a

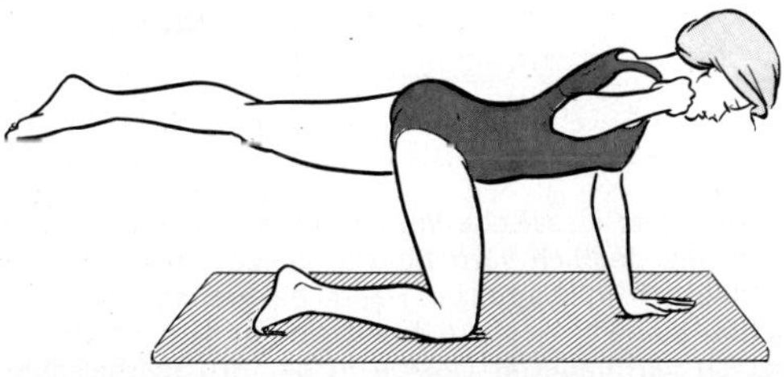
b

Abb. **4a** u. **b** „Der klassische Vierfüßler". **a** Ausgangsstellung, **b** Endstellung.

- Schulterblatt: medialer Schulterblattrand bewegt sich zur Wirbelsäule,
- Ellenbogengelenk: Flexion,
- Unterarm: Supination,
- Handgelenk und Fingergelenke: leichte Flexion.

– Linkes Bein:
- Fußgelenke: Dorsalextension,
- Kniegelenk: Extension,
- Hüftgelenk: Extension/Abduktion/Außenrotation.

Der Therapeut kann teilweise das Gewicht des Spielbeines und Spielarmes mit zugehöriger Brustkorb- und Beckenseite übernehmen, stellt die Verschraubung her und läßt den Patienten diese Endstellung halten.

Ohne die Gleichgewichtslage des Patienten zu stören, können durch Widerstände während der Endstellung bestimmte muskuläre Aktivitäten gesteigert werden.

a

b

Abb. **5a–d** „Der klassische Verfüßler". **a** Entlastung der Hände bei breitem Brustkorb und deutlich verminderter Flexion in der Brustwirbelsäule – Ausgangsstellung. **b** Entlastung der Hände bei breitem Becken – Endstellung. **c** Entlastung der Hände bei breitem Brustkorb – Endstellung. **d** Entlastung der Hände bei deutlich verminderter Flexion in der Brustwirbelsäule und breitem und schwerem Brustkorb – Endstellung.

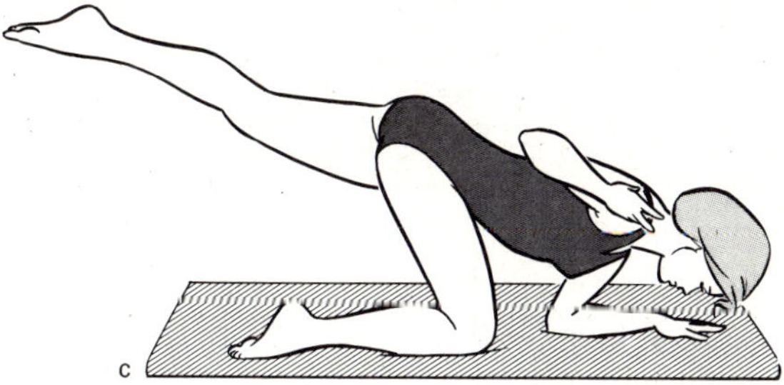

c

d

Anpassung der Übung an *Konstitution* und *Kondition* des Patienten (Abb. **5a–d**).

- Konstitutionelle Ursachen können sein: schweres, breites Becken und/ oder Brustkorb (verstärkter frontotransversaler Thoraxdurchmesser).
- Statische Ursachen können sein: deutlich verstärkte Extension in der Lendenwirbelsäule und Halswirbelsäule bei deutlich verminderter Flexion in der Brustwirbelsäule.

Anpassung durch *Veränderung der Körperlängsachse* im Raum:

- Neigung der Körperlängsachse nach unten,
- Unterarmstütz.

Bei Bewegungseinschränkungen in der Wirbelsäule in Flexion/Extension und Lateralflexion empfiehlt sich der sog. „vorbereitende Vierfüßler" zur Mobilisation.

„Vierfüßler" zur Mobilisation der Wirbelsäule in Extension/Flexion

Ausgangsstellung: entspricht dem Modell „Der klassische Vierfüßler" (Abb. **6a**).

Aktivierung des Bewegungsablaufs

Abb. **6a–c** „Vierfüßler" zur Mobilisation der Wirbelsäule. **a** in Flexion/Extension – Ausgangsstellung. **b** in Extension – Endstellung. **c** in Flexion – Endstellung.

1. Phase: Trippelphase wie beim Modell „Der klassische Vierfüßler".

2. Phase: Bewegungen des Kopfes, des rechten Spielbeines und des linken Spielarmes in Diagonalen. Die Wirbelsäule wird durch eine weiterlaufende Bewegung in eine Totalextension gebracht.

Beschreibung der Endstellung (Abb. **6 b**):
- Kopf: obere Kopfgelenke und Halswirbelsäule in Extension. Die weiterlaufende Bewegung der Kopfbewegung bewirkt in der Brustwirbelsäule und Lendenwirbelsäule eine Extension.
- Rechtes Spielbein:
  - Zehengelenke: Flexion,
  - Fußgelenke: Plantarflexion,
  - Kniegelenk: Extension,
  - Hüftgelenk: Extension.
- Linker Spielarm:
  - Fingergelenke: Extension,
  - Handgelenke und Unterarm: Extension, Radialabduktion, Supination; der Handteller schaut dabei nach medial und der Daumen nach oben.
  - Ellenbogengelenk: Extension,
  - Schultergelenk: Flexion/Abduktion/Außenrotation.

3. Phase: Bewegungen des Kopfes, des rechten Spielbeines und des linken Spielarmes in Diagonalen, die die Wirbelsäule durch eine weiterlaufende Bewegung in eine Totalflexion bringen.

Beschreibung der Endstellung (Abb. **6 c**):
- Kopf: obere Kopfgelenke und Halswirbelsäule in Flexion; die weiterlaufende Bewegung der Kopfbewegung bewirkt in der Brust- und Lendenwirbelsäule eine Flexion.
- Rechtes Spielbein:
  - Zehengelenke: Extension,
  - Fußgelenke: Dorsalextension/Supination,
  - Kniegelenk: Flexion,
  - Hüftgelenk: Flexion/Adduktion/Außenrotation.
- Linker Spielarm:
  - Fingergelenke: Flexion,
  - Handgelenke und Unterarm: Flexion/Ulnarabduktion/Pronation; der Handrücken schaut nach unten.
  - Ellenbogengelenk: Flexion auf dem Bewegungsweg, um den Boden dabei nicht zu berühren. Am Bewegungsende geht der Arm im Ellenbogengelenk wieder in Extension.
  - Schultergelenk: Extension/Adduktion/Innenrotation.

Alle Bewegungen erfolgen in der Sagittalebene von distal nach proximal.

„Vierfüßler“ zur Mobilisation der Wirbelsäule in Lateralflexion

Ausgangsstellung: entspricht dem Modell „Der klassische Vierfüßler“ (Abb. **7 a**).

Aktivierung des Bewegungsablaufs:
1. Phase: Trippelphase, wie beim Modell „Der klassische Vierfüßler“.

Abb. **7 a–c** „Vierfüßler“ zur Mobilisation der Wirbelsäule. **a** In Lateralflexion – Ausgangsstellung. **b** in linkskonkaver Lateralflexion – Endstellung. **c** in rechtskonkaver Lateralflexion – Endstellung.

2. Phase: Bewegungen des Kopfes, des rechten Spielbeines und des linken Spielarmes in Diagonalen, die im Sinne einer weiterlaufenden Bewegung die Wirbelsäule in eine linkskonkave Totallateralflexion bringen.

Beschreibung der Endstellung (Abb. **7 b**):

- Kopf: obere Kopfgelenke und Halswirbelsäule in eine linkskonkave Lateralflexion.
- Rechtes Spielbein:
  - Zehengelenke: Flexion,

- Fußgelenke: Plantarflexion,
- Kniegelenk: Extension,
- Hüftgelenk: Extension/Adduktion/wenig Außenrotation.

– Linker Spielarm:
- Fingergelenke: leichte Flexion,
- Handgelenk und Unterarm: Flexion/Radialabduktion/Supination; Handteller schaut nach medial.
- Ellenbogengelenk: soviel Flexion, daß die Hand lateral von der Schulter steht.
- Schultergelenk: Extension/Abduktion/Außenrotation.

3. Phase: Bewegungen des Kopfes, des rechten Spielbeines und linken Spielarmes in Diagonalen, die im Sinne einer weiterlaufenden Bewegung die Wirbelsäule in eine rechtskonkave Totallateralflexion bringen.

Beschreibung der Endstellung (Abb. **7 c**):

– Kopf: obere Kopfgelenke und Halswirbelsäule in eine rechtskonkave Lateralflexion.

– Rechtes Spielbein:
- Zehengelenke: Extension,
- Fußgelenke: Dorsalextension,
- Kniegelenk: ca. 90 Grad Flexion, leichte Innenrotation, die Fußspitze berührt noch den Boden;
- Hüftgelenk: ca. 90 Grad Flexion, Abduktion/Innenrotation.

– Linker Spielarm:
- Fingergelenke: Extension,
- Handgelenk und Unterarm: Dorsalextension, so wenig Pronation, daß der Handteller nach rechts schaut.
- Ellenbogengelenk: Extension.
- Schultergelenk: Flexion/Abduktion/Außenrotation.

Postoperative Komplikationsmöglichkeiten

– Ungenügende bzw. ausbleibende Ausdehnung der Restlunge nach Teilresektionen durch zu geringe Dehnfähigkeit der Restlunge.

– Sekretretention: bei Pneumonie Atelektasen (dabei richtet sich die Behandlung nach der Lokalisation der Atelektasen). Der Patient wird entsprechend gelagert, um die sekretlösenden und belüftenden Maßnahmen in diesem Abschnitt zu verstärken.
  Hustentechnik bei instabilem Bronchialsystem mit Sekretretention: Bei Hustenattacken wird die Luft in Einatmungsstellung angehalten. Zwischen dem Atemanhalten nur in kleinen Atemzügen atmen und sich auf die kostoabdominale Atembewegung konzentrieren, bis der Hustendrang vorüber ist. Meist folgt dann Sekretabgabe durch Räuspern.

– Rekurrensparese,

- Phrenikusparese,
- Fisteln – Pleuraempyem,
- Gewebeemphysem.

Lobektomie und Segmentresektion

Die primären Ziele der krankengymnastischen Behandlung sind Sekrettransport und das Belüften der betroffenen Lungenabschnitte, um die Ausdehnung der Restlunge in den Hohlraum zu intensivieren. Die Atemlenkung richtet sich nach der Lokalisation der entfernten Lungenlappen.

- Unterlappenentfernung: kostodiaphragmale Atemrichtung betonen;
- Oberlappenentfernung: kostoklavikulare und kostosternale Atemrichtung betonen.

Pneumonektomie

Zum Zeitpunkt der stationären Aufnahme befindet sich der Patient meist in einem schlechten Allgemeinzustand.

Nach Entfernung eines Lungenflügels limitiert die Kreislaufinstabilität mit daraus resultierender verminderter Belastbarkeit die Behandlung.

Deshalb erfolgen die Behandlungen zu Beginn in kürzeren Intervallen, jedoch ist eine Mindestzahl von 3–5 Behandlungen täglich einzuhalten.

Komplikationen:
- Ruptur oder Fistelbildung am Bronchusstumpf,
- Empyem in der Resthöhle,
- Komplikationen des Herzens und der großen Gefäße.

Bei der *Behandlung* sind folgende Punkte zu berücksichtigen:
- Durch undichten Bronchusstumpf besteht Infektionsgefahr der Restlunge, deshalb den Patienten nicht auf die gesunde Seite lagern.
- Starkes Pressen beim Husten vermeiden.
- Keine Drainagelagerungen in Kopftieflage:

Vorrangige Gesichtspunkte

- Kräftigen des Zwerchfells,
- Ausdehnen der Restlunge in den Hohlraum.
- Die Progredienz der statischen Veränderungen (Skoliosegefahr) erfordert eine intensive Behandlung unter dem Gesichtspunkt, eine aufrechte Haltung des Patienten in Richtung einer individuellen Norm zu erreichen.

Beachte: Ein kardiopulmonales Training ist nur unter Pulskontrolle und sorgfältiger Beobachtung (Zyanose, kalter Schweiß, Dyspnoe) des Patienten durchzuführen.

Thorakoplastik

Der krankengymnastische Befund beschränkt sich nicht nur auf die Atmung, sondern wird auf die beobachtbaren Veränderungen der Statik mit Berücksichtigung der Konstitution ausgedehnt. Nur so ist eine adäquate Anpassung der Behandlungsmaßnahmen an diese individuellen Veränderungen möglich.

Die statischen Veränderungen sind nicht ganz aufzuhalten, jedoch ist ihr Ausprägungsgrad reduzierbar durch Information des Patienten über die Notwendigkeit einer langfristigen Behandlung und über sportliche Aktivitäten (besonders empfehlenswert ist Schwimmen).

Für die Zeit nach der Entlassung aus stationärer Behandlung wird für den Patienten ein Übungsprogramm erstellt.

Pleuraempyem

Die Hauptziele der Behandlung sind, die Pleurablattbewegungen zu vergrößern und bestehende Pleuraverklebungen zu lösen.

Dazu eignen sich besonders das „Dehnen" von Extremitäten aus der Lösungs- und Atemtherapie nach Schaarschuch-Haase.

Pneumothorax

Die Funktion der Bülau-Drainage kann durch die Anwendung aller Techniken, die eine Atemlenkung in den betroffenen Bereich fördern, unterstützt werden.

Dekortikation

Bei der operativen Entfernung einer Pleuraschwarte wird die Lunge nicht eröffnet, deshalb sammelt sich wenig Sekret in den Atemwegen an.

Wichtigstes Ziel der Behandlung ist das Dehnen der operierten Seite und das Vergrößern der Thoraxbeweglichkeit, um eine gute Ausdehnung der Lunge zu erreichen.

Um Verklebungen mit dem Zwerchfell zu vermeiden, wird der Patient in unterschiedlichen Positionen mehrmals täglich auf die gesunde Seite gelegt.

Lagerung: Der Arm der zugehörigen operierten Seite wird in maximale Flexion im Schultergelenk gelagert. Durch Lageveränderung des Oberkörpers nach vorne und hinten wird die Verteilung des Ergusses unterstützt. Die beschriebenen Positionen werden jeweils 10 Minuten eingehalten.

Erkrankungen der Schilddrüse

Definition. Die Schilddrüse steht im Mittelpunkt des Jodstoffwechsels des gesamten Organismus und regelt über ihre inkretorische Aktivität den Energiehaushalt jeder Körperzelle. Die zu geringe Produktion des Schilddrüsenhormons führt beim Erwachsenen zur Beeinträchtigung der geistigen und körperlichen Leistungsfähigkeit (Hypothyreose); zu starke Hormonproduktion führt zum Krankheitsbild der Hyperthyreose. Für die Beurteilung der Schilddrüsenfunktion spielt neben dem klinischen Untersuchungsbefund die Radiojoddiagnostik eine besondere Rolle. Durch Gabe von radioaktivem Jod und Messung der Radioaktivität über der Schilddrüse und im Blutplasma läßt sich eine genaue Aussage über die Funktionslage anhand der Jodaufnahme und Hormonabgabe der Schilddrüse machen. Außerdem erlaubt die Szintigraphie mit radioaktivem Jod eine topographische Festlegung der Schilddrüse und Aussage über die Aktivität einzelner Abschnitte.

Struma

Unter einer Struma (Kropf) versteht man ganz allgemein eine Vergrößerung der Schilddrüse.

Ursache. Vermehrte Bildung von thyreotropem Hormon der Hypophyse oder autonome Adenome der Schilddrüse. Die vermehrte Ausschüttung des Hormons ist Ausdruck eines absoluten oder relativen Hormonmangels des Körpers. Die Faktoren, die eine Minderung der Schilddrüseninkretion bewirken, sind: absoluter exogener Jodmangel infolge ungenügender Zufuhr in der Nahrung, absoluter Mangel an endogenem Hormonjod infolge gestörter Jodverwertung, relativer Mangel an endogenem Hormonjod infolge erhöhten metabolischen Bedarfs und Mangel an freiem Hormonjod infolge veränderter Eiweißbildung des Schilddrüsenhormons im Körper.

Symptome. Der Kropf tritt fast ausschließlich im Erwachsenenalter auf, Frauen sind 6mal häufiger betroffen als Männer. Je nach Konsistenz werden die diffuse und die knotige Struma beschrieben. Erstreckt sich der Kropf hinter das Brustbein, spricht man von einer retrosternalen Struma, reicht er bis in die Thoraxhöhle, von einer intrathorakalen Struma. Im Gegensatz zu der falschen intrathorakalen Struma besitzt die echte intrathorakale Struma keine Verbindung zur Halsschilddrüse. Durch das Wachstum des Kropfes kann es zu einer Einengung der Trachea und damit zum Auftreten von Atemnot kommen. Wird die Luftröhre schließlich zusammengedrückt, spricht man von einer Säbelscheidentrachea. Intrathorakale und retrosternale Strumen führen zu einer venösen Rückstauung im Bereich der Halsvenen, zu Zyanose und Gedunsensein des Gesichts.

Untersuchungstechnik. Tracheaspezialaufnahme, Radiojodtest und Schilddrüsenszintigraphie, Sonographie, Feinnadelpunktion.

Therapie. Kleinere Kröpfe im jugendlichen Alter ohne szintigraphischen Nachweis eines Speicherdefektes werden konservativ-medikamentös behandelt. Bei großen Strumen mit Verdrängungserscheinungen, erfolgloser konservativer Therapie und szintigraphischen Speicherdefekten wird die Schilddrüse operativ auf das normale Maß reduziert. Die Standardmethode der Schilddrüsenoperation ist die doppelseitige subtotale Resektion – unter Belassung eines beidseitigen kleinen Drüsenrestes. Zur Vermeidung eines Rezidivs wird postoperativ prophylaktisch eine medikamentöse Behandlung mit Schilddrüsenhormonen durchgeführt.

Struma maligna

Ein bösartiger Schilddrüsentumor geht mit dem Kropfbefall der Bevölkerung parallel. Er tritt fast immer im Bereich einer bereits bestehenden Struma auf.

Symptome. Meist plötzlich rasches Größenwachstum mit Verhärtung einer bis dahin gleichmäßig weichen Struma, später Heiserkeit. Weitere Symptome der fortschreitenden Erkrankung sind Schluckbeschwerden und in die Ohren, die Schulter und zum Nacken ausstrahlende Schmerzen.

Klinisches Bild. Hinter dem klinischen Bild des bösartigen Kropfes stehen pathologisch-anatomisch verschiedene Geschwulsttypen:

- differenzierte Tumoren:
  - papilläres Karzinom,
  - follikuläres Karzinom;
- undifferenzierte Tumoren:
  - solides (medulläres) Karzinom,
  - anaplastisches Karzinom,
  - Sarkom.

Therapie. Die gut differenzierten Schilddrüsenkarzinome werden durch Totalexstirpation der Schilddrüse, bei Vorliegen von regionären Metastasen durch gleichzeitige Neck dissection entfernt. Anschließend wird mit Radiojod nachbehandelt. Die Prognose dieser gut differenzierten Karzinome ist gut. Die undifferenzierten Schilddrüsenkarzinome metastasieren zwar spät, sind aber nur im Primärstadium durch radikale Entfernung der Schilddrüse und äußere Nachbestrahlung mit Telekobalt zu heilen. Beim Auftreten von Metastasen ist die Prognose besonders schlecht. Alle operierten Patienten mit Schilddrüsenkarzinomen müssen für den Rest ihres Lebens mit Schilddrüsenhormonen nachbehandelt werden.

Krankengymnastische Behandlung

Strumaoperation

Die Behandlungsmaßnahmen in den ersten postoperativen Tagen beinhalten Techniken zur Thrombose- und Pneumonieprophylaxe.

Durch die Lokalisation des Operationsschnittes sind alle Bewegungen, die einen Einsatz der ventralen Halsmuskulatur erfordern, schmerzhaft.

Um diese schmerzhafte Aktivität zu umgehen, beansprucht der Patient vermehrt Nackenextensoren.

Bei der krankengymnastischen Untersuchung zeigt sich ein Hypertonus der Schultergürtelmuskulatur besonders im Verlauf des M. trapezius descendens und des M. levator scapulae (funktionelles Nackensyndrom).

Um dem Patienten einen schmerzfreien Positionswechsel zu ermöglichen (Rückenlage-Sitz), d. h. ohne Aktivität der ventralen Halsmuskulatur, wird mit einer Hand der Kopf des Patienten in verstärkter Flexion gehalten und mit der anderen Hand die Operationsnarbe fixiert.

Zur Beseitigung der Tonusstörungen eignen sich alle Techniken, die eine reflektorische Entspannung der Muskulatur zur Folge haben (nach Sherrington). Sie sind gleichsam Selbsthilfen für den Patienten, die ihn anleiten, sich bei myogenen Nackenbeschwerden unmittelbar Erleichterung zu verschaffen. Sie können in der frühen postoperativen Phase in der Ausgangsstellung Rückenlage und später in der Ausgangsstellung Sitz auf dem Hocker mit verstärkter Entspannung durch Aktivierung der ventralen Halsmuskulatur angewandt werden.

Übungsbeispiel

1. Phase: Massiver Widerstand und maximale Verkürzung der hypertonen Muskulatur.

Die übereinandergelegten, gefalteten oder sich berührenden Hände werden so in den Nacken gelegt, daß die Kleinfingerseiten der Hände unmittelbar unterhalb der Processus mastoidei liegen.

Durch den Zug der Arme nach vorne oben wird nun versucht, die extreme Extension in den oberen Kopfgelenken und der Halswirbelsäule zu brechen, *was nicht gelingen soll.*

2. Phase: Langsames Zurückkommen in die Ausgangsstellung. Die reflektorische Entspannung der Muskulatur kann ausgenützt werden, um die verkürzte Muskulatur zu dehnen.

Zur Dehnung gibt es zwei Möglichkeiten:

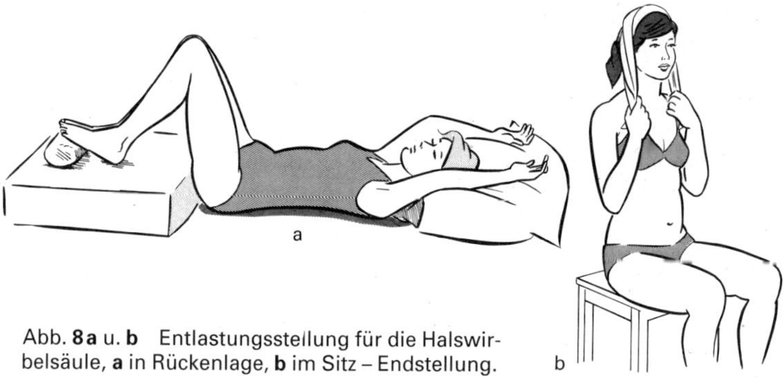

Abb. **8a** u. **b** Entlastungsstellung für die Halswirbelsäule, **a** in Rückenlage, **b** im Sitz – Endstellung.

- Der Patient dehnt selbst, indem er mit Daumen und Zeigefinger das Kinn umgreift und den Kopf nach dorsal translatiert.
- Der Therapeut kann diese Dehnung übernehmen mit anschließenden intermittierenden Traktionen der Wirbelsäule in Extension.

Entlastungsstellungen für die Halswirbelsäule, die günstige Voraussetzungen für Entspannen und Lösen bieten:

Rückenlage (Abb. **8a**). Wenn die Schultergelenke nicht ganz frei beweglich sind, können die Hände gefaltet werden.

Die Kissen müssen so hoch sein, daß die Arme darauf ruhen können und keine Pektoralisaktivität vorhanden ist.

Sitz (Abb. **8b**). Das Gewicht der Arme wird mit Hilfe des Handtuchs über den Kopf gehängt und stimuliert die Extension der Brustwirbelsäule.

Während des stationären Aufenthalts kann das funktionelle Nackensyndrom nicht vollständig beseitigt werden.

Die beschriebene Übung und die Entlastungsstellungen für die Halswirbelsäule sind für zu Hause zu empfehlen.

Kardiovaskuläre Erkrankungen

Erkrankungen des Herzens

Die Erkenntnisse der Pathophysiologie und Tierversuche schufen die Voraussetzungen für die Operationsverfahren zur Behandlung angeborener und erworbener Herzfehler, zu deren genauer Diagnostik spezielle Untersuchungsmethoden entwickelt wurden. Röntgenuntersuchung,

Elektrokardiographie, Herzschallschreibung, Herzkatheteruntersuchung und Angiokardiographie sind technische Möglichkeiten, die uns Einblick in die pathophysiologischen Vorgänge geben, deren Regulierung das Ziel operativer Eingriffe am Herzen darstellt. Die Herzchirurgie wurde inzwischen weiterentwickelt bis zum Ersatz krankhaft veränderter Herzklappen und schließlich zum Ersatz des ganzen Herzens durch die Herztransplantation.

Die operativen Eingriffe am Herzen und an den großen Gefäßen lassen sich vom Technischen her in 2 Gruppen unterteilen:
- Operationen ohne zeitweiligen Ausfall des Herzens, des ganzen Kreislaufs und der Lungenfunktion;
- Operationen mit zeitweiligem Ausfall des Herzens, des ganzen Kreislaufs und der Lungenfunktion.

Die Eingriffe am Herzen, die ohne Unterbrechung seiner Arbeitsleistung vonstatten gehen, werden als geschlossene Operationsverfahren bezeichnet. Ein typisches Beispiel hierfür ist die transaurikuläre Sprengung einer Mitralstenose. Bei einer großen Anzahl von Korrekturoperationen am Herzen ist jedoch eine vorübergehende Stillegung von Herz und Lunge notwendig. Eine Unterbrechung des lebensnotwendigen Kreislaufs ist in der Regel nur für ganz kurze Zeit möglich, da das Gehirn eine Ischämie von wenig mehr als 1–3 Minuten Dauer kaum erträgt. Eine längere Kreislaufunterbrechung ohne bleibende Schäden für den Organismus kann auf 3 verschiedenen Wegen erreicht werden:

- Unterkühlung des ganzen Körpers, wodurch der Stoffwechselbedarf so weit herabgesetzt wird, daß eine längere Kreislaufunterbrechung möglich ist. In der Regel wird die Körpertemperatur künstlich auf etwa 30 °C gesenkt, wodurch eine Unterbrechung des Kreislaufs von 10 Minuten möglich ist. Auf diese Weise kann z. B. ein Vorhofseptumdefekt vom Sekundumtyp oder eine Pulmonalklappenstenose korrigiert werden. Eine längere Kreislaufunterbrechung ist nur unter Anwendung einer Herz-Lungen-Maschine möglich.
- Übernahme der Pumparbeit des Herzens zusammen mit dem Atemgaswechsel durch eine Herz-Lungen-Maschine.
  Dieser Weg wird heute am häufigsten eingeschlagen zur Operation angeborener und vieler erworbener Herzfehler. Die Geräte, die gleichzeitig die Herzarbeit und die Funktion des Lungenkreislaufs übernehmen, werden Herz-Lungen-Maschinen genannt. Eine Herz-Lungen-Maschine besteht aus einer Rollerpumpe und dem Oxygenator. Während des kardiopulmonalen Bypass wird alles normalerweise in den rechten Vorhof zurückströmende Blut in einen extrakorporalen Kreislauf abgeleitet. Es fließt dann durch eine künstliche Lunge (Oxygenator), wo es Sauerstoff aufnimmt und Kohlendioxid abgibt. Nach Passieren des Oxygenators wird das sauerstoffreiche Blut wieder in den arteriellen Kreislauf gepumpt. Auf der arteriellen Seite ist ein Wärme-

austauscher installiert. Er dient zur Erhaltung und zur Senkung der Bluttemperatur. Bei einer Körpertemperatur von 30 °C vermindert sich der Sauerstoffbedarf der Gewebe auf die Hälfte des Normalwertes.

– Ausgeschaltete Arterienbezirke können durch Schlauchverbindungen äußerlich umgangen werden, so daß ein Teilkreislauf erhalten bleibt.

Angeborene Herzfehler

Ductus arteriosus persistens

Definition. Der Ductus arteriosus Botalli ist eine in der Fetalzeit bestehende Verbindung zwischen Aorta und A. pulmonalis. In der Regel schließt sich dieser Ductus Botalli nach der Geburt spontan, nur in 1–2% bleibt er offen. Es resultiert ein aortopulmonaler Links-rechts-Shunt.

Symptome. Ein die Systole und Diastole ausfüllendes Geräusch infolge Einströmens des Blutes aus der Aorta in die Pulmonalarterie. Bei großem offenen Ductus arteriosus erliegen die Kinder – unbehandelt – frühzeitig der enormen Belastung unter dem klinischen Bild des Linksherzversagens. Nicht selten kommt es zur Entwicklung einer Endokarditis, ausgehend vom Ductus arteriosus.

Diagnostik. Herzkatheter und Angiogramm.

Therapie. Ligatur oder Durchtrennung des Ductus Botalli.

Aortenisthmusstenose

Definition. Unter der Aortenisthmusstenose versteht man eine angeborene Einengung der Aorta, meist unterhalb des Abganges der A. subclavia.

Symptome. Die Enge des Aortenlumens verursacht einen Rückstau des Blutes mit Ansteigen des Blutdrucks im Kopf und in den oberen Extremitäten, während der Druck unterhalb der Stenose erniedrigt ist. Durch Ausbildung eines ausgeprägten Kollateralkreislaufs über die Aa. mammariae internae und über die Aa. intercostales versucht der Organismus die Blutversorgung unterhalb der Aortenenge aufrechtzuerhalten. Es kommt durch den erhöhten Druck in den Interkostalarterien zu röntgenologisch sichtbaren Druckusuren am Unterrand der Rippen. Folgen des unterschiedlichen Blutdrucks sind Kopfschmerzen, frühzeitige Abnützung der Herz-, Hals- und Armgefäße, Hypertrophie des linken Ventrikels sowie Kältegefühl und rasche Ermüdbarkeit der unteren Extremitäten.

Untersuchungstechnik. Auskultation, Blutdruckmessung an den oberen und unteren Extremitäten, Aortographie.

Therapie. Unbehandelt ist die Lebenserwartung im Hinblick auf die vielen Komplikationen deutlich erniedrigt.

Als Behandlung kommt nur die Operation in Frage, die entweder in der Resektion der Stenose mit anschließender Vereinigung der beiden Aortenstümpfe oder Dazwischenschaltung einer Kunststoffprothese besteht.

Anomalien des Aortenbogens

Definition. Die wesentlichen Anomalien des Aortenbogens sind
- der doppelte Aortenbogen, wobei Ösophagus und Trachea überkreuzt werden;
- ein abnormer Abgang der A. subclavia, die hierbei aus der Aorta ascendens entspringt und hinter dem Ösophagus nach rechts verläuft, wodurch die Speiseröhre eingeengt wird.

Symptome. Stridor und Schluckbeschwerden.

Therapie. Operative Beseitigung der Kompression. Dabei wird der kleinere oder atretische Aortenbogen durchtrennt.

Vorhofseptumdefekt

Definition. Der Vorhofseptumdefekt ist einer der häufigsten angeborenen Herzfehler (etwa 10%). Unterschieden werden 4 Formen:
- offenes Foramen ovale,
- Ostium-secundum-Defekt (ASD II),
- Ostium-primum-Defekt (ASD I),
- Sinus-venosus-Defekt.

Symptome. Das klinische Bild und die Beschwerden des Patienten werden im wesentlichen von 3 Faktoren bestimmt: Defektgröße, Alter und Komplikationen. Die Größe des Kurzschlußvolumens ist sehr viel bedeutsamer als die Lokalisation des Defekts. Während kleine Vorhofseptumdefekte bis ins hohe Alter klinisch latent bleiben können oder nur zufällig entdeckt werden, kann andererseits die Lungenüberflutung schon im Säuglingsalter zu bronchopulmonalen Infekten führen. Infolge des höheren Drucks im linken Vorhof fließt ein Teil des Blutes durch den Defekt in den rechten Vorhof und belastet damit das rechte Herz. Steigt der Druck im rechten Vorhof weiter und übertrifft schließlich den des linken Vorhofs, so tritt eine Umkehr des Blutstroms ein, d. h., venöses Blut wird dem großen Kreislauf beigemischt.

Untersuchungstechnik. Die Diagnose des Vorhofseptumdefekts kann bereits aus den klinischen Befunden gestellt werden. Allerdings kann nur die Herzkatheteruntersuchung über die Operationsindikation sicher entscheiden. Ziel der Herzkatheteruntersuchung ist der direkte Nachweis des Defekts, die Bestimmung des Kurzschlußvolumens, die Bestimmung der Druck- und Widerstandsverhältnisse im kleinen Kreislauf sowie der Ausschluß oder Nachweis zusätzlicher Anomalien.

Therapie. Primärer Verschluß des Vorhofseptumdefekts durch Naht oder Verschluß durch Einnähen eines Kunstoffflickens.

Ventrikelseptumdefekt

Definition. Es handelt sich um einen Defekt zwischen der linken und rechten Herzkammer. Diese Defekte treten entweder isoliert oder gelegentlich auch mit weiteren Herzfehlbildungen auf. 90% der Defekte sitzen unterhalb des Aortenklappenringes.

Symptome. Infolge der Verbindung zwischen dem linken und rechten Herzen kommt es zu einem Links-rechts-Shunt. Gefahr droht wie beim Vorhofseptumdefekt durch die Ausbildung einer Shuntumkehr.

Untersuchungstechnik. Herzkatheter.

Therapie. Die Operation ist nur mit Hilfe der Herz-Lungen-Maschine möglich. Die Korrektur erfolgt durch den Defektverschluß mit direkter Naht oder durch Einsetzen eines Kunststoffpatchs.

Pulmonalstenose

Definition. Unter einer Pulmonalstenose versteht man eine Einengung der Pulmonalklappe am rechten Ventrikel.

Symptome. Das klinische Bild der Pulmonalstenose ist durch mangelnde Leistungsfähigkeit, Kurzatmigkeit schon in Ruhe und schließlich durch Rechtsherzversagen gekennzeichnet. Der Grad der Einengung ist sehr variabel und gleichzeitig das Maß für die Belastung des rechten Ventrikels.

Untersuchungstechnik. Die Röntgenaufnahme zeigt eine Vergrößerung des rechten Vorhofs und des rechten Ventrikels. Die Sicherung der Diagnose erfolgt durch Herzkatheter. Hohe Druckwerte in der rechten Kammer und niedrige in der Pulmonalarterie bei gleichzeitig hohem Sauerstoffgehalt beweisen die Stenose in der Ausflußbahn des rechten Ventrikels.

Therapie. Offene Korrektur mit Sprengung der verschmolzenen Klappenkommissuren.

Fallot-Trilogie

Definition. Dieses Leiden ist durch einen Vorhofseptumdefekt und durch eine Pulmonalstenose gekennzeichnet. Infolge des Rechts-links-Shunts kommt es zu einer Rechtshypertrophie, die das dritte Merkmal zu der Fallot-Trilogie darstellt.

Symptome. Anfängliche Leistungsschwäche geht bei schweren Formen bald in eine ausgeprägte Zyanose infolge Rechts-links-Shunts über.

Untersuchungstechnik. Sicherung der Diagnose mit Herzkatheter und Angiokardiographie.

Therapie. Beseitigung der Pulmonalstenose und des Vorhofseptumdefekts mittels Herz-Lungen-Maschine.

Fallot-Tetralogie

Definition. Die Fallot-Tetralogie ist das häufigste aller mit einer Zyanose einhergehenden Herzvitien. Sie ist gekennzeichnet durch Pulmonalstenose, Hypertrophie des rechten Ventrikels, Ventrikelseptumdefekt und reitende, d. h. mit dem rechten und linken Ventrikel in Verbindung stehende Aorta.

Symptome. Das bei der Enge der glatten Öffnung nicht passierende Blut fließt durch den Septumdefekt in die reitende Aorta, wodurch venöses, vom Gasaustausch in den Lungen ausgeschlossenes Blut in die Aorta und damit in den großen Kreislauf gelangt. Die Folge dieser Überschwemmung des Blutes in der Aorta mit venösem Blut führt zur Zyanose. Gesicht und Hände sind blau verfärbt. Die Kinder sind körperlich stark unterentwickelt, es besteht schon eine Ruhedyspnoe. Der chronische Sauerstoffmangel führt zur Verminderung der Leistungsfähigkeit, die so hochgradig sein kann, daß die Kinder die sog. Hockerstellung einnehmen. Weitere Merkmale dieser Sauerstoffuntersättigung sind Trommelschlegelfinger und Polyglobulie als Kompensation des Organismus zum Ausgleich der Hypoxämie durch Vermehrung der sauerstofftragenden Erythrozyten bis zu 10 Mill. Die Lebensaussicht dieser blausüchtigen Kinder ist unbehandelt äußerst gering.

Untersuchungstechnik. Herzkatheter und Angiokardiographie.

Therapie. Die Behandlung der Wahl ist die Totalkorrektur mittels Herz-Lungen-Maschine. Wegen des hohen Operationsrisikos muß bei kleinen Kindern oft primär ein palliatives Operationsverfahren angewandt werden, welches die funktionelle Lungendurchblutung bessern soll. Diese palliativen Operationsverfahren haben das Ziel, das arterielle Blut unter Umgehung der Pulmonalstenose nochmals durch den Lungenkreislauf hindurchzuschicken. Hierbei besteht die Anastomose nach Potts in der Anlegung eines künstlichen aortopulmonalen Fensters. Bei der Blalock-Operation wird eine Verbindung der peripher abgetrennten A. subclavia End-zu-Seit mit einem Pulmonalarterienstamm hergestellt. Die Totalkorrektur besteht im Verschluß des Ventrikelseptumdefekts und der Resektion der Pulmonalstenose bzw. Ausflußbahnerweiterung im Bereich der Pulmonalarterie.

Totaler Atrioventrikularkanal

Definition. Beim totalen Artrioventrikularkanal besteht neben dem Primumdefekt mit Beteiligung der Mitral- und Trikuspidalklappe noch ein Defekt des Ventrikelseptums.

Transposition der großen Gefäße

Definition. Die Transposition der großen Arterien ist eine der häufigsten und schwerwiegendsten kongenitalen Mißbildungen des Herzens. Während früher die Kinder selten das 2. Lebensjahr erlebten, haben sich die Ergebnisse in den letzten Jahren deutlich verbessert. Die Transposition der großen Arterien tritt bei rund 10% der Patienten mit zyanotischen, kongenitalen Herzerkrankungen auf. In der Regel entspringt bei diesen Herzfehlern die Aorta anterior vom rechten Ventrikel, die Pulmonalklappe liegt direkt posterior der Aortenklappe. Linker und rechter Ventrikel weisen ein nahezu normales Verhalten auf.

Untersuchungstechnik. Die Herzkatheteruntersuchung bestätigt die Diagnose und gibt Aufschluß über zusätzliche Defekte und intrakardiale Shunts. Gewöhnlich ist der Druck im linken Vorhof größer als im rechten.

Therapie. Bei Neugeborenen wird eine künstliche Septumperforation vorgenommen. Mit dieser palliativen Maßnahme kann das Neugeborene ein Alter erleben, im dem eine totale Korrektur möglich ist.

Erworbene Herzerkrankungen

Aortokoronarer Bypass

Bei einer Durchblutungsstörung des Herzmuskels infolge einer Stenose der Koronararterien wird in zunehmendem Maße die Durchblutung des Herzmuskels mittels eines aortokoronaren Bypass verbessert. Hierbei wird ein Venentransplantat vom Beim entnommen und anschließend die Stenose an der Koronararterie, die angiokardiographisch lokalisiert wurde, überbrückt. Neben dem aortokoronaren Venen-Bypass kann der Bypass mit der A. mammaria interna zur chirurgischen Behandlung der Koronarsklerose angewandt werden, ferner kommen in Frage die Endarteriektomie und der Patchgraft. Als nichtoperatives Verfahren ist die Katheterdilatation der Koronarstenose zu erwähnen (PTCA). Geeignet vor allem bei isolierten, kurzstreckigen und nicht verkalkten Stenosen in großkalibrigen Koronararterien.

Ventrikelaneurysma

Unter einem Ventrikelaneurysma versteht man eine Ausbuchtung der Wand der Herzkammer. Die Ursache kann entzündlich, traumatisch, infarktbedingt oder angeboren sein. Wegen der schlechten Prognose wird die Resektion dieses Herzwandaneurysmas angestrebt.

Mitralstenose

Definition. Die Mitralstenose steht der Häufigkeit nach an erster Stelle aller erworbenen Herzfehler. Sie entwickelt sich meist auf dem Boden einer rheumatischen Endokarditis, wobei es nach anfänglichen entzündlichen Erscheinungen im Bereich der Klappe zu einer narbigen Umwandlung und Schrumpfung der Klappen und Sehnenfäden kommt, wodurch insbesondere durch sekundäre Kalkeinlagerungen ein starrer Klappenring entsteht.

Symptome. Als Folge der Verengung der Mitralklappe und Funktionseinschränkung kommt es zu einer Reduktion des Blutzeitvolumens mit Abnahme der allgemeinen Leistungsfähigkeit, Hypertrophie des linken Vorhofs und Hypotrophie des linken Ventrikels. Bei Erweiterung des linken Vorhofs kommt es meist zum Auftreten eines Vorhofflimmerns, das eine absolute Arrhythmie zur Folge hat. Folgen des flimmernden linken Vorhofs sind Vorhofthromben, die sich lösen und zu einer arteriellen Embolie führen können. Der Blutrückstau in den kleinen Kreislauf hat eine pulmonale Hypertonie zur Folge, die zu Hämoptysen und Lungenödem führen kann. Ein weiteres Kennzeichen des Rückstaus des Blutes in den kleinen Kreislauf ist die Pulmonalstenose. Je nach Schweregrad wird die Mitralstenose in 4 Stadien eingeteilt.

- Stadium I: keinerlei Beschwerden, Entdeckung meist zufällig, keine Operationsindikation.
- Stadium II: Leistungseinschränkgung bei Belastung, Dyspnoe; beste Ergebnisse nach Operation.
- Stadium III: Ruhebeschwerden, Arbeitsbelastung kaum möglich, baldmöglichste Operation angezeigt.
- Stadium IV: Ruhedyspnoe, starke Leistungseinschränkung; der Patient ist praktisch ganz ans Bett gefesselt.

Therapie. Operative Sprengung der Stenose oder Ersatz der Klappen durch eine künstliche Herzklappe.

Mitralinsuffizienz

Definition. Die im Vergleich zur Mitralstenose wesentlich seltenere Mitralinsuffizienz ist ebenfalls meist Folge eines rheumatischen Krankheitsprozesses. Infolge ungenügenden Schlusses der Mitralklappe kommt es bei der Herzaktion zu einem Rückstrom des Blutes vom linken Ventrikel zum linken Vorhof, wodurch die Anforderung an den linken Ventrikel größer als normal wird. Die Folge ist eine Hypertrophie und Dilatation des linken Ventrikels und des linken Vorhofs.

Untersuchungstechnik. Herzkatheter und Angiographie.

Therapie. Rekonstruktion der Klappen oder in den meisten Fällen von schwerer Mitralinsuffizienz Resektion der zerstörten Mitralklappe und Ersatz durch eine künstliche Herzklappe.

Kombiniertes Mitralvitium

Von einem kombinierten Mitralvitium spricht man dann, wenn sowohl eine Stenose als auch eine Insuffizienz vorliegt. Bei ausgeprägter Begleitinsuffizienz ist eine Besserung nur durch künstlichen Klappenersatz möglich.

Aortenstenose

Definition. Verengung im Bereich der Aortenklappen oder in ihrer Nähe.

Symptome. Die Folge der Aortenstenose ist eine Behinderung des Auswurfs aus dem linken Ventrikel, weshalb es zur Hypertrophie und Dilatation der linken Herzkammer kommt. Infolge Mangeldurchblutung der Koronararterien tritt ein weiteres Symptom, eine Angina pectoris, auf. Wegen der mangelnden Durchblutung kann plötzliche Bewußtlosigkeit auftreten. Diese Anfälle von plötzlicher Bewußtlosigkeit sind typisch für Aortenstenosen. Die häufigsten Aortenstenosen sind erworben, es kommen aber auch angeborene Aortenstenosen vor. Rheumatismus und bakterielle Endokarditis stehen ursächlich an erster Stelle.

Therapie. Bei der kongenitalen und valvulären Aortenstenose besteht die Behandlung in der transaortalen Kommissurotomie. Zerstöre Klappen, die bei der erworbenen Aortenstenose in der Regel vorliegen, fordern immer die Resektion und Ersatz durch eine künstliche Herzklappe.

Aorteninsuffizienz

Definition. Ungenügender Schluß der Aortenklappe führt zur Aorteninsuffizienz.

Symptome. Dilatation und Hypertrophie des linken Herzens, außergewöhnlich hohe Blutdruckamplitude. Die Symptome reichen von leichten, subjektiv völlig beschwerdefreien Fällen über Herzklopfen, frühzeitige Erschöpfbarkeit, Schlafstörungen bis zu den klinischen Zeichen einer Lungenstauung. Pektanginöse Beschwerden sind im Gegensatz zur Aortenstenose selten.

Untersuchungstechnik. Transseptaler Herzkatheter mit gleichzeitiger Kontrastdarstellung des linken Herzens.

Therapie. Resektion der zerstörten Klappen und Ersatz durch ein Kugelventil. Ohne Operation ist die Lebenserwartung erheblich eingeschränkt.

Panzerherz

Definition. Schwielige Verwachsung zwischen Herz und Herzbeutel oder Verwachsung von Perikard, Pleura und Brustwand.

Symptome. Venöse Stauung vor dem rechten Herzen, die sich in Zyanose, Halsvenenstau, Leberstauung und Aszites äußert.

Therapie. Entfernung der das Herz bedeckenden Schwielenschicht von den beiden Herzkammern.

Herztransplantation

Bei finaler, progredienter, myogener Herzinsuffizienz, weitgehend normaler Funktion der anderen Organe und normalen Widerstandsverhältnissen im kleinen Kreislauf kann die Indikation zur Implantation eines Spenderherzens gegeben sein.

Krankengymnastische Behandlung

Herzoperationen

Präoperative krankengymnastische Behandlung

Die Auseinandersetzung des Patienten mit seiner Krankheit ist immer mit Sorgen, Befürchtungen und Ängsten verbunden. Dies bedeutet für den Krankengymnasten/Physiotherapeuten, sich nicht nur mit dem Organbefund, sondern mit dem ganzen Menschen und seinen Problemen zu beschäftigen.

In der Regel werden die Patienten ein paar Tage vor der Operation stationär aufgenommen, um die notwendigen Untersuchungen zu vervollständigen.

Behandlungstechniken einer Lösungs- und Atemtherapie nach Schaarschuch und Haase beeinflussen Muskeltonus, Antrieb und Stimmungslage sowie das vegetative Nervensystem günstig.

Patienten, die durch Schmerz und Atemnot verängstigt sind, erfahren wohltuende Ruhe und Gelöstheit.

Gesichtspunkte

- Umstellen auffälliger, emotional verursachter Atemformen in Richtung einer individuellen Norm.
- Sekretolyse.
- Vorübergehende Änderung der Ventilation und Besserung eines gestörten Belüftungs- und Durchblutungsverhältnisses.
- Der Patient soll den Trigger und den Triflo selbständig handhaben können.
- Der Patient soll mit dem Therapeuten eine schmerzfreie Hustentechnik lernen, um sie postoperativ selbständig anwenden zu können.
- Der Patient soll über die Notwendigkeit und das Ziel der krankengymnastischen Behandlung informiert werden.

– Anleitung des Patienten über das zu ändernde Bewegungsverhalten.
  - Alle ankommenden weiterlaufenden Bewegungen (WB) auf die Brustwirbelsäule weitestgehend reduzieren.
  - Die Arme nicht über 90° Flexion im Schultergelenk bewegen.
  - Aufstehen mit Narbenfixation.

Maßnahmen

Es folgt eine Auswahl günstiger präoperativer Maßnahmen.

– Wahrnehmen der Atembewegung, vornehmlich der Bewegung des Bauches und der unteren Rippen. Die Wahrnehmung geschieht zu Beginn mit Handkontakt von seiten des Therapeuten oder des Patienten. Hat der Patient die Atembewegungen gelernt, kann er sie alleine ausführen.
  Ausgangsstellung: Liegen und Sitzen (z. B. Seitlage, stabile Seitlage, Kutschersitz).
– Dehnlagen und sog. Packegriffe aus der Lösungs- und Atemtherapie nach A. Schaarschuch und H. Haase. Unterstützend wirken hyperämisierende und gewebelösende Maßnahmen.
– Manuelle Thoraxkompressionen
  - mit anschließender Richtungshilfe oder einem Richtungswiderstand für eine tiefere Einatmung;
  - während der Einatmung das Sternum oder die unteren Rippen komprimieren, die Einatembewegung abwarten und dann ein zweites und drittes Mal wiederholen, bis ein tiefer Einatemzug resultiert (PNF-Technik nach Kabat und Knott).
– Anhand des Befundes lassen sich die Belastungsgrenze des Patienten ermitteln und die in Frage kommenden Maßnahmen zum Mobilisieren der Rippen-Wirbel-Gelenke ableiten. Das Üben in den Ausgangsstellungen Sitzen und Liegen ist immer möglich (z. B. Becken gegen Schultergürtel bewegen, Ziehharmonikagriff).
– Hustentechnik zur Vermeidung hoher intrathorakaler Drücke (Ehrenberg).
  Prinzipiell erst dann husten, wenn Trachealrasseln zu hören ist, d. h. wenn sich das Sekret schon in der Luftröhre befindet.
  Mäßig tief einatmen. Durch Einsatz der Lippenbremse etwas Luft ausatmen. Das Sekret mit 2–3 kurzen Hustenstößen herausbefördern. Diese Hustentechnik verhindert ein Pressen beim Aushusten des Sekrets.
  Das Aushusten geschieht unter Fixation des Brustkorbes im vorgesehenen Operationsbereich mit geschlossener Stimmritze und offenem Mund. Der Patient übernimmt die Fixation des Thorax beim Aushusten des Sekrets.

- Bei sternaler Schnittführung kann der Patient durch das Überkreuzen beider Arme vor dem Körper eine Kompression auf den Thorax ausüben und das Dehnen des Wundgebiets vermeiden.
- Bei interkostaler Schnittführung erfolgt die Fixation durch das Anlegen der Hände.

Die Teilnahme an der postoperativen Bewegungstherapie in der Gruppe kann nur bei ausreichender Belastbarkeit des Patienten erfolgen.

Postoperative krankengymnastische Behandlung

Die begleitende Untersuchung wird ergänzt durch die Ergebnisse diagnostischer Maßnahmen, z. B.:
- Röntgenbild (evtl. Pleuraerguß, Zwerchfellhochstand, Atelektasenbildung, Lungenstau usw.);
- Sonographie;
- Blutgasanalyse (respiratorische Azidose-Alkalose).

Mögliche postoperative pathophysiologische Veränderungen der Lunge:
- Lungenvolumina: Verminderung der
  - Totalkapazität,
  - Vitalkapazität,
  - funktionellen Residualkapazität,
  - Compliance.
- Atemform:
  - Verminderung des Atemzugvolumens und
  - Erhöhung der Frequenz. Sie wird hervorgerufen durch die beschriebenen Veränderungen der Lungenvolumina sowie durch Medikamente, Schmerz, Angst, Fieber, Immobilisation und Verbände.
  - Monotone oberflächliche Atemform;
  - Fehlen von tiefen Atemzügen (Seufzen, Gähnen).
- Abwehrmechanismen: Verminderung der Schutzreflexe der oberen Atemwege wie Husten und Niesen, hervorgerufen durch Angst und Schmerz.
- Gasaustausch: Durch Schmerz, Angst, Streß und psychomotorische Erregung kommt es zur Zunahme des O_2-Verbrauchs trotz verminderten Angebots. Die Blutgasanalyse zeigt einen nachweisbaren niedrigen pO_2.

Die Summierung von Risikofaktoren erhöht ebenso die Gefahr von postoperativen Komplikationen bei Patienten mit bestehendem Risiko, sog. „high risk"-Patienten.

Risikofaktoren:
- Rauchen,
- Adipositas,
- Alter,

- chronisch obstruktive Lungenerkrankungen,
- Diabetes,
- Hypertonie,
- Hypercholesterinämie,
- Bewegungsmangel.

Postoperative Komplikationen

- Nichtobstruktive Atelektasen,
- obstruktive Atelektasen durch Sekretstau,
- infektiöse Komplikationen,
- bronchopleurale Fisteln,
- Pleuraergüsse,
- Hämatothorax,
- Hautemphysem,
- Bronchiektasen,
- Lungenversagen.

Eng verbunden mit den somatischen sind auch die psychischen Störungen, die den Aufenthalt auf der Intensivstation verlängern, die postoperative Pflege erschweren und ein Risiko für den Heilungsverlauf darstellen.

Die Problematik der vielfäligen psychischen Reaktionen ist ausführlich im Abschnitt „Krankengymnastische Behandlung bei intensivüberwachten Patienten" beschrieben (S. 26).

Behandlungsplan

Der Patient befindet sich bis zum Zeitpunkt der Extubation auf der Intensivstation.

Wie bei allen operierten Patienten beginnt die Behandlung am ersten postoperativen Tag.

Die Dosierung und die Prioritäten der krankengymnastischen Techniken richten sich nach dem jeweiligen Zustand des Patienten.

Die präoperativen Gesichtspunkte werden im postoperativen Stadium ergänzt durch:
- Abatmen der eingeatmeten Narkotika;
- Vorbeugen gegen orthostatische Dysregulationen;
- Leistungssteigerung durch Training zum Verbessern der Kreislaufregulationsfähigkeit unter Belastung und zur größeren Ausdauer beim Bewegen.
- Der Patient soll sich durch sein Verhalten an seine anfänglich verminderte Leistungsfähigkeit anpassen und mögliche Folgen durch ungünstiges Verhalten vermeiden können.

Behandlungsprinzipien

Während des gesamten stationären Aufenthalts müssen die Bewegungsserien bei Patienten mit Sternumcerclage modifiziert angewendet werden, da *Rotationen und Lateralflexionen in der Brustwirbelsäule zur Dislokation der Sternumosteotomie führen können.*

Die Bewegungsserien der Extremitäten im Sitzen erfordern somit eine stabilisierte Brustwirbelsäule in Extension.

Diese kreislaufgefährdeten Patienten müssen Pressen vermeiden (Hustentechnik zur Vermeidung hoher intrathorakaler Drücke s. S. 73).

Folgen können sein:
- koronare Minderdurchblutung infolge Abnahme des Herzminutenvolumens;
- Tendenz zu Rhythmusstörungen infolge des Vagusreizes (Rost 1979).

Deshalb werden starke statische Muskelkontraktionen vermieden, oder die Stärke der Muskelspannung wird so bemessen, daß der Patient mühelos weiteratmen kann.

Maßnahmen

- Inhalationen;
- Wahrnehmen der Atembewegungen im kostosternalen, kostoklavikularen und diaphragmalen Bereich (Basaltext);
- exspiratorische Thoraxkompressionen; bei Patienten mit sternaler Cerclage sind heftige Erschütterungen kontraindiziert.
- Behandlungstechniken aus der Lösungs- und Atemtherapie nach A. Schaarschuch und H. Haase:
  - Packegriffe bzw. Hängegriffe,
  - sog. Abhebeproben,
  - Dehnlagen, Rückendrehdehnlagen, Halbmondlage und selbsttätiges Dehnen von Arm und/oder Bein mit Wirkung auf den Rumpf. Beim selbsttätigen Dehnen und während der Dehnlagen müssen die Bewegungsabläufe der Beine und Arme so dosiert werden, daß die entstehenden weiterlaufenden Bewegungen auf die Brustwirbelsäule keine Rotation und nur eine geringgradige Lateralflexion hervorrufen.

Säuglinge und Kleinkinder sind aufgrund unzureichender Kooperation besonders atelektasegefährdet.

Dieses Defizit kann ausgeglichen werden durch phantasievolle und dem Alter entsprechende Ausatemtechniken in Form von Summen und Singen kleiner Lieder oder Blasen gegen leichte Widerstände, z. B.

- Papierstückchen oder Wattebausch wegblasen lassen;

- Seifenblasen;
- Luftschlangen aufblasen;
- Tüten aufblasen.

Zu starkes Pressen ist bei diesen Übungen zu vermeiden.

Anleiten des Patienten zum selbständigen Üben mit Trigger und Triflo (Kontraindikationen: obstruktive Lungenerkrankungen).

– Formen des freien Bewegens in intermittierender Dauerform, d. h. ein Wechsel von Belastungsphasen und Erholungsphasen (Pause).

Formen des Bewegens:
1. Bewegungsserien kleiner bis mittelgroßer und großer Muskelgruppen:
   - Bewegungsserien der Extremitäten im Liegen und Sitzen,
   - Serien von schnellen Hand-/Armbewegungen oder Fuß-/Beinbewegungen,
   - Bewegungsserien des Oberkörpers (vornehmlich im Sitzen);
2. Gehen in verschiedenen Tempi;
3. Treppengehen in verschiedenen Tempi.

Zwischen den Bewegungsserien, den Gehphasen und dem Treppengehen werden vollständige Erholungspausen von ca. 3–5 Minuten („lange" Pausen) eingeschaltet. Dadurch werden bei stark reduzierter Ausdauerleistungsfähigkeit mehrere Bewegungsserien oder Gehpausen und damit längere Dauerbeanspruchung des Organismus ermöglicht.

Grundsätzlich gilt folgende Regel: Je höher die Belastung und je schlechter die Leistung des Patienten, um so länger die Pause (Ehrenberg 1967).

Die Pausendauer wird bestimmt durch beobachtbare Veränderungen am Patienten.

Symptome der Ermüdung zeigen sich durch

- verkleinerte Bewegungen im Bewegungsausmaß,
- verlangsamte Muskelkontraktionen,
- unsichere Bewegungen,
- unangenehme Empfindungen im Muskel („Ziehen" bis zum Schmerz),
- Zahl der ermüdungs- und beschwerdefrei möglichen Wiederholungen der Belastungsphase,
- Erhöhung der Atemfrequenz,
- Zyanose, Blässe,
- Erhöhung der Pulsfrequenz.

Pausengestaltung. Sie wird mit Techniken zur Schulung des „Körpergefühls" und zum Lösen bzw. Entspannen genutzt.

Das Gehen in verschiedenen Tempi, 60–80 Schritte/min, wird mit eingeschalteten Pausen von 1–5 Minuten (u. U. länger) durchgeführt.

Hierbei handelt es sich um eine Beanspruchung auf allgemeine aerobe Ausdauer auf sehr niedrigem Niveau.

Das Gehen wird zuerst im Zimmer, auf Fluren, bis zum Gehen auf ebener Strecke, z. B. im Gelände, geübt.

Die Belastungsphase ist abhängig von der Leistungsfähigkeit des Patienten und variiert zwischen 1–10 Minuten.

Das Treppenaufgehen ist im „täglichen Leben die größte energetische Belastung. Das Treppenabgehen benötigt etwa 1/3 der beim Treppenaufgehen erforderlichen Energie“ (Hollmann u. Hettinger 1980). Es stellt somit eine anaerobe dynamische Muskelbeanspruchung der Beine mit erheblichen Reaktionen des Herz-Kreislauf-Systems dar.

Die Anzahl der Stufen muß an die Belastbarkeit und Leistungsfähigkeit des Patienten angepaßt werden, unter Berücksichtigung seines Körpergewichtes.

Die Belastung richtet sich nach dem krankengymnastischen Befund in bezug auf Beobachtungskriterien für das Herz-Kreislauf-System, nach dem subjektiven Leistungsempfinden des Kranken und nach der Atemform.

Behandlungsverlauf

Die Maßnahmen zur Leistungssteigerung durch Training zum Verbessern der Kreislaufregulationsfähigkeit unter Belastung und zur größeren Ausdauer beim Bewegen werden vom ersten postoperativen Tag an kontinuierlich angewendet.

Je nach hausinternem Behandlungskonzept darf der Patient trotz liegender Thoraxdrainagen oder erst nach deren Entfernung aufstehen.

Aufschluß über Steigerungsmöglichkeiten oder Änderungen des weiteren Behandlungsverlaufs gibt die begleitende krankengymnastische Befunderhebung.

Anhand des Befundes läßt sich die momentane Belastungsgrenze des Patienten ermitteln und die Gefahr einer Dekompensation verringern.

Zu diesem Zeitpunkt kann dem Patienten gezeigt werden, wie er seine momentane Leistungsfähigkeit durch angepaßtes Bewegungsverhalten besser bewältigen kann, z. B. die Zeichen einer Überbelastung d. h. verstärkte vagotone oder sympathikotone Reaktionen, respektieren:

- Übelkeit,
- Schwindel,
- Herzklopfen bzw. Steigerung der Pulsfrequenz unter Belastung über den Bereich der Norm gehend,
- Schweißausbrüche,
- Atemnot.

Der Patient lernt bereits im präoperativen Stadium das Messen der Pulsfrequenz und kann anhand des Ergebnisses variable bzw. individuelle Pausen zwischen den Belastungen einschalten.

Regel: Die Pulsfrequenz sollte unter Belastung nicht mehr als 20 Schläge/min steigen.

Die Teilnahme an der Therapie in der Gruppe ist frühestens ab dem 7. Tag möglich (Rücksprache mit dem Arzt).

Die beschriebenen Behandlungsprinzipien im postoperativen Verlauf gelten ebenso für die Behandlung in der Gruppe.

Gesichtspunkte/Gruppe

Die folgenden Gesichtspunkte sind im Rahmen einer Behandlung in der Gruppe zu verwirklichen:

- Flexibilität der großen Gelenke (Wirbelsäule, Schulter- und Hüftgelenke) erhalten bzw. fördern.
- Fördern der Kreislaufregulation unter Belastung.
- Anregung zur vermehrten Ventilation.
- Konditionssteigerung.
- Herstellen einer physiologischen Ruheatmung bei vertikal stehender Körperlängsachse.
- Ökonomisches Sitzen und Bewegungsverhalten.
- Herabsetzen des Hypertonus der Nackenmuskulatur.
- Der Patient soll lernen, seine momentane Belastungsgrenze zu respektieren.
- Lernziele im sozioemotionalen Bereich.

Der Patient erfährt in der Gruppe, daß er mit seinen Problemen nicht alleine steht, er lernt u. U. leichter, sich auf seine gegenwärtige Leistungsfähigkeit einzustellen. Durch die gegenseitige Anerkennung des unterschiedlichen Leistungsvermögens des einzelnen entsteht eine freundliche Atmosphäre.

Das Zusammensein in der Gruppe ist daher für die Patienten oft von gleichwertigem Interesse wie das gemeinsame Üben.

Beachte:

- Keine lang anhaltenden Muskelkontraktionen.
- Keine weiterlaufenden Bewegungen (WB) auf die Brustwirbelsäule/aktive Widerlagerung (AW) durch Stabilisation der Brustwirbelsäule (Gefahr der Dislokation/Lockerung der Cerclage).
- Nicht ausschließlich kleine Muskelgruppen beanspruchen → schnelle Ermüdung. – Bei Bewegungsabläufen der Beine nicht über 90° Hüftflexion bewegen, weiterlaufende Bewegung (WB) auf die Lendenwirbelsäule in Flexion, somit kein ökonomisches Sitzen möglich.

– Die Pulsfrequenz sollte unter Belastung nicht mehr als 20 Schläge/min steigen.

„Im Gleichgewicht" (Abb. **9a–c**)

Stimulation der Brustwirbelsäule in Extension mit Hilfe des Beingewichts.

Ausgangsstellung: Hockersitz.

- Becken/Brustkorb/Kopf sind in die vertikal stehende Körperlängsachse eingeordnet.
- Die Beine befinden sich in bequemer Grätsche.
- Die Hände liegen auf den Oberschenkeln.

Aktivierung des Bewegungsablaufs:

Das linke Bein wird über das rechte Bein geschlagen, und gleichzeitig werden die Hände über dem linken Knie gefaltet. Die Körperlängsachse wird so weit nach hinten geneigt (die Rückneigung ist vom individuellen

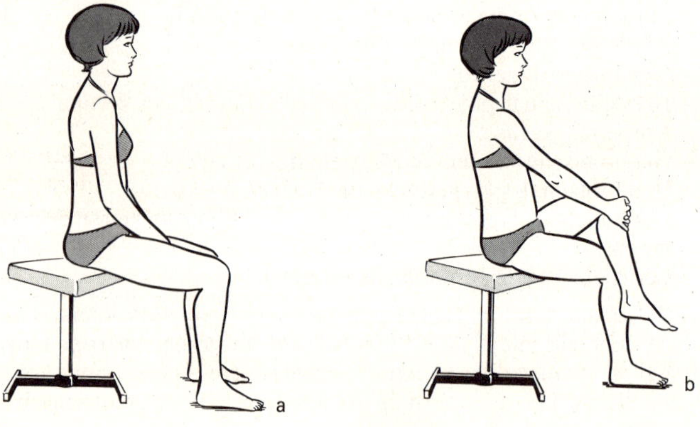

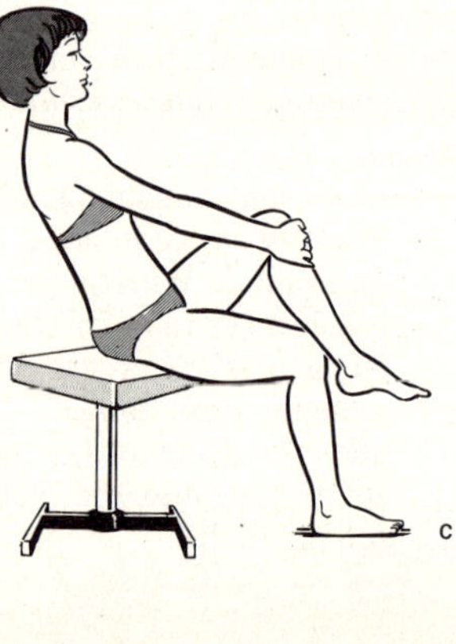

Abb. **9a–c** „Im Gleichgewicht". Bewegungsablauf von der Ausgangsstellung in die Endstellung.

Gewicht abhängig), bis die Arme ganz lang sind und das schwebende Gleichgewicht hergestellt ist.

Ohne störende Aktivität der Arme und des Schultergürtels auf die Atmung hängt das Gewicht des Beines an der Brustwirbelsäule. Das leichte Schwanken der zu einem Waagebalken vereinigten Körperabschnitte kann beliebig lang ausgeführt werden. Das rechte Bein darf dabei den Bodenkontakt nicht verlieren.

Beachte: Langarmige Patienten mit schwerem Rumpf können durch den Griff der einen Hand am Handgelenk der anderen die Arme „verkürzen".
Mit Hilfe eines Handtuchs können die Arme „verlängert" werden.

Entlastungsstellung für die Halswirbelsäule

Vorübung (Abb. **10a**): Der Patient lernt, das Gewicht seiner Arme an ein vom Therapeuten gehaltenes Handtuch zu hängen.

Die Aktivität der Arme besteht nur aus einem Zugriff der Hände. Durch Schüttelungen kann der Therapeut prüfen, ob die Arme entspannt sind.

Übung (Abb. **10b**): Zur Stimulation der Aufrichtung in der Körperlängsachse wird das Handtuch mit den daran „hängenden" Armen über den Kopf in Scheitelpunktnähe „gehängt".

Ist der Kopf in der Körperlängsachse eingeordnet, reduziert sich die Muskelaktivität im Nacken- und Schultergürtelbereich automatisch auf ein Minimum. Die Entlastungsstellung für die Halswirbelsäule und die Stimulation der Brustwirbelsäule in Extension ist erreicht. Nach Errei-

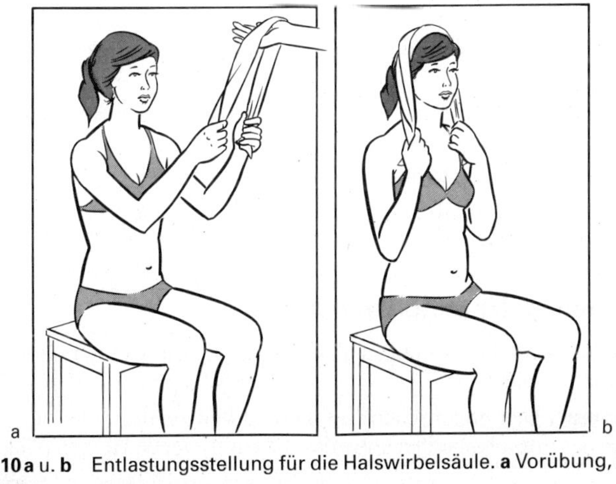

Abb. **10a** u. **b** Entlastungsstellung für die Halswirbelsäule. **a** Vorübung, **b** Endstellung.

chung des Lernziels kann der Patient selbständig diese „Entlastungsmöglichkeit“ anwenden, und sie kann in das Übungsprogramm aufgenommen werden.

Beachte: Es empfiehlt sich, diese Übungen nur dann im Rahmen einer Gruppentherapie durchzuführen, wenn die Patienten das Ziel dieser Übungen bereits mit Hilfe des Therapeuten erreicht haben und nur anhand verbaler Hilfen durchführen können.

Herzschrittmacherimplantation

Durch die Reduzierung des Klinikaufenthalts auf wenige Tage ist die krankengymnastische Behandlung nur in wenigen Fällen (besonders bei älteren Patienten) indiziert. Die Behandlungsmaßnahmen in den ersten postoperativen Tagen beinhalten Techniken zur Pneumonie- und Thromboseprophylaxe.

Die Dosierung der Behandlung ergibt sich aus den subjektiven Aussagen des Patienten und den Beobachtungskriterien der krankengymnastischen Befunderhebung in bezug auf Kreislauf und Atmung (s. auch Band 8, Innere Medizin).

Erkrankungen der Arterien

Aortenaneurysma

Definition. Unter einem Aneurysma versteht man eine pathologische Gefäßausweitung einer Arterie. Je nach Ätiologie werden das spindelförmige Aneurysma und das disseziierende Aortenaneurysma arteriosklerotischer Genese und das sackförmige, seltenere Aneurysma luischer Genese unterschieden.

Symptome. Pulsierender Tumor, meist im Bereich des Abdomens.

Untersuchungstechnik. Ultraschall und Computertomographie des Abdomens, Kontrastdarstellung der Aorta (Aortographie).

Ärztliche Therapie. Resektion des Aneurysmas und Ersatz durch eine Kunststoffprothese.

Erkrankung der peripheren Arterien

Klinisches Bild. Die wichtigste Erkrankung an den Arterien stellt die Arteriosklerose dar.

Symptome. Den organischen Gefäßerkrankungen der Arterien sind als Folgen der Strombahneinengung das intermittierende Hinken (Claudicatio intermittens) und die Nekrosegefahr gemeinsam. Klinische Zeichen sind Kältegefühl, schnelle Ermüdbarkeit, Wadenkrämpfe und schließlich Nekrose.

Nach dem Grad der Symptomatik wird die arterielle Verschlußkrankheit in 4 Stadien eingeteilt:

- Stadium I: keine Beschwerden, klinisch Gefäßverschluß oder Stenose;
- Stadium II: Claudicatio intermittens, Schmerzen bei Belastung;
- Stadium III: Ruheschmerz ohne Belastung;
- Stadium IV: trockene oder feuchte Gangrän.

Untersuchungstechnik. Bei der klinischen Untersuchung finden sich fehlende und abgeschwächte Pulse, Sensibilitätsstörungen und schließlich trophische Störungen, beginnend an den Zehen. Eine Dopplerdruckmessung ermöglicht den Drucknachweis vorgeschalteter Stenosen oder Verschlüsse. Bei Verdacht auf eine arterielle Durchblutungsstörung und bei gleichzeitig erheblichen Beschwerden ist eine Arteriographie angezeigt.

Nach der Lokalisation lassen sich 4 Verschlußtypen festlegen:

I. Schulter-Hals-Typ mit Verschluß an den Arm- und Hals-Gefäßen;
II. Beckentyp mit Verschluß der Aortenbifurkation und/oder der Aa. iliacae;
III. Oberschenkeltyp mit Verschluß der A. femoralis;
IV. peripherer Typ mit Verschlüssen der Arterien der Unterarme oder Unterschenkel.

Ärztliche Therapie. Aufgrund der klinischen Symptome und der arteriographischen Befunde fällt die Entscheidung über gefäßchirurgische Maßnahmen.

Diese bestehen in der Thrombendarteriektomie (TEA) oder im Gefäßersatz durch Venentransplantat oder durch Prothese, in ausgewählten Fällen in perkutaner Ballondilatation.

Die Grenzstrangresektion des Sympathikus (Sympathektomie) wird dort vorgenommen, wo es sich um einen peripheren Arterienverschlußtyp handelt mit Verschluß der A. tibialis anterior, posterior oder fibularis. Es werden hierbei die Ganglien L 2–L 4 entfernt. Die lumbale Sympathektomie hat auch beim Stadium III noch Erfolgsaussichten und erlaubt sogar bei eingetretener Gangrän gelegentlich eine Amputation an der Grenzzone oder dicht darüber.

Die thorakale Sympathektomie hat ihre Berechtigung bei arteriellen Verschlußkrankheiten der Finger. Sie wird von einer Thorakotomie in der Achselregion aus vorgenommen.

Krankengymnastische Behandlung

Erkrankungen der Arterien

Befindet sich der Patient zum Zeitpunkt der stationären Aufnahme im zweiten Stadium der arteriellen Verschlußkrankheit, so besteht die Möglichkeit, seine momentanen funktionellen Probleme festzustellen.

Dabei wird bei Erkrankungen der unteren Extremität immer die Gehstrecke festgelegt (s. Band 8, Innere Medizin).

Bei peripherer arterieller Erkrankung der oberen Extremität wird durch Bewegungsserien kleiner bis mittelgroßer und großer Muskelgruppen im Wechsel mit unvollständigen Erholungspausen (Intervallmethode) die Maximalleistung ermittelt. Als Maximalleistung gilt auch hierfür die schmerzfrei mögliche Bewegungsleistung.

Die präoperative Behandlung der Patienten, die sich bereits in den Stadien III oder IV der arteriellen Verschlußkrankheit befindet, umfaßt nur das Verbessern der pulmonalen Leistung.

Je nach Stadium der Erkrankung können Ruheschmerz, Bewegungsschmerz, Sensibilitätsstörungen und eingeschränkte Gelenk- und Muskelfunktionen ermittelt werden.

Postoperativer Befund

Je nach Operationstechnik sind die beobachtbaren Veränderungen unterschiedlich ausgeprägt. Sie treten in verschiedenen Kombinationen auf.

- Typische, schmerzbedingte Schonhaltung des Beines in der Rückenlage:
  - Flexionstendenz in Hüft- und Kniegelenk und Plantarflexion im Sprunggelenk, verbunden mit Außenrotation; den Unterschenkel der stärker betroffenen Extremität läßt der Patient häufig aus dem Bett „hängen“. Ist diese Schonhaltung stark ausgeprägt, so kann sich eine aktive Insuffizienz der extensorischen Becken-Bein-Muskulatur entwickeln.
  - Eine Schonhaltung in Kombination mit einer Ischämie kann zu Kontrakturen führen. Entsprechend der Schonhaltung können passive Insuffizienzen der Hüftflexoren und Außenrotatoren sowie der Knie- und Plantarflexoren auftreten (Spitzfußstellung).
- Bedingt durch starke Schmerzen in den Belastungsphasen des Gehens, zeigt der Patient einen schonbedingten Hinkmechanismus. Dabei belastet er das Bein in der Standbeinphase nur im Bereich des Vorfußes, um ein Abrollen über die Fußlängsachse zu vermeiden.

– Kompensatorisch verändert sich dadurch die Haltung des Patienten. Sie ist gekennzeichnet durch starke Flexion im Hüft- und Kniegelenk, verbunden mit ausgeprägter Vorlage der Körperlängsachse.

Gesichtspunkte

– Sekretolyse.
– Abatmen der eingeatmeten Narkotika.
  Vorübergehende Änderung der Ventilation und Besserung eines gestörten Belüftungs- und Durchblutungsverhältnisses.
– Durchblutungsförderung in den Extremitäten.
– Die Funktionen der aktiven und passiven Strukturen des Haltungs- und Bewegungsapparates verbessern bzw. erhalten. Die Schwerpunkte innerhalb dieses Gesichtspunktes ergeben sich aus den funktionellen Problemen.
– Fördern funktioneller Bewegungsabläufe.
– Evtl. Erweitern der Gehstrecke.
– Fördern gangtypischer Bewegungsabläufe.

Behandlungsprinzipien im postoperativen Verlauf

Prinzipiell darf während der Behandlung keine Ischämie der betroffenen Extremität provoziert werden.

Deshalb richten sich die Belastungsphasen für den Patienten nach der neu zu ermittelnden schmerzfrei möglichen Bewegungsleistung. Die Schnittführung und der Stand der Wundheilung bestimmen die Bewegungsmöglichkeit.

Zusätzlich begrenzt das subjektive Schmerzempfinden des Patienten die Intensität der Übungen.

Eine vollständige Wiederherstellung der Funktion ist deshalb in den ersten postoperativen Tagen nicht möglich.

Steht fest, daß Patienten amputiert werden müssen, sollte man versuchen, bei einer Oberschenkelamputation die Extension und Rotation im Hüftgelenk, bei einer Unterschenkelamputation zusätzlich die Knieextension bei einer Vor- oder Rückfußamputation die Beweglichkeit im Sprunggelenk freizuhalten.

Maßnahmen

– Freies Bewegen in intermittierender Dauerform (Intervallmethode).
– PNF kann angewendet werden im Sinne von
  - „Entspannungstechniken“ zur Minderung des erhöhten Tonus bei muskulären Kontrakturen;

- „langsame Umkehr", um das neugewonnene Bewegungsausmaß zu erhalten;
- Anbahnen gangtypischer Bewegungsabläufe.

Auch postoperativ gilt:
- Die Schmerzgrenze des Patienten absolut respektieren.
- Auf keinen Fall Kompressionsstrümpfe anlegen.
- Absolut kontraindiziert sind Eisapplikationen.

Bifurkations-Bypass

Beim Vergrößern der kostoabdominalen Atembewegungen weichen die Bauchorgane durch Spannungsverschiebungen der Bauchwandmuskeln nach ventral am stärksten aus. Deshalb wird zur Vermeidung hoher intraabdominaler Drücke der Bauch des Patienten beim Husten und zum Gehen mittels Binden komprimiert. Zusätzlich soll der Patient lernen, das Abdomen selbst zu fixieren (eine Preßhaltung ist zu vermeiden).

Erkrankungen der Venen

Varizen

Definition. Varizen (Krampfadern) sind Erweiterungen der Venen mit zunehmender Schlußunfähigkeit der Klappen, hervorgerufen vielfach durch eine angeborene Schwäche der Venenwand und Unterentwicklung der Venenklappen.

Symptome. Schlängelung der verdickten oberflächlichen Venen mit Bildung einzelner Knoten. Infolge Verlangsamung des Blutstroms und damit Minderversorgung des Gewebes durch sauerstoffarmes Blut kommt es sekundär zu hartnäckigen chronischen Ekzemen, Ernährungsstörungen der Haut und Geschwüren, die mit quälenden Schmerzen einhergehen. Die stark verdünnte Wand über den Varizen kann perforieren, es kommt dann zu einer mehr oder weniger starken Blutung nach außen. Eine weitere Komplikation der Krampfadern ist die rezidivierende Thrombophlebitis, ausgehend von kleinen äußeren Verletzungen. Die thrombosierten oder entzündeten Venen fühlen sich als harte, sehr schmerzhafte Knoten und Stränge an.

Ärztliche Therapie. Verödung bei oberflächlichen Varizen; in der Regel Entfernung der varikös veränderten V. saphena magna und Unterbindung der perforierenden Venen nach Babcock, sofern das tiefe Venensystem durchgängig ist.

Krankengymnastische Behandlung

Varizenoperation

Aufgrund der frühzeitigen Eigenaktivitäten der Patienten und ihres kurzen stationären Aufenthaltes ist eine Ausdehnung der krankengymnastischen Techniken zur Thrombose- und Pneumonieprophylaxe nicht erforderlich.

In der Regel stehen die Patienten bereits am 1. postoperativen Tag auf, und die Mehrzahl kann ohne Hilfen gehen.

– Der Therapeut berät in Kooperation mit dem Arzt den Patienten über sinnvolle körperliche Aktivitäten zur venösen Rückstromförderung. Hat der Therapeut sich über den Alltag des Patienten informiert, so kann er ihm realistische Empfehlungen für sein Verhalten bei Verrichtungen des täglichen Lebens geben.
  Hervorzuheben sind:
  - Bewegungstherapie in der Gruppe für Berufe mit vorwiegend sitzender oder stehender Tätigkeit.
  - Günstige sportliche Aktivitäten sind Schwimmen und Radfahren.
  - Keine einengende Kleidung tragen.
  - Schuhe: leichte Absatzerhöhung, flexible Schuhsohlen.
  - Stehen und Sitzen ohne Aktivierung der Muskelpumpe über einen längeren Zeitraum vermeiden.
  - Höhere Sitzgelegenheiten wählen, um eine starke Kompression der Gefäße im Bereich der Leiste und der Kniekehle zu vermeiden.

Erkrankungen des Gastrointestinaltraktes

Erkrankungen des Magens und Zwölffingerdarmes Abb. 11

Kardiospasmus

Definition. Beim Kardiospasmus handelt es sich um eine neuromuskuläre Störung im Bereich des Übergangs der Speiseröhre in den Magen, die ihre Ursache darin hat, daß der Öffnungsreflex der Kardia ausbleibt und das kardianahe Ösophagussegment immer in Schlußstellung verharrt. Die Folge ist eine Hypertrophie der zirkulären Muskulatur und eine oft hochgradige Erweiterung der Speiseröhre.

Symptome. Das Leiden befällt vorwiegend junge Frauen und tritt oft im Anschluß an ein psychisches Trauma auf. Beschwerden sind Schluckstö-

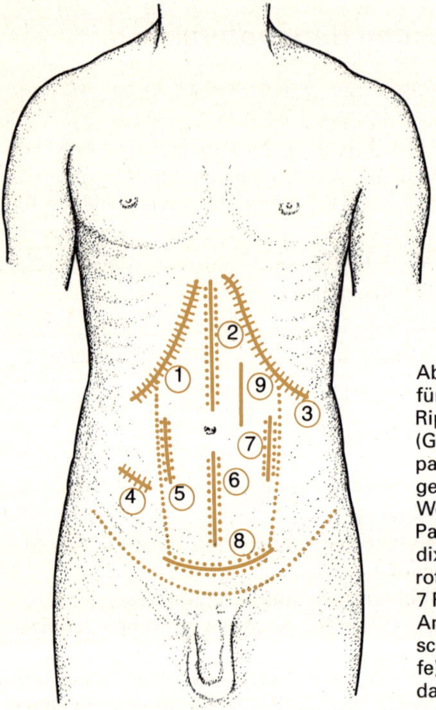

Abb. **11** Typische Inzisionen für intraabdominale Eingriffe. 1 Rippenbogenrandschnitt rechts (Galle), 2 mediane Oberbauchlaparotomie (Magen), 3 Rippenbogenrandschnitt links (Milz), 4 Wechselschnitt (Appendix), 5 Pararektalschnitt rechts (Appendix), 6 mediane Unterbauchlaparotomie (Dickdarm, Dünndarm), 7 Pararektalschnitt links (Sigma, Anus praeter), 8 Pfannenstielschnitt (gynäkologische Eingriffe), 9 Transrektalschnitt (Querdarm, Anus praeter).

rungen, Schmerzen hinter dem Brustbein nach dem Schlucken, Völlegefühl, Aufstoßen und Würgen. Durch Regurgitation der Speisen im Schlaf kann es zu einer Aspirationspneumonie kommen.

Untersuchungstechnik. Röntgenologische Ösophaguskontrastdarstellung und Ösophagoskopie.

Therapie. Als erste Maßnahme kann die pneumatische Dehnung der Kardia versucht werden. Falls dies nicht zum Ziele führt, ist die operative Spaltung der verdickten Muskulatur im Kardia- und unteren Ösophagusbereich angezeigt (Kardiomyotomie).

Magen- und Zwölffingerdarmgeschwür

Definition. Das Magengeschwür (Ulcus ventriculi) und das Zwölffingerdarmgeschwür (Ulcus duodeni) stellen glattrandige Substanzdefekte der Schleimhaut dar. Sie liegen so gut wie immer im Verlauf der Magenstraße, und zwar besonders häufig im Bereich des Pylorus. Im Zwölffingerdarm liegen etwa 95% der Geschwüre im Bereich des Bulbus duodeni. Männer im Alter von 30–40 Jahren erkranken wesentlich häufiger als Frauen.

Ursache. Für die Entstehung des Geschwürs ist die peptische Wirkung des voll oder gar übersteigert wirksamen Magensaftes notwendig. Eine ausschlaggebende Rolle spielt die Salzsäure, wofür schon die besonders beim Zwölffingerdarm sehr hohen Werte freier Salzsäure sprechen. Zu der Übersäuerung kommt häufig auch eine Hypersekretion und eine Störung des zeitlichen Ablaufs der Sekretion, so daß der Magen nach Entleerung seines Inhalts noch überschüssigen Magensaft mit freier Salzsäure enthält.

Symptome. Wesentlichstes Merkmal des Magengeschwürs ist der Schmerz. Bei gutem Appetit und Wohlbefinden während des Essens treten oft eine halbe bis eine Stunde nach der Nahrungsaufnahme Magenschmerzen auf. Häufig wird der Schmerz von Aufstoßen und Sodbrennen begleitet.

Untersuchungstechnik. Zur Feststellung der Übersäuerung dient die Bestimmung der Säure, weitere Untersuchungstechniken sind die Röntgenkontrastdarstellung des Magens und Zwölffingerdarmes sowie die Endoskopie, die eine Möglichkeit bietet, die maligne Veränderung eines Geschwürs im Magen auszuschließen.

Therapie. Die Behandlung eines Magengeschwürs ist anfangs stets konservativ. Erst bei Erfolgslosigkeit dieser Behandlung sowie beim Auftreten von Komplikationen wie Penetration, Perforation, Magenblutung, Verdacht auf maligne Entartung und Pylorusstenose ist eine Operation angezeigt. Bei der fortschreitenden Penetration wird ein meist im Geschwürsgrund gelegenes Gefäß arrodiert. Anfänglich kommt es zu kleinen und in Zeitabständen auftretenden Blutungen, die schließlich zu einer massiven, u. U. tödlichen Magenblutung führen können. Infolge der Salzsäureeinwirkung im Magen sieht das erbrochene Blut schwarz aus. Die Perforation des Geschwürs stellt eine gefährliche Komplikation dar. Nach dem Austritt des Mageninhalts in die freie Bauchhöhle kommt es zur Peritonitis, auf dem Röntgenbild des Abdomens im Stehen findet sich unter dem Zwerchfell eine Luftansammlung. Bei der Perforation besteht die Operation entweder in der Übernähung des Geschwürs und Drainage der Bauchhöhle oder bei langer Ulkusanamnese, kurzer Zeit zwischen Perforation und Operation und gutem Allgemeinzustand in der primären Magenresektion. Bei langjährigem Bestehen eines chronischen Geschwürs im Magen kann es in etwa 10–20% zu einer bösartigen Entartung kommen. Beim Übergang eines akuten Geschwürs in ein chronisches Stadium werden die sonst periodisch auftretenden Schmerzen von einem Dauerschmerz abgelöst. Gleichzeitig führen die chronischen Entzündungszustände zu narbigen Schrumpfungen, die sich besonders gefahrvoll am Pylorus auswirken. Hier führen die narbigen Veränderungen zu einer Verengung des Magenausganges (Pylorusstenose). Die Folge ist eine hochgradige Erweiterung des Magens mit häufigem Erbrechen von großen Mengen. Das Röntgenbild zeigt noch nach mehreren Stunden ein Verweilen des Kontrastmittels im Magen.

Die Operation beim Magen- und Zwölffingerdarmgeschwür besteht in der Entfernung der pylorusnahen Magenhälfte mit anschließener Anastomose zwischen Magenstumpf und Jejunum, wobei man je nach Art der Anastomose die Billroth-I- und Billroth-II-Resektion unterscheidet (Abb. **12** u. **13**). Anstelle der Magenresektion beim Magen- und Zwölffingerdarmgeschwür wird – besonders bei jugendlichen Patienten – die selektive Vagotomie (Abb. **14**), d. h. Durchtrennung der den Magen versorgenden Vagusnerven, propagiert, zumal nach der Magenresektion in einem gewissen Prozentsatz nach vielen Jahren mit der Entstehung eines Magenstumpfkarzinoms gerechnet werden muß, sofern die konservative Therapie nicht zum Erfolg führt.

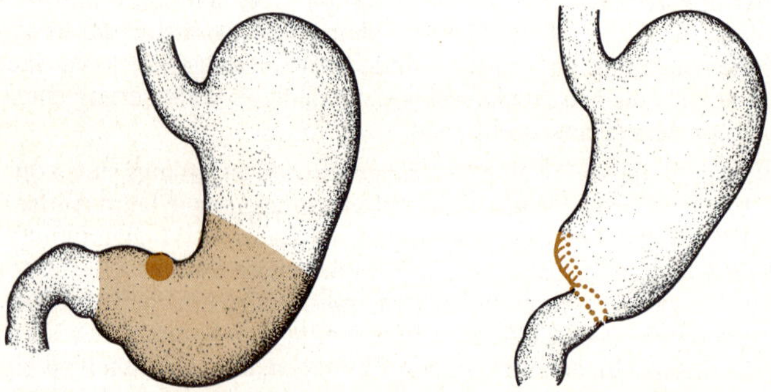

Abb. **12** Billroth-I-Resektion zur Behandlung des Ulcus ventriculi.

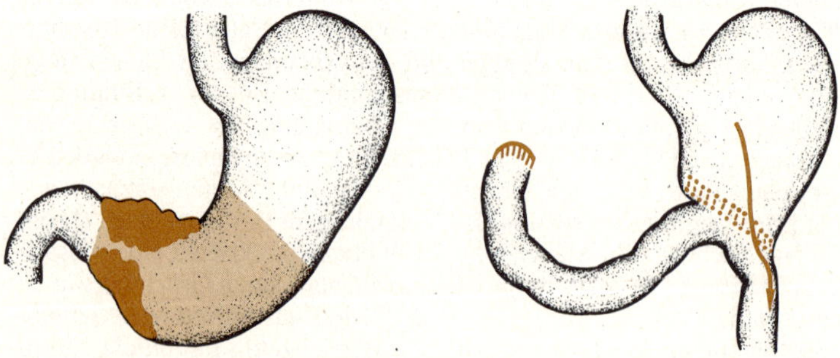

Abb. **13** Billroth-II-Resektion zur Behandlung eines Zwölffingerdarm- oder Magengeschwürs, auch beim Magenkarzinom.

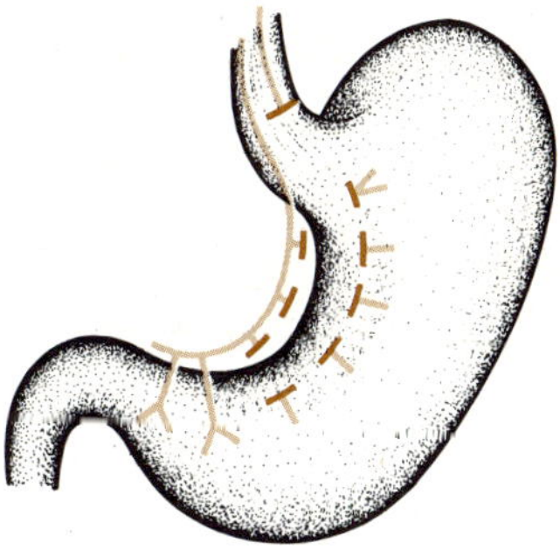

Abb. **14** Proximale selektive Vagotomie.

Magenkarzinom

Klinisches Bild. Bei Männern ist der Magenkrebs häufiger als bei Frauen, häufigstes Erkrankungsalter ist das 40.–60. Lebensjahr. Die Ursache ist wie bei allen Krebsgeschwülsten letztlich nicht bekannt, statistische Erfahrungen weisen allerdings eindeutig auf die Bedeutung exogener Faktoren hin. Der Lokalisation nach werden die häufigeren Karzinome im Antrumbereich und in der Magenmitte sowie die selteneren Kardiakarzinome unterschieden. Gelegentlich kann auch der ganze Magen von der Krebsgeschwulst eingenommen werden. Ein Übergreifen des Magenkarzinoms auf den Zwölffingerdarm wird so gut wie nie beobachtet. Bei fortschreitendem Tumor erfolgt die Metastasierung in die Lymphknoten an der kleinen Magenkurvatur sowie in die Leber.

Symptome. Die Beschwerden beim Magenkarzinom sind zu Beginn gering und wenig charakteristisch. Häufigste Klagen sind Appetitlosigkeit, Abneigung gegen bestimmte Speisen – z. B. Fleisch – dazu zunehmender Gewichtsverlust. Infolge Volumenzunahme des Tumors kann es zu Erbrechen kommen. Die Zerstörung der Magenschleimhaut hat eine mehr oder weniger starke Blutung zur Folge.

Untersuchungstechnik. Röntgenkontrastmitteluntersuchung des Magens, Gastroskopie und Sonographie der Leber.

Therapie. Operative Entfernung des Magens, je nach Größe der Geschwulst ausgedehnte Magenresektion oder Entfernung des ganzen Magens (Gastrektomie; Abb. **15**). Beim Karzinom am Mageneingang (Kardiakarzinom) ist die Prognose noch ungünstiger, die Behandlung besteht hier in der abdominalen oder abdominothorakalen Kardiaresektion.

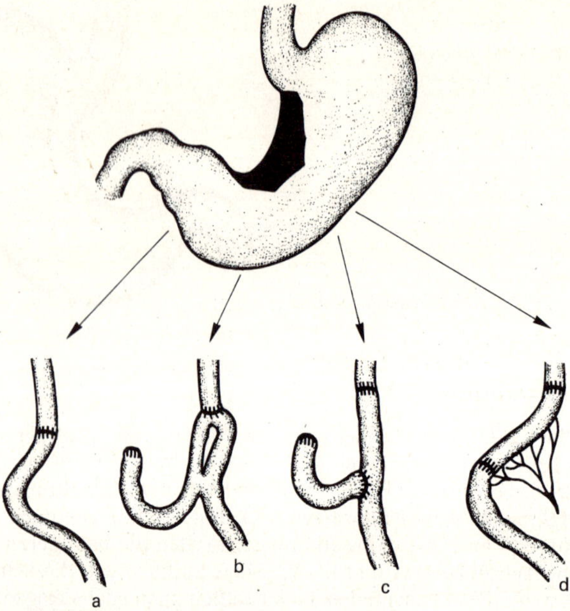

Abb. **15** Wiederherstellung des Verdauungskanals nach vollständiger Entfernung des Magens (Gastrektomie). **a** Ösophagoduodenostomie, **b** Ösophagojejunostomie mit Braun-Anastomose, **c** Ösophagojejunostomie nach Roux, **d** Jejuminterposition nach Longmire.

Erkrankungen des Dünn- und Dickdarmes

Darmverschluß

Definition. Unter einem Darmverschluß (Ileus) versteht man Krankheitsformen, denen die Darmunwegsamkeit gemeinsam ist. Unterschieden werden:

- mechanischer Ileus, bedingt durch partiellen oder totalen Verschluß des Darmlumens und
- dynamischer oder paralytischer Ileus, bedingt durch toxische Darmlähmungen. Das Darmlumen ist in letzterem Fall zwar frei, doch fehlen die Darmkontraktionen.

Der Lokalisation nach werden noch der Dünn- und der Dickdarmileus unterschieden.

Ursache. Ursache für den mechanischen Ileus sind selten angeborene Stenosen, meist handelt es sich um Strangulationen des Dünndarmes, Verwachsungen, Darmeinklemmungen bei Brüchen, verschluckte Fremdkörper, gelegentlich auch in den Darm perforierte Gallenblasensteine. Hauptursache des Dickdarmileus – besonders bei älteren Menschen – ist die bösartige Dickdarmgeschwulst.

Die Ursache des paralytischen Ileus ist am häufigsten die Peritonitis, außerdem ist er häufig Begleiterscheinung von Nierenkoliken, Unterbrechung der Blutzirkulation des Darmes und eine Begleiterscheinung bei Brüchen der Brust- und Lendenwirbelsäule.

Symptome. Aufgetriebenes Abdomen, beim mechanischen Ileus kolikartige Schmerzen, fehlender Stuhl- und Windabgang. Durch Rückstau des Darminhaltes kommt es zum Erbrechen.

Untersuchungstechnik. Beim Dünndarmileus Röntgenabdomenübersicht im Stehen, evtl. auch Kontrastdarstellung des Darmes mit resorbierbarem Kontrastmittel, beim Dickdarmileus Röntgenkolonkontrasteinlauf, Rektoskopie, Koloskopie und rektaldigitale Untersuchung.

Therapie. Beim mechanischen Ileus Operation mit Beseitigung der Ursache, beim paralytischen Ileus primär konservative Therapie, falls nicht die Grundkrankheit zu einer operativen Revision zwingt. Ein mechanischer Dickdarmileus bedarf in der Regel primär eines Anus praeter.

Appendizitis

Klinisches Bild. Die Entzündung des Wurmfortsatzes ist die häufigste Erkrankung des Bauchraums, sie kann akut oder chronisch verlaufen. Der Wurmfortsatz (Appendix) ist ein 8–12 cm langes Anhängsel des Zäkums.

Ursache. Ursache ist meist eine vom Darm ausgehende Infektion. Ursächlich können auch Kotsteine im Appendixlumen in Frage kommen. Die Entzündung kann als einfache katarrhalische Form nur die Schleimhaut betreffen oder auf die ganzen Wandschichten übergreifen und so zum Bild einer phlegmonösen oder gar gangränösen Destruktion der Appendix führen. Bei Eiteransammlung in der Lichtung des Wurmfortsatzes ohne Abflußmöglichkeit entsteht das Empyem, das infolge des Überdrucks der Appendix zur Perforation führen kann. Es resultiert dann die Appendicitis perforata mit Ausbildung einer Bauchfellentzündung.

Symptome. Hauptsymptom ist der Schmerz, der vielfach anfangs in der Magengegend lokalisiert wird und sich später auf den rechten Unterbauch verlagert. Durch Mitbeteiligung des Bauchfells kommt es zu einer reflektorischen Bauchdeckenspannung und Muskelabwehr. Bei einer retrozäkal gelegenen Appendix kann das Heben des rechten Beines infolge Drucks des M. psoas major auf den Wurmfortsatz Schmerzen verursachen. Weitere allgemeine Symptome der Appendicitis acuta sind Fieber, Pulsbeschleunigung, Ansteigen der weißen Blutkörperchen und Erbrechen.

Untersuchungstechnik. Klinische Untersuchung des Abdomens, rektale Untersuchung, Temperaturmessung und Bestimmung der Leukozyten.

Therapie. Jede akute Appendizitis sollte – bei entsprechenden Symptomen – so rasch als möglich operiert werden. Wird die Operation unterlassen, kommt es in vielen Fällen zu einer Perforation mit diffuser Peritonitis oder bei Abkapselung gegenüber der restlichen Bauchhöhle zu einem lokalen Abszeß oder Douglas-Abszeß. Eine chronische Appendizitis tritt auf, wenn wiederholte subakute appendizitische Reizungen zur Verlegung des Lumens führen oder eingeklemmte Kotsteine einen chronischen Entzündungsreiz unterhalten. Verwachsungen der Appendix mit der Umgebung wirken sich auch negativ auf Eileiter und Eierstock aus. Bei einer chronischen Appendizitis ist daher meist die Intervallappendektomie zu empfehlen.

Morbus Crohn (Ileitis terminalis)

Definition. Die Ileitis terminalis besteht zunächst in einer ödematösen Schwellung und entzündlichen Auflockerung des Darmabschnitts, die Erosionen, Ulzerationen und schließlich eine narbige Schrumpfung des Darmes zur Folge haben kann. Die Erkrankung betrifft in der Regel den untersten Dünndarmabschnitt vor der Ileozäkalklappe, kann aber auch den ganzen Darm befallen.

Symptome. Schmerzen im Bereich des rechten Unterbauches, nicht selten subfebrile Temperaturen und Subileuserscheinungen.

Untersuchungstechnik. Röntgenkontrastdarstellung des Dünndarmes.

Therapie. Anfänglich konservativ, bei Erfolgslosigkeit Resektion des erkrankten Darmabschnitts.

Dickdarmtumoren

Klinisches Bild. Von den gutartigen Geschwülsten des Dickdarmes stehen die Polypen an erster Stelle. Sie können solitär und multipel über den ganzen Dickdarm verteilt vorkommen. Eine maligne Entartung dieser Polypen, vor allen Dingen bei einer Größe von über 2 cm, ist häufig. Die wichtigsten und häufigsten Geschwülste des Dickdarmes sind die Karzinome, wobei jeder Teil des Kolons befallen werden kann. Allerdings sitzen etwa 80% aller Dickdarmkarzinome im Bereich von Sigma oder Rektum. Das höhere Alter wird bevorzugt befallen, Männer erkranken häufiger als Frauen. Die Krebsgeschwülste des Dickdarms nehem ihren Ausgang vom Schleimepithel des Darmes, nach dessen Zerstörung sie polypös gegen das Darmlumen vorwuchern.

Symptome. Blut- und Schleimabgang aus dem After, meist mit Stuhl vermischt. Bei fortgeschrittenen Fällen kommt es zu einem Darmverschluß. Weitere Erscheinungen sind Gewichtsabnahme, allgemeine Müdigkeit.

Untersuchungstechnik. Bei Rektumkarzinomen rektal digitale Untersuchung, Rektoskopie und Röntgenkolonkontrasteinlauf, bei Kolonkarzinomen Koloskopie und Röntgenkontrastdarstellung des Dickdarmes.

Therapie. Die Behandlung besteht in der Resektion des befallenen Darmabschnitts. Beim Befall des Colon ascendens wird die rechtsseitige Hemikolektomie (Abb. **16**), bei Karzinomen des Querdarmes die Querkolonresektion und bei Karzinomen des Colon descendens die linksseitige Hemikolektomie (Abb. **17**) vorgenommen. Beim Sigmakarzinom genügt manchmal die Sigmaresektion. Beim Rektumkarzinom ist meist – aus Radikalitätsgründen – eine Amputation des Rektums und Anlage eines endständigen Anus praeter im linken Unterbauch nicht zu umgehen, bei hochsitzenden Rektumkarzinomen kann die anteriore Resektion den Anus praeter verhindern.

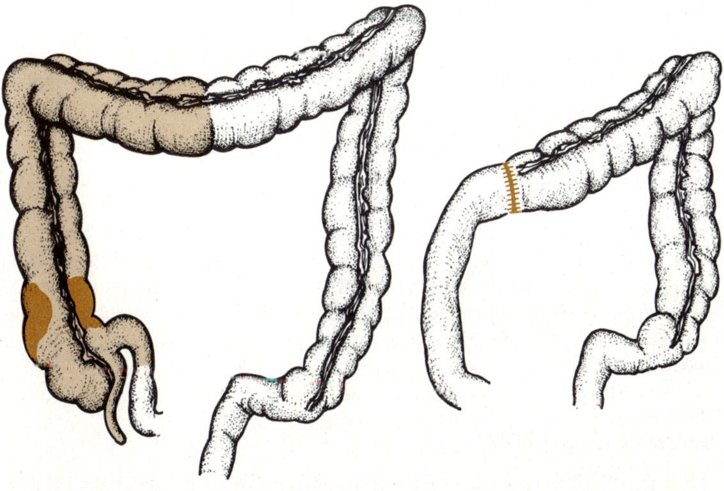

Abb. **16** Rechtsseitige Hemikolektomie beim Karzinom des Colon ascendens.

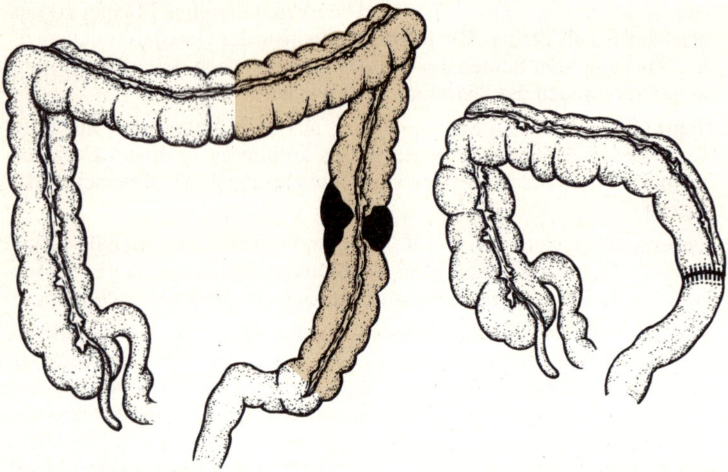

Abb. **17** Linksseitige Hemikolektomie beim Karzinom des Colon descendens.

Colitis ulcerosa

Definition. Oft mit Geschwüren einhergehende Erkrankung der Schleimhaut des Dickdarmes.

Symptome. Infolge zahlreicher Geschwüre im Bereich des Dickdarmes kommt es oft akut zu schleimig-blutigen Durchfällen, die den Kranken schnell in schwere Lebensgefahr bringen.

Untersuchungstechnik. Kolonkontrasteinlauf, Koloskopie.

Therapie. Primär konservative Maßnahmen, gelegentlich genügt die Ausschaltung des Dickdarmes durch vorübergehende Anlage einer Darmfistel, in fortgeschrittenen Fällen muß der gesamte Dickdarm operativ entfernt werden (Kolektomie oder Proktokolektomie bei Mitentfernung des Rektums). In letzterem Fall wird das Ileum als endständiger Ileumafter in die Haut eingepflanzt oder eine sphinktererhaltende Proktokolektomie mit Konstruktion eines Dünndarmpouchs und ileumpouchanale Anastomose durchgeführt.

Diverticulosis coli

Definition. Mehr oder weniger zahlreiche Ausstülpungen der Dickdarmschleimhaut durch Lücken in der Muskulatur unter die Serosa, am häufigsten im Bereich des Sigmas.

Ursache. Konstitutionelle Momente, allgemeine und besonders intraabdominale Fettsucht, Innendrucksteigerung des Darmes durch Verstopfung.

Symptome. Klinisch verursachen die Divertikel oft jahrelang keine Beschwerden und werden häufig erst bei Komplikationen entdeckt. Symptome sind vor allem Blutungen, Stuhlverhaltung durch entzündliche Stenosen, Entzündungserscheinungen in den kleinen Blindsäcken mit Schmerzen im Bereich des linken Unterbauches und schließlich die Perforation eines Divertikels.

Untersuchungstechnik. Kolonkontrasteinlauf.

Therapie. Regelung des Stuhlgangs, evtl. entzündungshemmende Einläufe, bei Perforation oder erheblicher Stenose Resektion des befallenen Dickdarmabschnitts.

Polyposis coli

Definition. Befall meist des ganzen Kolons durch eine Unzahl von Polypen.

Symptome. Schleimig-blutige Durchfälle.

Untersuchungstechnik. Röntgenkolonkontrasteinlauf, Koloskopie.

Therapie. Wegen der malignen Veränderung der Polypen im Laufe der Zeit ist die Entfernung des gesamten befallenen Kolonabschnitts, meist des gesamten Kolons, oft auch unter Mitnahme des Rektums (Proktokolektomie) angezeigt.

Hämorrhoiden

Definition. Erweiterung der Venengeflechte des Enddarmes, entweder des Plexus haemorrhoidalis inferior bei äußeren Hämorrhoiden oder des Plexus haemorrhoidalis superior bei inneren Hämorrhoiden.

Ursache. Konstitutionelle Momente spielen die wesentlichste Rolle, wobei die chronische Obstipation fördernd wirkt.

Symptome. Rezidivierende Blutungen, Juckreiz im Bereich des Anus, oft Periproktitis und Analekzem.

Untersuchungstechnik. Inspektion und rektale Untersuchung.

Therapie. Im Anfangsstadium ist das Leiden durch geordnete Lebensweise, Regelung des Stuhlgangs und Unterstützung mit Zäpfchen und Salben zu bessern. Prolabierende und blutende Hämorrhoidalknoten müssen operativ entfernt werden.

Erkrankungen der Gallenblase und der Gallenwege

Gallensteinleiden

Definition. Das Gallensteinleiden (Cholelithiasis) ist eine meist bei Frauen auftretende Krankheit. Nicht jeder Gallensteinträger hat Beschwerden, es werden daher Gallensteinträger von Gallensteinkranken unterschieden.

Ursache. Die Häufigkeit der Cholelithiasis bei Frauen weist auf Stoffwechselstörungen und konstitutionelle Momente hin. Der Entstehungsort der Gallensteine ist zweifellos die Gallenblase. Die Galle selbst stellt eine übersättigte Lösung dar, in der die einzelnen Stoffe gelöst sind und durch Kolloide an der Ausfällung gehindert werden. Bei Störung dieses Gleichgewichts fällt besonders leicht das Cholesterin aus und führt zur Steinbildung. Eine weitere Ursache der Steinbildung sind die Entzündungen der Gallenblase und der Gallengänge, die zu Abschilferungen von Schleimhautepithelien führen, die sich auf dem Boden der Gallenblase ablagern, hier mit Gallenbestandteilen mischen und feste Konkremente bilden. Unterschieden werden Cholesterinsteine, meist groß und solitär, Cholesterinpigmentsteine, meist klein von schwarzbrauner Farbe, und schließlich Pigmentsteine, die ebenfalls in der Vielzahl vorkommen und schwarz, weich und bröckelig sind.

Symptome. Das charakteristische Symptom der Gallensteinkrankheit ist die Kolik. Diese tritt dann auf, wenn sich ein Konkrement in den Ductus cysticus oder den Ductus choledochus eingeklemmt hat. Die meist einige Minuten andauernden kolikartigen Schmerzen sind äußerst intensiv und verursachen kollapsartige Zustände mit in die rechte Schulter ausstrahlenden Schmerzen. Beim Einklemmen eines Steins im Ductus choledochus kommt es infolge Rückstaus der Galle in die Leber zur Gelbsucht.

Bei Einklemmen eines Steins im Ductus cysticus tritt keine Gelbsucht, sondern eine Stauung der Gallenblase auf, die zu einem Gallenblasenhydrops oder bei Eintritt einer Entzündung zum Gallenblasenempyem führen kann. Es besteht dann eine druckschmerzhafte, beim Empyem mit Fieber einhergehende Schwellung im rechten Oberbauch.

Untersuchungstechnik. Cholegraphie, d. h. Kontrastdarstellung der Gallenblase und Ultraschalluntersuchung.

Therapie. Beim Vorliegen von Gallensteinen ist die Entfernung der Gallenblase angezeigt, da die Steine immer wieder entzündliche Veränderungen verursachen und im Laufe vieler Jahre zu einem Gallenblasenkarzinom führen können. Beim Einklemmen eines Gallensteins im Ductus choledochus mit Gelbsucht ist ebenfalls eine Operation notwendig, da es durch Rückstau der Galle in die Leber zu einer Leberparenchymschädigung kommen kann. Auch eine endoskopische Steinentfernung aus dem Ductus choledochus kann versucht werden. Seit einigen Jahren wird in geeigneten Fällen die Gallenblase endoskopisch (minimal invasive Chirurgie) entfernt, was die postoperative Rehabilitation erleichtert und beschleunigt.

Gallenblasenkarzinom

Klinisches Bild. Das Karzinom der Gallenblase geht von der Schleimhaut aus und bricht bald durch die Wand in die Leber und die umgebenden Organe ein. Aufgrund der sehr viel häufigeren Gallensteinleiden bei Frauen ist auch das Gallenblasenkarzinom bei der Frau wesentlich häufiger als beim Manne.

Symptome. Anfangs verlaufen die Gallenblasenkarzinome leider symptomlos und werden daher oft zu spät entdeckt. Symptome entstehen durch Übergreifen auf die benachbarten Organe und auf den Ductus choledochus, wodurch es zu einer Abflußbehinderung der Galle aus der Leber kommt. Außerdem sind häufig Entzündungen der tumorösen Gallenblase die ersten Symptome.

Untersuchungstechnik. Cholegraphie, perkutane Cholangiographie und endoskopische retrograde Cholangiographie (ERCP) sowie Sonographie.

Bei Frühfällen kann die Gallenblase u. U. unter Mitnahme eines keilförmigen Leberexzisats entfernt werden, in der Regel ist eine radikale Behandlung beim Gallenblasenkarzinom nicht möglich.

Erkrankungen der Bauchspeicheldrüse

Pankreatitis

Klinisches Bild. Wegen der nahen Beziehung der Gallenwege zum Ausführungsgang der Bauchspeicheldrüse sind an der Entstehung der Pankreatitis in erster Linie Gallenerkrankungen beteiligt. Pathogenetisch stehen neurovaskuläre und metabolische Gewebeschäden, die mit einer Enzymentgleisung, d. h. mit einem Übertritt von Verdauungsenzymen in den allgemeinen Kreislauf einhergehen, im Vordergrund. Bei der akuten Pankreatitis findet sich ein starkes Ödem der Bauchspeicheldrüse, dem bald Blutungen und Fettgewebenekrosen folgen. Alkoholismus ist ein weiterer ätiologischer Faktor!

Symptome. Das schwere Leiden beginnt mit heftigsten Oberbauchbeschwerden, häufigem unstillbarem Erbrechen und bald einsetzendem toxischem Kreislaufkollaps. Bevorzugt befallen sind Kranke mit chronischen Gallensteinbeschwerden, Diabetiker, Adipöse und Alkoholiker. Der Schmerz wird in den Rücken projiziert, strahlt nach der linken Schulter hin aus, wird aber auch als gürtelförmiger Schmerz geschildert. Dem akuten Schmerzstadium folgen eine schwere Magen-Darm-Atonie und eine schwere Allgemeinintoxikation, Komplikationen sind subphrenische Abszesse, Pleuraergüsse, retroperitoneale Abszesse und Douglas-Abszesse.

Untersuchungstechnik. Röntgenabdomenübersichtsaufnahme, Blutuntersuchung auf Amylase und Lipase in Blut und Harn, Computertomographie und Sonographie.

Therapie. Nulldiät, Dauerabsaugung des Magensaftes und Ruhigstellung der Bauchspeicheldrüse durch Medikamente. Bei Vorliegen eines Gallengangsteins operative Entfernung desselben, da dieser auch den Ausführungsgang der Bauchspeicheldrüse verlegen kann, was als Ursache der akuten Pankreatitis in Frage kommt. Führt die konservative Therapie nicht innerhalb kurzer Zeit zur Besserung, ist eine Operation zu erwägen.

Chronische Pankreatitis

Klinisches Bild. Rezidivierende akute Schübe einer Pankreatitis gehen in eine chronische Pankreatitis über, sofern der Patient das schwere Krankheitsbild der akuten Pankreatitis übersteht. Der Verminderung des spezifischen Bauchspeicheldrüsenparenchyms steht eine Vermehrung des interstitiellen Gewebes gegenüber, die zu einer Pankreasfibrose führt.

Symptome. Die Folge der Pankreasfibrose ist eine Pankreasinsuffizienz, die sich in Appetitlosigkeit, Widerwillen gegen fette Speisen, Aufstoßen, Blähung des Abdomens, übelriechenden Stühlen und intermittierenden Fettstühlen äußert.

Untersuchungstechnik. Röntgenuntersuchung des Abdomens, die oft Verkalkungen im Bereich des Pankreas erkennen läßt, Magen-Dünndarm-Röntgenuntersuchung, Blutuntersuchung, Sonographie und Computertomographie.

Therapie. Entlastung der Bauchspeicheldrüse durch entsprechende Diät und Gabe von Enzympräparaten, Sanierung der Gallenwege. Bei Therapieresistenz ist manchmal eine Drainageoperation, d. h. Verbindung des Pankreasganges mit dem Dünndarm, oder die Entfernung eines Teils oder der ganzen Bauchspeicheldrüse angezeigt.

Pankreaszysten

Klinisches Bild. Unterschieden werden:
- Retentionszysten nach Steinverschluß oder Narbenstenose des Pankreasausführungsganges,
- Pseudozysten im Anschluß an eine Pankreasverletzung oder Pankreasnekrose und
- benigne und maligne zystische Tumoren wie Teratome, Zystadenome und Adenokarzinome.

Symptome. Völlegefühl, Magenschmerzen und Erbrechen. Bei der Palpation des Abdomens findet sich ein prall-elastischer Tumor, der den Magen nach vorne und oben, das Querkolon nach unten und die linke Kolonflexur nach lateral abdrängt.

Untersuchungstechnik. Röntgenuntersuchung des Abdomens mit Magen-Dünndarm-Passage, Ultraschall, Computertomographie.

Therapie. Innere Anastomose zwischen Zystensack und einem Organ des Gastrointestinaltraktes, eventuell Exstirpation der ganzen Zyste.

Pankreaskarzinom

Klinisches Bild. Das Bauchspeicheldrüsenkarzinom macht etwa 1–2% aller Karzinome aus, $^{2}/_{3}$ liegen im Pankreaskopf, $^{4}/_{5}$ entfallen auf Männer.

Ursache. Die chronische Pankreatitis ist als Präkanzerose anzusehen.

Symptome. Infolge Abflußbehinderung der Galle aus dem Gallengang tritt bei Pankreaskopfkarzinomen bald ein Verschlußikterus auf. Durch Vergrößerung der Bauchspeicheldrüse wird die Zwölffingerdarmschleife erweitert. Appetitlosigkeit, uncharakteristische Oberbauchbeschwerden, Gewichtsabnahme und Abneigung gegen bestimmte Speisen sind häufige Allgemeinsymptome.

Untersuchungstechnik. Magen-Dünndarm-Röntgenuntersuchung, Computertomographie und Sonographie.

Therapie. Als Radikaloperation kommt nur die Entfernung der Bauchspeicheldrüse unter Mitnahme des Zwölffingerdarmes und eines Teils des Magens in Frage (Duodenopankreatektomie).

In den meisten Fällen ist nur die palliative Behandlung mit Herstellung einer Verbindung zwischen dem aufgestauten Gallensystem und dem Magen-Darm-Trakt (biliodigestive Anastomose) möglich.

Erkrankungen und Verletzungen der Milz

Klinisches Bild. Die häufigste intraabdominale Organverletzung ist die Milzruptur, die durch Aufschlag, Überfahren, Quetschung, Sturz und dergleichen als Berstungsruptur oder als zentrale Parenchymzerreißung entsteht.

Symptome. Akutes Abdomen infolge starker Blutung in die freie Bauchhöhle, Blutdruckabfall, Anämie, Pulsanstieg, Leukozytenanstieg und Schmerzen im linken Oberbauch, in die linke Schulter ausstrahlend.

Untersuchungstechnik. Sonographie, Lavage der Bauchhöhle, Angiographie.

Therapie. Entfernung der Milz (Splenektomie).

Eine Entfernung der Milz ist bei verschiedenen Blutkrankheiten erforderlich. Die wichtigsten sind die familiäre hämolytische Anämie, die essentielle Thrombopenie, die Lymphogranulomatose und das maligne Lymphom.

Erkrankungen der Speiseröhre

Ösophagusvarizen

Definition. Erweiterung der Venen im Bereich der Ösophagusschleimhaut.

Klinisches Bild. Normalerweise liegt der Druck im Bereich der Pfortader bei 8–12 cm H_2O. Bei Anstieg dieses Pfortaderdrucks, z. B. infolge Abflußbehinderung des Pfortaderblutes in der Leber, kommt es anstelle des Abflusses des Blutes über die Pfortader zum Abfluß über die Speiseröhrenvenen und damit zur Erweiterung derselben.

Ursache. Die Leberzirrhose ist die häufigste Ursache von Ösophagusvarizen.

Symptome. Die Folge der Ösophagusvarizen ist am häufigsten eine oft lebensbedrohliche Blutung, meist Erbrechen von hellrotem Blut.

Untersuchungstechnik. Röntgenkontrastdarstellung der Speiseröhre.

Therapie. Die sofortige Behandlung der akuten lebensbedrohlichen Blutung aus den Speiseröhrenvarizen besteht in der Kompressionstamponade durch die Sengstaken-Blakemore-Sonde oder endoskopische Verödung der Varizen. Die Senkung des die Blutung verursachenden erhöhten Drucks im Bereich der Pfortader ist durch eine operativ gesetzte Verbindung zwischen Pfortader und V. cava inferior, die sog. portokavale Anastomose, möglich. Diese Beseitigung der Gefahr einer Verblutung aus den Ösophagusvarizen wird allerdings mit einer Einschränkung der

Entgiftungsfunktion der Leber erkauft, da das Blut, ohne in der Leber entgiftet zu werden, von der Pfortader direkt in die V. cava inferior abgeleitet wird.

Krankengymnastische Behandlung

Außer den üblichen pneumonie- und thromboseprophylaktischen Maßnahmen erfordern die bisher beschriebenen Erkrankungen des Gastrointestinaltraktes keine weitere krankengymnastische Behandlung.

Eingeweidebrüche

Klinisches Bild. Der von Faszien und Muskeln umgebene Bauchraum wird vom Bauchfell ausgekleidet. Die Ausstülpung des Bauchfells aus der Bauchhöhle bezeichnet man als Hernie, wobei das Peritoneum den Bruchsack, die Durchtrittsstelle die Bruchpforte darstellt. Bruchinhalt können sämtliche frei bewegliche Organe des Bauchraums sein, meistens Netz oder Dünndarm. Unterschieden werden angeborene Brüche, deren Ursache in Entwicklungsstörungen zu suchen ist, z. B. Leistenbrüche und Nabelschnurbrüche, ferner die erworbenen Brüche, bei denen neben den anatomischen Veränderungen an der Bruchpforte, z. B. verminderte Dehnungsfestigkeit von Faszien und Muskulatur, mechanische Belastungen im Vordergrund stehen. Starke Abmagerung und allgemeine Bindegewebsschwäche begünstigen die Entwicklung eines Bruches, ebenso Heben von schweren Gegenständen und andauerndes Husten, wodurch der Bauchinnendruck erhöht und damit der Bruchentstehung Vorschub geleistet wird.

Therapie. Wegen der Gefahr einer Brucheinklemmung sollten die Eingeweidebrüche stets operiert werden.

Leistenbruch

Indirekter Leistenbruch

Angeboren oder erworben, entwickelt er sich infolge Offenbleibens des Processus vaginalis, der sich unter normalen Umständen schließt. Es bildet sich beim Husten und Pressen sowie im Stehen eine oft bis in das Skrotum reichende Vorwölbung.

Direkter Leistenbruch

Muskelschwäche der vorderen Bauchwand bei disponierenden Faktoren. Austrittsstelle medial der epigastrischen Gefäße.

Wegen der Gefahr der Einklemmung ist die operative Beseitigung des Leistenbruchs angezeigt, die in der Abtragung des Bruchsackes sowie im Verschluß der Bruchpforte entweder durch Anheften des M. obliquus internus abdominis an das Leistenband (Operation nach Basini), im Anheften des M. obliquus internus abdominis an das Lig. pubicum superius (Operation nach McVay) oder in der Doppelung der Transversalfaszie in zwei Reihen und Naht der Internusmuskulatur in zwei Reihen am Leistenband (Operation nach Shouldice) besteht. Kommt es nach operativer Behandlung zum erneuten Auftreten eines Bruchs, so spricht man von einem Hernienrezidiv.

Schenkelbruch

Während Leistenbrüche wegen der anatomischen Verhältnisse bei Männern häufiger vorkommen, treten Schenkelbrüche gehäuft bei Frauen auf. Hierbei tritt der Bruchsack durch die Pforte unterhalb des Leistenbandes durch die Durchtrittsstelle der Gefäße hindurch.

Narbenbruch

Nach Verletztung der Bauchwand, sei sie traumatisch oder operativ, entwickelt sich zunächst eine bindegewebige Narbe. Gibt diese dem intraabdominalen Druck nach, so kann sich die Narbe im ganzen oder an umschriebener Stelle vorwölben. Die Gefahr eines Narbenbruchs ist besonders bei postoperativen Eiterungen groß, da diese immer zu einer Schwächung der Narbe führen können. Falls der Bruch die ganze Narbe betrifft, sind Einklemmungen nicht zu befürchten, da eine eigentliche Bruchpforte fehlt. Trotzdem ist bei ausgebildeten Brüchen die Operation, die in Exzision der Narbe, Darstellung des Bruchs und Verschluß der Bruchpforte besteht, dringend zu empfehlen. Ist ein direkter Verschluß der Bruchpforte wegen seiner Größe nicht möglich, kann die Bruchpforte mittels eines frei verpflanzten Faszien- oder Kutislappens oder mit einem Kunststoffnetz verschlossen werden.

Zwerchfellhernien

Unterschieden werden die Gleitbrüche und die paraösophagealen Hiatushernien. Die Gleitbrüche machen 90% der Zwerchfellhernien aus; durch Eintreten der Kardia und des oberen Magenanteils in das hintere Mediastinum unter Mitnahme des Bauchfells entsteht die typische Hiatushernie. Die paraösophageale Hiatushernie ist durch eine normale Fixation der Kardia gekennzeichnet, auch ist die Funktion des unteren Ösophagussphinkters ungestört. Die Bruchbildung entsteht durch Eintritt eines Fundusanteils mit peritonealem Bruchsack in die Thoraxhöhle.

Symptome. In 50% sind die Hiatushernien ohne Reflex asymptomatisch und werden als Zufallsbefund entdeckt. Bei gastroösophagealem Reflux mit Refluxkrankheit sind Sodbrennen und Dysphagie typisch. Auch die paraösophagealen Hernien sind häufig asymptomatisch und werden oft erst aufgrund eingetretener Komplikationen entdeckt. Bei den unkomplizierten Formen sind Aufstoßen, Druckgefühl in der linken unteren Thoraxseite und Herzbeschwerden wichtigste Hinweiszeichen. Im Komplikationsstadium treten Passagestörungen durch die Magenverlagerung auf, auch kann es zu Schleimhauterosionen und einem Ulkus am Schnürring kommen.

Untersuchungstechnik. Ösophagus-Magen-Passage, vor allem in Kopftieflage.

Therapie. Die Hiatushernie ohne Beschwerden bedarf keiner Therapie.

Beim Auftreten von Refluxsymptomen ist jedoch die Indikation zur Operation gegeben. Sie besteht in der Fundoplikation oder im Verschluß des Hiatus oesophageus durch Einzelnähte. Bei der paraösophagealen Hernie ist auch im asymptomatischen Stadium die Operationsindikation gegeben, Inkarzerationserscheinungen stellen eine absolute Operationsindikation dar. Der einfachste und risikoärmste Eingriff ist die transabdominale Gastropexie, wobei der thorakal verlagerte Magenanteil in die Bauchhöhle reponiert und an der vorderen Bauchwand fixiert wird. Bei großem Hiatus oesophageus wird dieser mittels Einzelnähten eingeengt.

Erkrankungen des Urogenitaltraktes

Erkrankungen der Niere

Nierenmißbildungen

Beim Verschmelzen beider Nieren am unteren Pol entsteht die Hufeisenniere. Ihre Nierenbecken sind nach vorne gedreht, Gefäßanomalien sind dabei häufig. Das Fehlen einer Niere bezeichnet man als Aplasie, die verminderte Ausbildung als Hypoplasie. Unter Dystopie versteht man die angeborene Verlagerung einer Niere, z. B. Beckennieren.

Nierenzysten und Zystennieren

Unterschieden werden solitäre und multiple Nierenzysten. Die dünne durchsichtige Wand der Zyste umschließt die seröse Flüssigkeit, die zum Nierenbecken keinen Abfluß hat. Eine weitaus größere klinische Bedeutung kommt den Zystennieren zu. Hierbei ist das ganze Nierengewebe von zahlreichen, wechselnd großen, flüssigkeitsgefüllten Zysten durchsetzt. Die Zystennieren sind doppelseitig und erblich.

Symptome. Druckerscheinungen auf umgebende Organe. Die klinischen Erscheinungen hängen wie auch die Prognose vom Grad des zugrundegegangenen Nierengewebes ab. Im Laufe der Jahre tritt meist eine chronische Niereninsuffizienz auf.

Senkniere

Die Niere ist nicht fest fixiert, sondern senkt sich bei jedem Atemzug nach unten und geht bei der Exspiration wieder in die Ausgangslage zurück. Diese Verschieblichkeit beträgt 2–3 Querfinger. Bei gesteigerter Beweglichkeit der Niere spricht man von einer Wanderniere. Diese tritt meist bei Frauen auf und ist in der Regel rechtsseitig. Ursachen sind eine allgemeine Enteroptose, gewisse Konstitutionstypen, das Nachlassen der bindegewebigen Aufhängung oder ein Schwund des perirenalen Fettgewebes. Durch Zug am Gefäßstiel der abgesenkten Niere kann es zu Schmerzen und gelegentlich Abflußstörungen am Nierenbeckenkelchsystem beim Stehen kommen, im Liegen sind diese Patienten beschwerdefrei.

Nierenverletzungen

Gewaltsame stumpfe Einwirkungen, z. B. Fußtritte gegen die Flanke oder Fall aus großer Höhe, können je nach Stärke der Gewalteinwirkung zu Nierenverletzungen verschiedener Grade führen.

Symptome. Schmerzen im Nierenlager, blutiger Urin.

Untersuchungstechnik. Untersuchungen des Urinsediments auf Erythrozyten, Sonographie, i. v. Pyelogramm, Nierenangiographie.

Therapie. Bei Nachweis einer Nierenruptur operative Freilegung, wenn möglich erhaltende Eingriffe mit Naht oder Polresektion, bei Zertrümmerung der Niere bleibt nur die Entfernung der ganzen Niere übrig, sofern der Patient eine zweite Niere besitzt.

Hydronephrose

Definition. Erweiterung des Nierenbeckens, angeboren oder erworben. Sie verdankt ihre Entstehung der Abflußbehinderung des Urins. Bei der angeborenen Hydronephrose ist das ganze Nierenbecken – einschließlich der Harnleiter – oft erweitert, wobei das eigentliche Nierengewebe zu einer dünnen Wand zusammengepreßt ist. Diese Nieren sind besonders infektionsgefährdet. Viel häufiger und von weitaus größerer Bedeutung ist die erworbene Hydronephrose. Liegt das Abflußhindernis in der Harnröhre oder in der Blase, so ist die doppelseitige Erweiterung des

Nierenbeckens die Folge. Liegt das Hindernis oberhalb der Blase, so wird nur eine Niere betroffen.

Ursache. Konkremente, den Harnleiter kreuzende Gefäße, Narben, Tumoren.

Symptome. Der zurückgestaute Urin erweitert zunächst das Nierenbekken und danach die Nierenkelche und Kelchendigungen, bis schließlich im extremen Fall die ganze Niere einen mit Wasser angefüllten Sack darstellt. Das Anfangsstadium der Hydronephrose ist symptomlos, bei Zunahme kommt es zu Verdrängungserscheinungen. Infizierte Hydronephrosen sind schmerzhaft, es kommt zu Fieberanstieg, Schüttelfrost und unbehandelt zur Urosepsis.

Untersuchungstechnik. Sonographie, intravenöse oder retrograde Pyelographie.

Therapie. Beseitigung des Abflußhindernisses, bei einseitigem Befall und weitgehender Zerstörung ist eine operative Entfernung der erkrankten Niere erforderlich (Nephrektomie).

Nierensteine

Klinisches Bild. Die kausalen Vorgänge, die zur Bildung von Nieren- und Harnblasensteinen führen, sind nicht geklärt. Geographische Momente, erbliche Disposition und Zirkulationsstörungen der Niere spielen eine Rolle bei der Entstehung von Nierensteinen. Bestimmte Krankheiten wie der Hyperparathyreoidismus führen häufig zur Entstehung von Nierensteinen infolge abnormer Ausschüttung von Kalzium. Die Größe der Steine ist ebenso wie die Form wechselnd und variiert vom Nierensand über Nierengrieß bis zum Ausgußstein. Nach der Zusammensetzung der Steine werden unterschieden:

- Uratsteine – leicht gelbrot gefärbt, aus reiner Harnsäure bestehend;
- Oxalatsteine – hart, gezackte Oberfläche, aus oxalsaurem Kalk und oxalsaurem Ammonium bestehend;
- Phosphatsteine – brüchig, von runder Gestalt, aus phosphorsaurem Kalk zusammengesetzt.

Die Phosphatsteine bilden sich im alkalischen infizierten Harn, Oxalat- und Uratsteine entwickeln sich in saurem Milieu.

Symptome. Die klinischen Erscheinungen sind von der Lokalisation und Größe der Konkremente abhängig. Zwei Merkmale kennzeichnen die Steinkrankheit:

- der Schmerz, der sich beim Nierenbeckenstein als dumpfer Druck in der Lendengegend kundtut oder als Kolik beim Ureterstein. Die typische Kolik strahlt von der kranken Niere entlang dem Harnleiter bis ins Genitale aus;

- Harnveränderungen infolge Verletzung der Schleimhaut durch das Konkrement. Es kommt damit zu einer mehr oder weniger großen Hämaturie, beim Hinzutreten eines Infektes zusätzlich zu Fieber und Schüttelfrost.

Untersuchungstechnik. Sediment, Sonographie, Röntgenübersichtsaufnahme des Abdomens, die kalkhaltige Steine erkennen läßt, sonst i. v. Pyelographie im schmerzfreien Intervall.

Therapie. Kleine Steine bis ca. 5 mm können im allgemeinen spontan abgehen, wobei reichliches Trinken und Bewegen den Abgang des Steins fördert. Bei Uratsteinen kann medikamentös eine Steinauflösung versucht werden. Große Steine, insbesondere bei gleichzeitig vorhandenem Infekt, oder im Harnleiter eingeklemmte Konkremente müssen zur Erhaltung der Nierenfunktion entfernt werden. Dies kann je nach Befund durch Nierensteinzertrümmerung mit dem Lithotriptor, durch Schlingenextraktion oder operativ erfolgen.

Nierengeschwülste

Klinisches Bild. *Gutartige* Geschwülste der Niere wie Fibrome, Lipome, Myome und Angiome sind selten. Sie sind ungefährlich, solange sie nicht durch ihr expansives Wachstum Verdrängungserscheinungen hervorrufen.

Größte klinische Bedeutung haben die sog. *Hypernephrome,* bei denen es sich um bösartige epitheliale Geschwülste handelt, die in ihrem Aufbau der Nebennierenrinde ähneln.

Das Hypernephrom entwickelt sich im Nierenparenchym meist in Nähe eines Pols und wächst destruierend gegen das Nierenbecken vor.

Symptome. Das wesentlichste Merkmal eines Nierentumors ist die plötzlich einsetzende Hämaturie, die meist einige Tage anhält und danach sistiert. Die Blutung ist dabei – im Gegensatz zu Nierensteinen – meist schmerzlos. Im Gegensatz zu den Blasenblutungen, bei denen Blutkoagula klumpenförmig abgehen, sind die Blutkoagel beim Hypernephrom infolge des Durchtritts durch den Ureter wurmförmig. Das zweite Symptom des Hypernephroms stellt häufig eine tastbare Vergrößerung der Niere dar. Hypernephrome setzen frühzeitig Metastasen, am häufigsten in Lunge und Knochen, deren Entfernung gelegentlich erst zur Diagnose führt. Erste Symptome können auch Leistungsknick und Gewichtsverlust sein.

Untersuchungstechnik. I. v. Pyelogramm, selektive Nierenangiographie und Ultraschall.

Therapie. Entfernung der befallenen Niere durch Nephrektomie.

Erkrankungen der Harnblase

Gutartige Blasentumoren sind Papillome epithelialen Ursprungs. Sie verursachen meist eine schmerzlose Blutung, neigen zum Rezidiv und auch zur malignen Entartung.

Das *Blasenkarzinom* entsteht primär von der Blasenschleimhaut aus oder auf dem Boden eines Papilloms. Hauptsymptom ist auch hier die schmerzlose Blutung, in späterem Stadium begleitet von heftigen zystischen Beschwerden. Beim Sitz des Tumors in der Nähe der Ureterenmündung kann die Verlegung des Ostiums die Ausbildung einer Hydronephrose zur Folge haben. Therapeutisch ist neben der Elektrokoagulation die teilweise oder totale Entfernung der Blase möglich. Bei Entfernung der ganzen Blase Urinableitung in den Darm oder nach Einpflanzung des Ureters in die Bauchwand in Beutel (Urostomie). Beim Carcinoma in situ Instillationsbehandlung in die Blase erste Maßnahme, beim Rezidiv Zystektomie.

Entleerungsstörungen der Blase

Unter normalen anatomischen Verhältnissen wird die Blase bei der Miktion völlig entleert. Störungen der Harnentleerung können vorliegen:

- bei funktionellen Störungen der Blasenmuskulatur, z. B. bei Erkrankungen der Nachbarorgane. Ebenso können zerebrale Erkrankungen, die mit Bewußtseinsverlust einhergehen, und Erkrankungen im Bereich der Wirbelsäule, z. B. Querschnittlähmungen oder Tumoren des Rückenmarks, die Blasenfunktion stören, ebenso Descensus uteri mit Sphinkterfunktionsstörung.
- Bei mechanischer Verlegung des Blasenausgangs wie bei der Prostatahypertrophie kann die hintere Harnröhre eingeengt sein. Ebenso können Steine oder eine Striktur der Harnröhre zu Entleerungsstörungen der Blase führen. Eine Bougierung oder operative Beseitigung der mechanischen Verlegung ist in diesen Fällen angezeigt.

Erkrankungen der Prostata

Die sog. Prostatahypertrophie ist eine Wucherung der peri- und paraurethralen Drüsen. Das Leiden befällt Männer jenseits des 50. Lebensjahres. Der Sitz der Geschwulst um Übergang der Blase auf die hintere Harnröhre hat zur Folge, daß diese konzentrisch eingeengt wird, was zur Erschwerung des Harnabflusses bis zur völligen Harnsperre führen kann. Die Erschwerung des Harnabflusses versucht die Blase mit einer Hypertrophie der Muskulatur auszugleichen. Mit zunehmender Behinderung des Harnabflusses erweitert sich die Blase, sie kann sich infolge muskulärer Insuffizienz nicht mehr genügend entleeren, es bleibt ein Restharn in der Blase bis zu 1000 ml. Nach völliger Insuffizienz der Blasenmuskulatur kann es zum Rückstau des Urins in die Harnleiter und in beide Nierenbecken und damit zur verminderten Funktionsleistung der Nieren kommen. Schwerste Komplikation der Prostatahypertrophie stellt die Infektion der gestauten Harnwege dar. Die Diagnose des Prostataadenoms kann aufgrund der typischen subjektiven Beschwerden leicht gestellt werden. Die Prostata ist bei der rektalen digitalen Untersuchung gut zu beurteilen. Die ärztliche Therapie besteht entweder in der transurethralen Elektroresektion oder der operativen Ausschälung des Prostataadenoms. Beim Prostatakarzinom ist im Frühstadium die Prostatektomie die Methode der Wahl.

Krankengymnastische Behandlung

Außer den üblichen pneumonie- und thromboseprophylaktischen Maßnahmen ist bei Erkrankungen des Urogenitaltraktes keine weitere krankengymnastische Behandlung notwendig.

Spezielle Erkrankungen im Säuglings- und Kindesalter

Ösophagusatresie

Definition. Hemmungsmißbildung, die bei etwa 0,1% der Neugeborenen auftritt. In der Regel finden sich anstelle der durchgehenden Speiseröhre zwei Blindsäcke, so daß die Nahrung ebenso wie der Speichel nicht vom Mund in den Magen fließen können. Häufig besteht eine Verbindung vom unteren Blindsack in die Luftröhre.

Symptome. Die Erkrankung ist daran erkennbar, daß das Neugeborene schon sehr bald nach der Geburt schaumigen Speichel vor dem Mund hat und daß die Milch beim Versuch zu trinken sofort wieder zurückkommt. Eine rasch auftretende Aspirationspneumonie ist eine schwerwiegende Komplikation.

Untersuchungstechnik. Röntgen von Thorax und Abdomen, Ösophagus-Röntgenkontrastdarstellung mit wäßrigem Kontrastmittel.

Therapie. Anlegen einer Ernährungsfistel und sekundär Verschluß der Verbindung zwischen Speiseröhre und Luftröhre sowie Anastomose zwischen beiden Speiseröhrenabschnitten.

Angeborener Zwerchfelldefekt

Die angeborenen Zwerchfelldefekte, die meist links gelegen sind, führen bald nach der Geburt zu einer ausgeprägten Symptomatologie, nachdem durch die meist große Lücke ein erheblicher Teil der Baucheingeweide in den Brustkorb tritt. Hierdurch werden die Lunge komprimiert und das Mediastinum verdrängt. Die Neugeborenen leiden an heftiger Atemnot und erliegen der Ateminsuffizienz, wenn nicht bald die Bauchorgane in die Bauchhöhle reponiert werden und der Zwerchfelldefekt verschlossen wird.

Trichterbrust

Angeborene Erkrankung mit einer tiefen Einsenkung der unteren Brustbein- und Rippenabschnitte. Oft besteht eine Kombination mit anderen Entwicklungsstörungen. In schweren Fällen kann die Rückwand des Brustbeins bis auf 1–2 Fingerbreiten der Wirbelsäule genähert werden, wodurch eine Beeinträchtigung von Herz und Lunge möglich ist. Die Behandlung bei schweren Fällen besteht in der queren Durchtrennung des Lig. substernale. Ablösen des Zwerchfellansatzes von der Brustbeinrückseite, in der partiellen Brustbein- und Rippenknorpelresektion und Hebung der mobilisierten Knochen-Knorpel-Stücke mit sub- oder transkutaner Fixation des Sternums bis zur knöchernen Fixation.

Omphalozele

Der Narbelschnurbruch (Omphalozele) entsteht durch Ausbleiben der Rückbildung des Darmes in die sich ausweitende embryonale Abdominalhöhle. Er besteht aus einem durch den Nabel nach außen getretenen Vorfall von Baucheingeweiden, die von den dünnen Hüllen der Nabelschnur umgeben sind. Im Bruch sind die vorliegenden Eingeweide wie Dünndarm, Dickdarm, Magen oder Leber deutlich zu erkennen. Die Behandlung besteht in der möglichst frühzeitigen Operation mit Bedecken der Omphalozele mit mobilisierter Haut. Zu einem späteren Zeitpunkt wird der Bauchwandbruch beseitigt.

Pylorusstenose

Bei der hypertrophen Pylorusstenose liegt eine Hypertrophie der Pylorusmuskulatur vor. Zeichen sind explosionsartiges Erbrechen, tastbarer Tumor, Alter 2.–6. Lebenswoche. Diagnosesicherung durch Sonographie. Therapie nur bei leichten Fällen konservativ, sonst Pyloromyotomie.

Darmatresie

Unter den angeborenen Mißbildungen des Darmes spielen die Atresien und Stenosen des Dünndarmes eine wichtige Rolle. Häufigster Sitz der Atresien ist das Ileum. Am unangenehmsten sind die Duodenalatresien. Für alle Darmatresien ist das Erbrechen bald nach der Geburt bei fehlendem oder geringem Mekoniumabgang ein gemeinsames Zeichen. Die Sicherung der Diagnose erfolgt durch die Röntgenleeraufnahme des Abdomens im Hängen. Die Therapie besteht in der frühhzeitigen Laparotomie und Wiederherstellung der Darmkontinuität. Bei der Atresia ani und der Atresia recti fehlt der Mekoniumabgang. Bei der Atresia ani – der häufigsten Form – sind Analgrübchen und Rektum durch eine dünne Membran getrennt, bei der Atresia recti hat das Rektum die gut ausgebildete Analeinstülpung nicht erreicht und endet in mehr oder weniger großer Entfernung von seiner richtigen Stelle.

Invagination

Die Darminvagination entsteht dadurch, daß sich ein Darmteil mit seinem Mesenterium in einen anderen einstülpt. So gut wie alle Invaginationen treten im Säuglings- und frühen Kindesalter auf. Ursächlich kommen manchmal Polypen, ein Meckel-Divertikel, ein Myom, ein Lipom oder auch ein Karzinom in Frage. Häufigste Form der Invagination ist die Invaginatio ileocolica, bei der sich das untere Ileum in das Colon ascendens einstülpt.

Symptome sind einmal Zeichen eines Darmverschlusses und zum anderen die einer Ernährungsstörung des invaginierten Darmteils mit hämorrhagischer Infarzierung. Für die Diagnose geben Alter, ein mehr oder weniger rasch einsetzender Ileus und Abgang von mit Blut und Schleim vermischtem Stuhl Hinweise. Diagnostiziert wird die Invagination mittels Sonographie und eines Röntgenkolonkontrasteinlaufes, der manchmal auch zu einer Desinvagination führen kann. Falls dies nicht der Fall ist, muß die Invagination operativ entfernt werden.

Krankengymnastische Behandlung

Hier sei auf die krankengymnastischen Maßnahmen in Band 3 verwiesen.

Literatur

Ahnefeld, F. W.: Der Risikopatient in der Anästhesie 2. Respiratorische Störungen. Klinische Anästhesiologie und Intensivtherapie, Bd. 12, Springer, Berlin 1976

Benninghoff, A., K. Goerttler: Lehrbuch der Anatomie des Menschen, Bd. I, 13. Aufl. Urban & Schwarzenberg, München 1980

Bold, R. M., A. Grossmann, R. Block: Stemmführung nach R. Brunkow, 5. Aufl. Enke, Stuttgart 1989.

Brügger, A.: Gesunde Körperhaltung im Alltag. Forschungs- und Schulungszentrum Dr. Brügger, Zürich 1986

Brügger, A.: Die Erkrankungen des Bewegungsapparates und seines Nervensystems, 2. Aufl. Fischer, Stuttgart 1986

Debrunner, H. U., W. R. Hepp: Orthopädisches Diagnostikum, 6. Aufl. Thieme, Stuttgart 1994

Ehrenberg, H.: Krankengymnastik des Herzkranken. Krankengymnastik 19 (1967) 202–206

Ehrenberg, H.: Über richtiges und falsches Atmen. Krankengymnastik 34 (1982) 3–6

Ehrenberg, H., G. Siemon: Zur Beobachtung und Beurteilung der Atmung in der Krankengymnastik. Krankengymnastik 31 (1979) 56–67

Grote, W.: Neurochirurgie, 2. Aufl. Thieme, Stuttgart 1986

Hollmann, W., Th. Hettinger: Sportmedizin – Arbeits-, Trainings-und internistische Grundlagen, 3. Aufl. Schattauer, Stuttgart 1988

Kaltenborn, F.: Manuelle Therapie der Extremitätengelenke. Oslo 1979

Klein-Vogelbach, S.: Funktionelle Bewegungslehre, 3. Aufl. Springer, Berlin 1989

Klein-Vogelbach, S.: Therapeutische Übungen zur funktionellen Bewegungslehre. 3. Aufl. Springer, Berlin 1992

Klein-Vogelbach, S.: Ballgymnastik zur funktionellen Bewegungslehre, 2. Aufl. Springer, Berlin 1985

Lawin, P.: Praxis der Intensivbehandlung, 6. Aufl. Thieme, Stuttgart 1993

Lewit, K.: Manuelle Medizin. Barth, Leipzig 1978

Paeslack, V., H. Schlüter: Physiotherapie in der Rehabilitation Querschnittgelähmter. Springer, Berlin 1980

Pichlmayr, R., B. Grotelüschen: Chirurgische Therapie. Springer, Berlin 1978

Rost, R.: Kreislaufreaktion und -adaptation unter körperlicher Belastung. Osang, Bad Honnef 1979

Saegesser, M.: Spezielle Chirurgische Therapie. Huber, Berlin 1976

Schlüssel, H.: Das Intervalltraining in der physikalischen Therapie der chronischen Beinarterienverschlüsse. Sportarzt u. Sportmedizin 5 (1964) 145–147

Schlüssel, H., Ch. Flügge: Das Gehtraining im Intervall. Krankengymnastik 18 (1966) 141–142

Schoop, W.: Bewegungstherapie bei peripheren Durchblutungsstörungen. Med. Welt (Stuttg.) 15 (1964) 502

Sennewald, H.: Helfendes Verhalten in der krankengymnastischen Behandlung. Krankengymnastik 31 (1979) 609–613

Spazier, D.: Grundsätzliches zur Bewegungsstruktur Behandler-Patient. Krankengymnastik 22 (1970) 233–235

Teirich-Leube, H.: Grundriß der Bindegewebsmassage, 11. Aufl. Fischer, Stuttgart 1986

Trnavsky, G.: Kryotherapie, 2. Aufl. Pflaum, München 1985

Wyler, R.: Prä- und postoperative Atemtherapie bei thoraxchirurgischen Eingriffen. Krankengymnastik 34 (1982) 20–27

2. Frauenheilkunde

G. Voigt und I. Wengerofsky

Vorbemerkung

Die Frauenheilkunde wird in zwei Spezialgebiete unterteilt: die Gynäkologie, die Lehre vom normalen Funktionsablauf der weiblichen Geschlechtsorgane und ihren Störungen und Erkrankungen; die Geburtshilfe, die den normalen Ablauf von Schwangerschaft, Geburt und Wochenbett sowie alle Störungen in diesen Zeitabschnitten umfaßt.

Im Rahmen des vorliegenden Buches kann keine erschöpfende Darstellung der Gynäkologie und Geburtshilfe erfolgen; es werden vielmehr diejenigen Gebiete behandelt, die für die Krankengymnastik von Bedeutung sind. Die übrigen Gebiete werden, soweit sie für das Verständnis wichtig sind, nur kurz gestreift. Hier wird in den einzelnen Kapiteln auf die weiterführende Literatur verwiesen.

Gynäkologie

Anatomie

Anatomie der weiblichen Brust

Die weibliche Brust ist von unterschiedlicher Größe und reicht bei der geschlechtsreifen Frau im allgemeinen von der 2. bis zur 6. Rippe sowie in der Breite von der Sternal- bis zur vorderen Axillarlinie. Etwa in der Mitte der Brust befindet sich die Brustwarze (Mamille), die vom Warzenhof (Areola) umgeben ist. Unter der Haut der Areola liegen große Drüsen (Glandulae areolares Montgomery), die die Haut der Areola befeuchten und einfetten. In der Areola und der Mamille findet sich reichlich glatte Muskulatur, die durch mechanische Reizung, z. B. beim Stillen, oder durch sexuelle Erregung eine Erektion der Brustwarze hervorruft.

Die Brustdrüse besteht aus 15–20 Drüsenbäumchen, die sich in eine große Zahl von Drüsenläppchen verzweigen. Hier wird während der Stillzeit unter Hormoneinfluß die Muttermilch gebildet. Von jedem dieser Drüsenläppchen führt ein eigener Milchgang (Ductus lactiferus) zur Brustwarze (Abb. **1**). Unmittelbar unter der Brustwarze erweitern sich die Milchgänge zu Milchsäckchen (Sinus lactiferi), in denen sich das Drüsensekret ansammeln kann. Die Drüsenbäumchen werden von Fett-

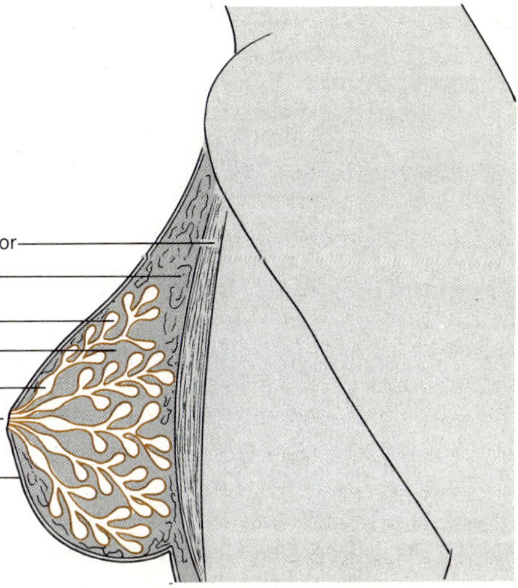

Abb. **1** Schematische Darstellung des Aufbaus der weiblichen Brust.

gewebe umhüllt, das auch in erster Linie die individuellen Größenunterschiede der Brust bedingt.

Von der Faszie des M. pectoralis major, der Unterlage der Brust, ziehen Bindegewebszüge durch die Brust, die die einzelnen Drüsenläppchen umhüllen und voneinander abgrenzen. Unter der Haut verdickt sich das Bindegewebe zu der die Brust umhüllenden Faszie (Lig. suspensorium mammae). Der unterschiedliche Anteil an Bindegewebsgerüst, Fett und Drüsengewebe bestimmt die mehr oder weniger feste Konsistenz der Brust. Bei jungen Frauen überwiegt das Drüsengewebe, welches im Alter durch Fettgewebe ersetzt wird.

Die sensible Nervenversorgung erfolgt aus den Interkostalnerven und den Nn. supraclaviculares. Besonders stark innerviert ist dabei die Brustwarze. Die Lymphgefäße der Brust ziehen zu den Lymphknoten der gleichseitigen Achselhöhle bzw. durch den Brustmuskel zu den retrosternalen Lymphknoten.

Anatomie und Lage des weiblichen Genitales

Der äußere Abschluß des weiblichen Genitales wird durch die großen Schamlippen (Labia majora) gebildet, die U-förmig um den Scheideneingang herum verlaufen und sich dorsal als hintere Kommissur vereini-

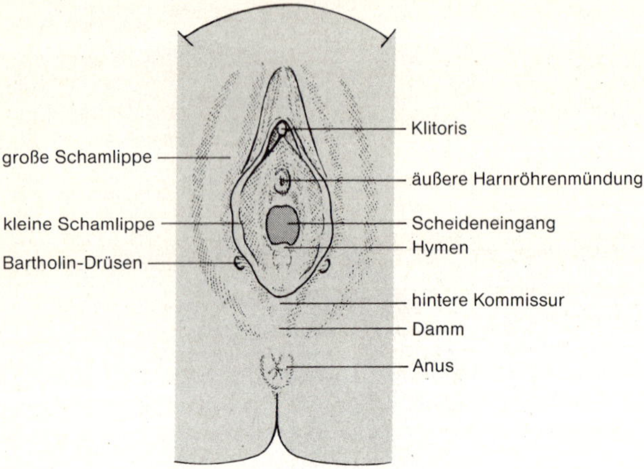

Abb. **2** Die äußeren Geschlechtsorgane der Frau.

gen (Abb. **2**). Der Bereich zwischen der Kommissur und dem Anus wird als Damm bezeichnet. Die kleinen Schamlippen liegen innerhalb der großen und umschließen den Scheideneingang (Introitus). Im Bereich ihrer vorderen Vereinigung findet sich die Klitoris, etwa 2 cm kaudal davon die äußere Harnröhrenmündung. Der Introitus wird beim Mädchen durch das Jungfernhäutchen (Hymen) teilweise verschlossen.

Die Scheide ist ein etwa 10 cm langer Kanal, der zwischen Harnblase und Mastdarm liegt und zur Gebärmutter (Uterus) führt. Die vordere und hintere Scheidenwand liegen einander auf (Abb. **3**).

Die Gebärmutter ist bei einer Frau, die noch nicht geboren hat, etwa so groß wie ein Hühnerei und wiegt 50–70 g. Die Form des Uterus ähnelt einer Birne; der schlanke Halsteil (Zervix) mündet in die Scheide. Der von außen bei der Untersuchung sichtbare Teil der Zervix ist die Portio. Von hier wird z. B. der Krebsabstrich bei der Vorsorgeuntersuchung entnommen. Der Uterus ist nach vorne zur Bauchwand gekippt (Anteversion) und durch einen Knick zwischen Zervix und Gebärmutterkörper nach vorne geknickt (Anteflexion). Die dreieckförmige Gebärmutterhöhle (Cavum uteri) ist mit Schleimhaut (Endometrium) ausgekleidet. Dieses Endometrium wird mit jedem Menstruationszyklus neu aufgebaut und blutet am Zyklusende ab.

Im oberen Bereich des Uterus münden die beiden Eileiter (Tuben) ein. Sie sind etwa 12 cm lang und erweitern sich an ihrem Ende zum Fimbrientrichter (Abb. **4**). Zur Zeit des Eisprungs übernehmen sie vom Eierstock das Ei und transportieren es zum Uterus hin.

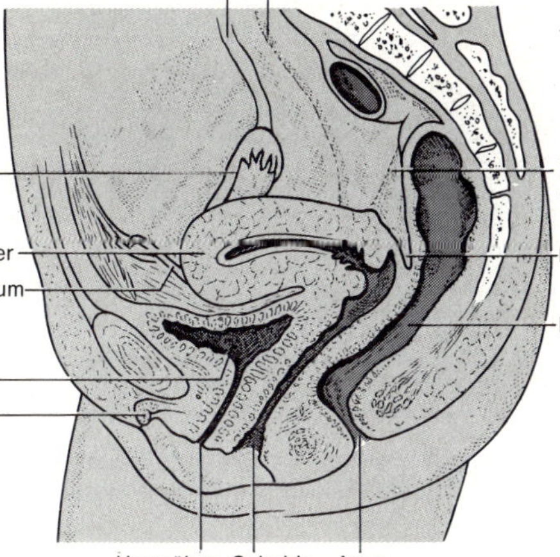

Abb. **3** Die inneren Geschlechtsorgane der Frau (Seitenansicht).

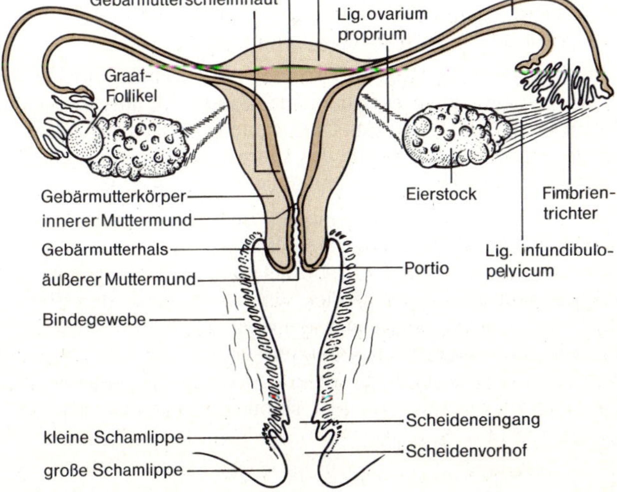

Abb. **4** Die inneren Geschlechtsorgane der Frau (Frontalansicht).

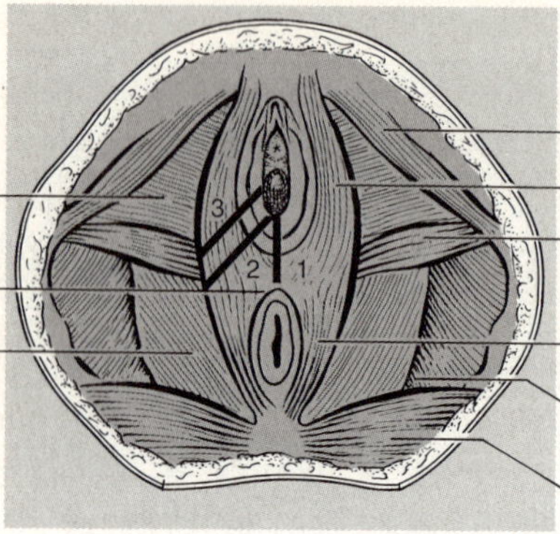

Abb. **5** Die Beckenbodenmuskulatur. Schnittführung der Episiotomie. 1 Mediane Episiotomie, 2 mediolaterale Episiotomie, 3 laterale Episiotomie.

Ebenfalls seitlich vom Uterus liegen die beiden Eierstöcke (Ovarien). Sie werden gehalten vom Lig. ovarium proprium, das vom Uterus zum Ovar führt und vom Lig. infundibulopelvicum, das vom seitlichen Ovarpol zur Beckenwand zieht. In den Ovarien werden die Eierstockhormone (Östrogene und Gestagene) produziert. Unter dem Einfluß der Hormone der Hirnanhangsdrüse (Gonadotropine: FSH, LH) reift in den Ovarien in jedem Zyklus eine Eizelle zum Graaf-Follikel heran, um am 14. Zyklustag zu springen (Ovulation).

Das Bauchfell (Peritoneum) kleidet die gesamte Bauchhöhle aus. Es zieht, von der vorderen Bauchwand kommend, über die Harnblase, die Vorder-und Hinterwand des Uterus und geht dann auf das Rektum über. Dabei entsteht an den Seiten des Uterus eine Bauchfellfalte, das Lig. latum, in dessen oberem Umschlag die Eileiter verlaufen.

Der Uterus ist beweglich im kleinen Becken aufgehängt. Er wird vor allem durch drei Bandapparate gehalten: nach vorne durch das Lig. rotundum, seitlich durch das Lig. cardinale und nach hinten durch das Lig. sacrouterinum. Der Beckenboden wird vorwiegend durch den kräftigen M. levator ani gebildet (Diaphragma pelvis). Weitere Etagen des Beckenbodens sind nach unten das Diagphragma urogenitale mit dem M. transversus profundus und die äußere Schließmuskelschicht mit dem M. sphincter ani externus und dem M. bulbocavernosus (Abb. **5**).

Endokrinologische Funktionen und ihre Störungen

Kindheit, Pubertät, Geschlechtsreife, Klimakterium

Die *Kindheit* reicht vom Abschluß der Neugeborenenperiode bis zum Beginn der Pubertät. In den ersten 10. Lebentagen werden die Plazentahormone aus dem kindlichen Blutkreislauf ausgeschieden. Dadurch kann es zur Absonderung der „Hexenmilch" aus den kindlichen Brustwarzen kommen und zu leichten vaginalen Blutungen. Beides ist als physiologisch anzusehen. Die Größe der Gebärmutter bleibt in den kindlichen ersten Jahren deutlich hinter dem übrigen Wachstum zurück. Bis zum 8.–10. Lebensjahr ist sie nicht größer als bei der Geburt. Das Längenwachstum der Mädchen beträgt vom 2. Lebensjahr bis zu der Pubertät etwa 5 cm pro Jahr. Mit Beginn der Pubertät beschleunigt sich das Wachstum und gipfelt bei etwa 8 cm pro Jahr.

Als *Pubertät* bezeichnet man denjenigen Lebensabschnitt, in dem sich das Kind zum erwachsenen, geschlechtsreifen Menschen zu entwickeln beginnt. Die Zeit der beginnenden hormonalen Veränderungen und dem Ansprechen der Zielorgane darauf ist die Präpubertät (etwa 8.–12. Lebensjahr). Die körperliche Reifungsentwicklung beginnt üblicherweise zwischen dem 10. und 14. Lebensjahr. Meist kommt es zunächst zur Brustdrüsenentwicklung (Thelarche), der die Entwicklung der Schamhaare (Pubarche) folgt. Im Verlauf der Pubertät entwickelt sich die weibliche Körperform mit stärker ausladenden Darmbeinschaufeln und dem typisch weiblichen Fettverteilungsmuster. Die erste Menstruationsblutung (Menarche) tritt im allgemeinen kurz nach dem Erreichen des Höhepunktes des Wachstumsschubes ein. In Mitteleuropa beträgt das Menarchenalter z. Z. 12,9 Jahre. Im Zusammenhang mit der allgemeinen Akzeleration wird auch ein früheres Einsetzen der ersten Regelblutung innerhalb der letzten 100 Jahre gesehen. Die Blutungsfolge ist in den ersten beiden Jahren nach der Menarche noch deutlich unregelmäßig. Es werden gehäuft Regelblutungen beobachtet, ohne daß ein Einsprung dieser Regelblutung vorausgegangen ist (anovulatorische Zyklen).

Die *Geschlechtsreife* beginnt etwa mit dem 16.–18. Lebensjahr, wenn die Ausreifung des Genitales abgeschlossen ist. Der hormonell gesteuerte Eisprung (Ovulation) und die Menstruation sind das wesentliche Merkmal dieses Lebensabschnittes und Voraussetzung für die Fertilität.

Das Ende der Geschlechtsreife wird durch eine Zeit der verminderten Funktionstüchtigkeit der Eierstöcke eingeleitet. Ursache des weiblichen *Klimakteriums* ist der Alterungsprozeß an den Ovarien. Der letzten Regelblutung gehen häufig unregelmäßige Blutungen voran, auch hier werden ähnlich wie in der Pubertät Blutungen ohne vorausgegangenen Eisprung (anovulatorische Zyklen) beobachtet. Das Klimakterium kann sich über mehrere Jahre erstrecken. Die letzte Regelblutung (Menopause) tritt durchschnittlich mit 50 Jahren auf. Entsprechend dem frühen Einsetzen der Menarche hat in den letzten 100 Jahren auch ein späteres Einsetzen der Menopause stattgefunden.

Mit der Rückbildung der Ovarialfunktion im Klimakterium gehen eine Reihe von allgemeinen Veränderungen im weiblichen Organismus parallel. Die Rückbildungsvorgänge im Genitalbereich sind durch eine Verkleinerung und Atrophie des Uterus und durch atrophische Veränderungen der Vagina und Vulva bestimmt. Bei etwa 30% der Frauen kommt es zu einer Verminderung des Knochengewebes (Osteoporose). Alle diese Veränderungen werden jedoch erst relativ spät in der *Postmenopause* (Zeit nach der letzten Regelblutung) beobachtet. Störend werden von zahlreichen Frauen neurovegetative Symptome im Klimakterium empfunden. Hierbei stehen im Vordergrund Hitzewallungen, Schweißausbrüche, Schlafstörungen, Schwindel, Reizbarkeit, Leistungsabfall usw. Durch Substitution von Östrogenen und Gestagenen, teilweise auch durch pflanzliche und homöopathische Medikamente können diese Beschwerden heutzutage gut behandelt werden.

Menstruationszyklus

Die Zeit vom 1. Tag der Menstruationsblutung bis zum letzten Tag vor der nächsten Regelblutung wird als Menstruationszyklus bezeichnet. Die vielfältigen Vorgänge, die sich dabei im gesamten Organismus abspielen, erfolgen durch verschiedene Hormone, die im Körper zyklisch hergestellt werden und sich gegenseitig steuern (Regelkreisprinzip).

Im *Hypothalamus,* einem Teil des Zwischenhirns, finden sich dem vegetativen Nervensystem übergeordnete Zentren, welche die wichtigsten Regulationsvorgänge des Organismus wie Wärmeregulation, Wach-Schlaf-Rhythmus, Blutdruck usw. koordinieren. Hier findet sich auch das Sexualzentrum, wo die Ausschüttung der Gonadotropin-Releasing-Hormone (Gn-RH) erfolgt. Diese stimulieren die Gonadotropinausschüttung in der Hypophyse.

Die *Hypophyse* (Hirnanhangsdrüse) ist ein knapp kirschgroßes, hormonproduzierendes Organ, das direkt mit dem Hypothalamus verbunden ist. Im Hypophysenvorderlappen werden u. a. Gonadotropine (Hormone, die die Eierstockfunktion beeinflussen) produziert: das follikelstimulierende Hormon (FSH) und das luteinisierende Hormon (LH).

In den *Ovarien* (Eierstöcken) werden hauptsächlich drei Arten von Sexualhormonen gebildet: Östrogene, Progesteron und Testosterone.

Östrogene werden in bestimmten Zellen der heranreifenden Follikel gebildet, in geringerem Umfang auch in der Nebennierenrinde. In der Schwangerschaft wird die Produktion etwa ab der 12. Schwangerschaftswoche von der Plazenta übernommen. Progesteron wird hauptsächlich nach dem Eisprung in dem sich dann bildenden Gelbkörper hergestellt. Weitere Bildungsstätten sind die Nebennierenrinde sowie die Plazenta in der Schwangerschaft. Testosteron sowie ähnlich wirkende Hormonvorstufen werden im Stroma der Ovarien und in der Nebennierenrinde synthetisiert.

Ablauf des Menstruationszyklus

Nervöse Impulse im Sexualzentrum bewirken die Ausschüttung der Gn-RH im Hypothalamus. Diese Hormone gelangen direkt in den Hypophysenvorderlappen und bewirken hier zunächst die Bildung und Freisetzung des FSH in die Blutbahn, später auch die des LH (Abb. 6). Unter dem Einfluß des FSH kommt es zur Reifung vieler Primärfollikel im Ovar. In diesen wird der Hauptanteil der Östrogene gebildet. Diese sorgen zunächst für das Abheilen der während der letzten Menstruation entstandenen Gebärmutterwunde. Gleichzeitig beginnt das Wachsen der Gebärmutterschleimhaut (Endometrium) bis zu einer Dicke von 4–5 mm. Mit der Reifung der Primärfollikel steigt auch die Konzentration der Östrogene an. Dadurch wird die FSH-Ausschüttung gebremst (negatives Feedback). Etwa 12 Tage nach Beginn des Wachstumszyklus der Follikel gewinnt einer die Oberhand und wächst schnell bis zu einem Durchmesser von 15–20 mm heran. Dieser wird jetzt als Graaf-Follikel bezeichnet. Alle andere herangereiften Follikel degenerieren und stellen langsam ihre Östrogenproduktion ein.

Nach Überschreiten einer bestimmten Östrogenkonzentration kommt es zur LH-Ausschüttung in der Hypophyse. Ca. 37 Stunden nach Beginn der LH-Ausschuttung findet die Ovulation statt (etwa 14. Zyklustag). Das gesprungene Ei wird vom Fimbrientrichter der Tube aufgefangen und durch die Tuben in Richtung Uterus befördert. Die Tuben haben zum Zeitpunkt der Ovulation ihr Motilitätsmaximum. Nach der Ovulation sinkt der Östrogenspiegel für kurze Zeit leicht ab, da zwischen dem Funktionsmaximum des reifen Follikels und der Vollreife des Gelbkörperchens einige Tage vergehen. Dadurch kann es zu einer leichten Abbruchblutung des Endometriums kommen, die als Mittenblutung bezeichnet wird. Weitere typische zyklusabhängige Veränderungen, die um den Ovulationstermin auftreten, sind die Erweiterung des Muttermundes, die Zunahme der Menge des Zervikalschleims und seiner Spinnbarkeit sowie die Ausreifung der oberflächlichen Zellschichten des Scheidenepithels. Die letztere Veränderung ist im Vaginalabstrich ablesbar. Eine schematische Übersicht über die Vorgänge während des Zyklus gibt die Abb. 7. Die beim Eisprung entstehende Follikelhöhle wandelt sich um in das Corpus luteum (Gelbkörper). Hier werden jetzt zunehmend Progesteron und Östrogene gebildet. Die Hormonbildung erreicht um den 21. Zyklustag ihr Maximum. Durch die vermehrte Proge-

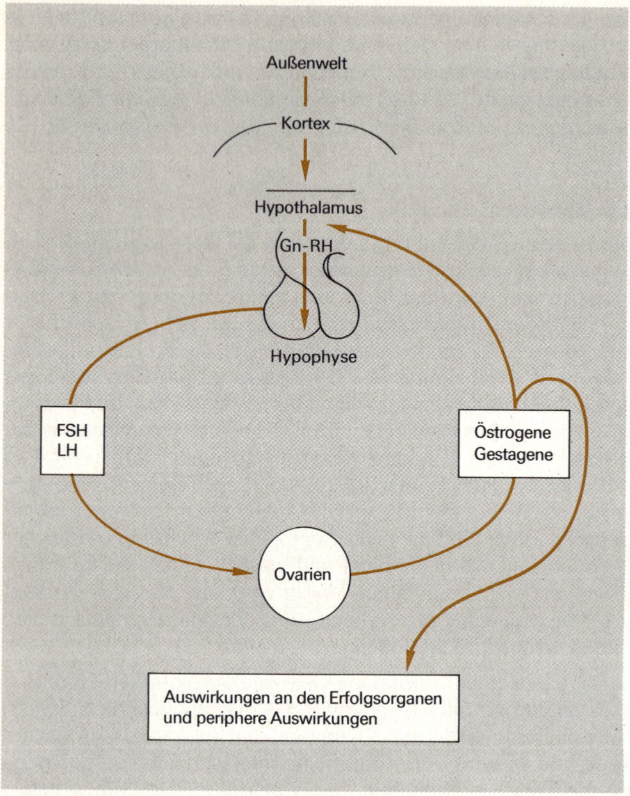

Abb. **6** Vereinfachtes Schema des Hypothalamus-Hypophysen-Ovarium-Systems. FSH follikelstimulierendes Hormon, LH luteinisierendes Hormon, Gn-RH Gonadotropin-Releasing-Hormon.

steronausschüttung wird das Wärmezentrum im Hirnstamm stimuliert; dadurch steigt die Basaltemperatur (Aufwachtemperatur) nach dem Eisprung um etwa 0,5 °C an und bleibt auf diesem Niveau, bis die Gelbkörperfunktion wieder absinkt (biphasischer Zyklus).

Die Gefäße und Drüsen des Endometriums reifen in der zweiten Zyklushälfte aus. Es entstehen typische Spiralarterien. Die Drüsen beginnen zu sezernieren. Infolge der Hormonverschiebungen kann es zu Wassereinlagerungen im gesamten Körper kommen, auch die Brüste werden prämenstruell praller und spannen häufig wegen der Wasserretention.

Unter dem Einfluß von Progesteron und der Östrogene schreitet die Reifung und sekretorische Aktivität des Endometriums bis etwa zum 25. Zy-

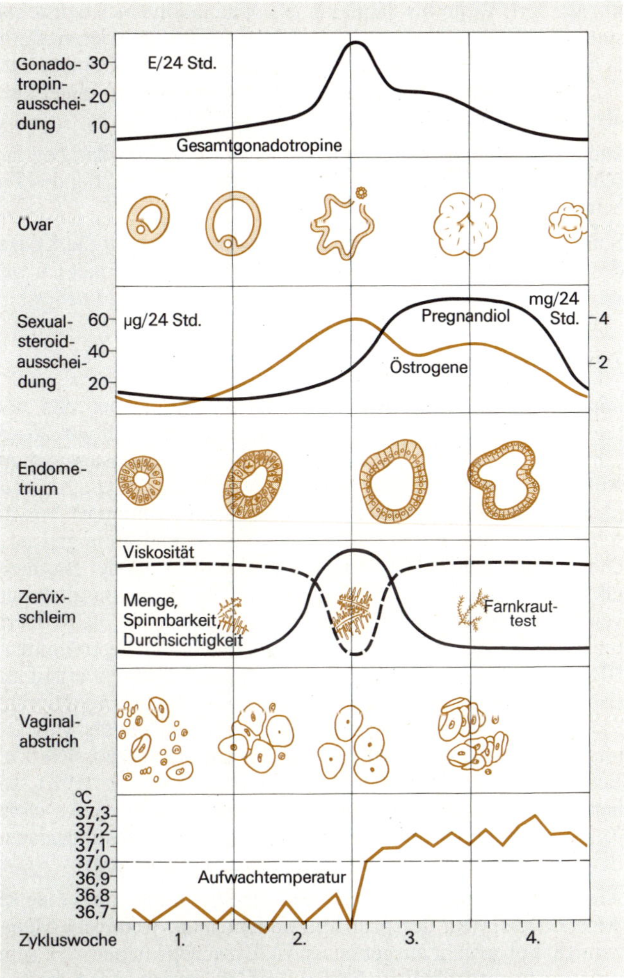

Abb. **7** Schematische Übersicht über die Vorgänge während des Zyklus. Die Ausscheidung der Gonadotropine steigt zum Ovulationstermin. Am Ovar erfolgt die Heranreifung des Follikels, der Eisprung und die Umwandlung des Follikels in den Gelbkörper. Die Östrogene steigen zum Ovulationstermin, die Gestagene danach an. Das Endometrium wird aufgebaut, die Drüsenschläuche des Endometriums werden erweitert. Der Zervixschleim ist um den Ovulationstermin auf eine Fadenlänge von ca. 10 cm spinnbar. Die Zellen der oberflächlichen Schichten des Vaginalepithels reifen zur Ovulation hin aus. Die Aufwachtemperaturkurve zeigt den typischen biphasischen Verlauf.

klustag fort. Wenn bis dahin keine Implantation eines befruchteten Eies stattgefunden hat, beginnt der Gelbkörper zu degenerieren. Dadurch sinken die Progesteron-und Östrogenspiegel ab, und das Endometrium, das auf den Reiz dieser beiden Hormone angewiesen ist, blutet kurz darauf als Menstruationsblutung ab.

Die Monatsblutung stellt somit das Ende des Zyklus dar. Nur aus praktischen Gründen wird der erste Tag der Blutung als 1. Tag des Zyklus bezeichnet.

Sobald die Eierstockhormone abgesunken sind, steigt die Konzentration des FSH wieder an, und noch bevor die Blutung beendet ist, werden bereits wieder neue Follikel stimuliert und Östrogen produziert.

Zyklusstörungen

Als Eumenorrhoe (normale Regelblutung) bezeichnet man eine Regelblutung von 4- bis 6tägiger Dauer mit einem Intervall von 25–31 Tagen (28 ± 3). Der Blutverlust beträgt 50–100 ml. Zyklusanomalien können Ausdruck von Störungen des Hormonsystems (Hypothalamus-Hypophyse-Ovar) oder organisch bedingt sein (z. B. Tumoren). Von diagnostischer Bedeutung bei der Abklärung von Zyklusstörungen ist, ob eine Ovulation ausgelöst wird oder nicht. Die Messung der Basaltemperatur gibt Aufschluß, ob ein Eisprung eintritt. Wenn der Basaltemperaturkurvenverlauf biphasisch ist, d. h. in der 2. Zyklushälfte die Körpertemperatur um 0,5–1 °C erhöht ist, kann eine Ovulation angenommen werden. Bleibt die Temperaturerhöhung aus, ist der Kurvenverlauf monophasisch, so ist eine Ovulation nicht anzunehmen. Eine Orientierung, ob die Störung im Bereich der Ovarien selbst (z. B. Fehlen oder Minderentwicklung der Ovarien) oder anderenorts lokalisiert ist, läßt sich u. a. aus der Bestimmung der Hypophysenvorderlappenhormone (FSH, LH) ersehen. Einen Überblick über die möglichen Anomalien des menstruellen Zyklus gibt die Abb. **8**. Störungen im Bereich der Blutungsdauer, -stärke bzw. des Blutungsintervalls werden wie folgt unterteilt:

Amenorrhoe. Diese wird unterteilt in eine primäre und eine sekundäre Amenorrhoe. Von der primären spricht man, wenn die Menarche bis zum 18. Lebensjahr ausgeblieben ist. Ursachen können z. B. sein ein teilweises oder vollständiges Fehlen der Gebärmutter, der Scheide oder der Ovarien, Chromosomenstörungen, Unterernährung (Anorexia nervosa). Als sekundäre Amenorrhoe bezeichnet man das Ausbleiben der Menstruation mehr als 3 Monate in der Zeit der Geschlechtsreife. Ursachen: bestehende Schwangerschaft, schwere psychische und/oder körperliche Belastungen, überhöhte Ausschüttung des Hormons Prolaktin, Störungen der Produktion der Hypophysenvorderlappenhormone, Ovarialtumoren, Zerstörung des Endometriums, z. B. nach nicht kunstgerechter Abrasio (Asherman-Frisch-Syndrom).

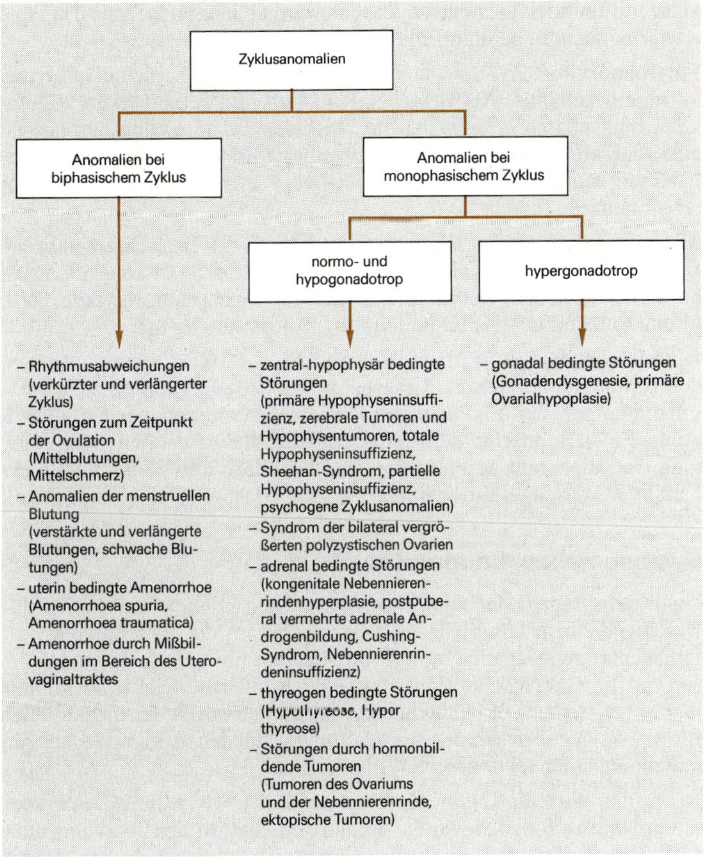

Abb. **8** Einteilung der Zyklusanomalien.

Als **Hypomenorrhoe** bezeichnet man die unterdurchschnittlich schwache Menstruation. Eine Therapie ist nicht notwendig, solange nicht gleichzeitig eine Anovulation und Kinderwunsch bestehen.

Eine **Hypermenorrhoe** liegt vor bei zu starker Blutung (mehr als 20 Binden/Tampons pro Tag). Die Blutungslänge kann dabei normal sein (4–6 Tage). Ursachen: z. B. Uterus myomatosus (s. dort).

Als **Oligomenorrhoe** werden Zyklen bezeichnet mit einer Länge von mehr als 32 Tagen. Meist handelt es sich um Störungen im zyklischen Sexualzentrum mit zu seltenen oder fehlenden Ovulationen. Eine Therapie ist nur notwendig bei unerfülltem Kinderwunsch.

Polymenorrhoe. Zyklen von weniger als 25 Tagen werden als Polymenorrhoe bezeichnet. Als Ursache findet sich meist eine verkürzte Follikelreifungsphase (1. Zyklushälfte). Nach dem ca. 35. Lebensjahr besteht eine generelle Tendenz zur Verkürzung des Zyklus. Indikationen zur Behandlung sind die durch Polymenorrhoe evtl. bedingte Sterilität oder eine Anämie.

Menorrhagien werden Blutungen mit über 7–14 Tage Dauer genannt. Dabei kann eine schwache, normale oder verstärkte Blutungsintensität bestehen. Ursachen: Gelbkörperinsuffizienz, Gebärmuttermyome, chronische Entzündung des Endometriums, Korpuskarzinome.

Als **Metrorrhagien** werden alle außerhalb der Menstruation auftretenden Blutungen bezeichnet. Ursache: hormonelle Regulationsstörungen, Entzündungen des Endometriums, Uterusmyome sowie Genitalkarzinome. Einen Sonderfall der Metrorrhagie stellt die Postmenopausenblutung dar. Hier muß ausnahmslos eine Kürettage zum Ausschluß eines Karzinoms durchgeführt werden.

Dysmenorrhoe, Endometriose

Unter dem Begriff der *Dysmenorrhoe* werden krampf- und kolikartige Beschwerden im Unterleib verstanden, die von der Patientin mit verschiedenartigen Begleitsymptomen (Übelkeit, Erbrechen, Kreuzschmerzen, in die Oberschenkel ausstrahlende Schmerzen, Schwindelanfälle usw.) unmittelbar vor, während oder selten auch nach der menstruellen Blutung angegeben werden. Es wird unterschieden zwischen einer primären und einer sekundären Dysmenorrhoe.

Als primär wird die Dysmenorrhoe bezeichnet, wenn die Beschwerden schon bald nach der Menarche aufgetreten sind. In der überwiegenden Mehrzahl ist die primäre Dysmenorrhoe mit anovulatorischen Zyklen vergesellschaftet. Nicht selten kann sie auch psychisch bedingt sein, so daß Patientinnen diesbezüglich sehr genau abgeklärt werden müssen. Ablehnung der weiblichen Rolle, Übernahme der Symptome von der Mutter, fehlende bzw. falsche sexuelle Aufklärung oder familiäre Konflikte werden oft als Ursache erkannt. Weitere Gründe für die Dysmenorrhoe können sein: schmerzhafte Uteruskontraktionen durch Prostaglandinausschüttung vor der Menstruation, Abflußstauungen des Blutes durch Lageanomalien des Uterus (selten), Uterusmißbildungen oder Hyperprolaktinämien.

Von einer sekundären Dysmenorrhoe spricht man, wenn die Beschwerden in einem höheren Lebensabschnitt erstmals auftreten oder nach langem beschwerdefreiem Intervall wieder auftreten. Neben psychischen

Ursachen (Partnerschaftskonflikte, Überlastung durch die Doppelfunktion Beruf/Hausfrau usw.) finden sich häufig als Ursache erworbene Lageanomalien des Uterus (Retroflektion), entzündliche Prozesse an den Beckenorganen, submuköse Myome sowie eine Endometriose.

Unter *Endometriose* versteht man das Auftreten von Gebärmutterschleimhaut außerhalb der Gebärmutterhöhle. Das Endometrium kann angesiedelt sein in der Muskulatur der Gebärmutter, den Ovarien, Eileitern sowie in seltenen Fällen in Harnblase, Darmwand, Lunge usw. Therapeutisch wird man je nach der Lokalisation der Herde und der Stärke der Beschwerden die Herde operativ entfernen oder/bzw. zusätzlich eine Hormontherapie durchführen. Hierdurch wird versucht, den Zyklusablauf zu unterdrücken, um die Proliferation des Endometriums zu verhindern. Langfristig sollen die Endometrioseherde dadurch ausgetrocknet werden. Die Rezidivhäufigkeit ist allerdings groß. Im Klimakterium, wenn die Eierstockfunktion erlischt, bilden sich die Endometrioseherde vollständig zurück, sofern keine hormonelle Behandlung von Wechseljahrsbeschwerden durchgeführt wird.

Empfängnisverhütung

Die Empfängnisverhütung ist nicht ausschließlich Bestandteil der Familienplanung, sondern muß teilweise auch aus medizinischer Indikation durchgeführt werden (z. B. schwere Nierenerkrankungen, Behandlung mit fruchtschädigenden Medikamenten, Tuberkulose, Malignome usw.). Dank der Vielzahl empfängnisverhütender Maßnahmen besteht heute die Möglichkeit, für jede Frau individuell die optimale kontrazeptive Methode zu finden.

Die Zuverlässigkeit eines Kontrazeptivums wird mit Hilfe des Pearl-Index angegeben. Dieser bezeichnet die Versagerquote in 100 sog. Frauenjahren, d. h. in 100 × 12 Zyklen, in denen die kontrazeptive Methode angewendet wurde. Ein Pearl-Index von 3 bedeutet also, daß z. B. von 100 Frauen, die 1 Jahr beobachtet wurden, 3 schwanger geworden sind. Ohne Kontrazeptiva ist mit 85–90 Schwangerschaften pro 1200 Zyklen zu rechnen. Eine kontrazeptive Methode mit einem Pearl-Index bis 3 gilt als relativ sicher, eine über 10 als unzuverlässig.

Die wohl älteste kontrazeptive Methode dürfte der *Coitus interruptus* sein. Hierbei wird der Penis kurz vor der Ejakulation aus der Scheide zurückgezogen; der Samenerguß erfolgt außerhalb des weiblichen Genitales. Obwohl diese Methode mit einem Pearl-Index von etwa 20 zu den unsicheren Verhütungsmethoden zählt, ist er noch immer eine sehr verbreitete Methode zur Kontrazeption.

Bei der *Kalendermethode* (Knaus-Ogino-Methode) werden diejenigen Zyklustage berechnet, an denen das Eintreten einer Schwangerschaft unwahrscheinlich ist. Grundlage der Berechnung ist die Tatsache, daß auch bei unregelmäßen Zyklen die Corpus-luteum-Phase (2. Zyklushälfte) meist konstant 14 Tage andauert und daß die Befruchtungsfähigkeit der Eizelle 6–12 Stunden sowie der Spermien 2–3 Tage beträgt. Aus einem Menstruationskalender, der über mindestens 12 Monate geführt wurde, ergibt sich der kürzeste und der längste Zyklus: Die kürzeste Zykluslänge minus 17 Tage ergibt den ersten fruchtbaren Tag, der längste Zyklus minus 13 Tage ergibt den letzten fruchtbaren Tag. Beispiel für 27–31tägige Zyklen: 27–17 = 10. Zyklustag. 31–13 = 18. Zyklustag: fruchtbare Phase: 10.–18. Zyklustag. Die Methode gehört mit einem Pearl-Index von 15–40, je nach Literatur, zu den unsicheren Methoden.

Bei der *Temperaturmethode* wird durch sorgfältige Messung der Basaltemperatur der Temperaturanstieg am Ovulationstermin bestimmt. Die befruchtungsfähige Zeit wird berechnet vom 6. Tag vor dem frühesten beobachteten Temperaturanstieg bis 3 Tage danach. Der Pearl-Index beträgt etwa 3. Der katholische Pfarrer Hillebrand wurde für diese Methode der Empfängnisverhütung 1934 mit dem Ehrendoktor der Medizinischen Fakultät Köln geehrt.

Zu den wenigen vom Mann anwendbaren Verhütungsmitteln gehören die *Kondome* (Präservative). Erstmals beschrieben wurde die Methode bereits im alten Rom (Fischblasen als Kondom). Bei korrekter Anwendung beträgt der Pearl-Index etwa 3.

Das *Scheidendiaphragma* ist eine horizontal vor die Portio eingebrachte Gummischeidewand, wodurch das Aufsteigen der Spermien verhindert wird. Das Diaphragma wird von der Patientin vor dem Verkehr eingeführt und bleibt danach noch 6–8 Stunden in der Scheide. Pearl-Index 5–6.

Die *Portiokappe* ist eine Gummihülse, die nach der Menstruation über die Portio gestülpt und kurz vor der nächsten Menstruationsblutung wieder entfernt wird. Pearl-Index 7.

Chemische Verhütungsmittel sind als Schaumovula, Salben oder Scheidentabletten auf dem Markt. Sie werden vor dem Verkehr in die Scheide eingeführt und wirken spermizid (spermienabtötend). Als Wirkstoff enthalten sie die oberflächenaktiven Substanzen Octoxinol und Nonoxinol. Der Pearl-Index beträgt 0,7–7,0. In Entwicklung ist ein mit Spermiziden beschichteter Vaginalschwamm.

Das *Intrauterinpessar* (IUP, Spirale) wird in die Uterushöhle eingelegt und verbleibt dort, je nach Fabrikat, 1–5 Jahre. Das IUP besteht entweder nur aus Kunststoff oder ist mit einem Kupferdraht umwickelt oder enthält Gestagene, die kontinuierlich abgegeben werden. Durch das IUP wird die Implantation des befruchteten Eies verhindert. Durch das Kupfer wird u. a. die spermizide Wirkung des IUP verstärkt. Unter dem lokalen Gestageneinfluß kommt es zu einer Störung des Endometriumaufbaus. Der Pearl-Index bei kupferhaltigen Spiralen beträgt 0,3–1,0.

Die Hauptwirkung der *hormonalen Kontrazeption* („Pille") besteht darin, daß durch zyklusgerechte Gabe von Sexualhormonen die Freisetzung von FSH und LH aus dem Hypothalamus verhindert wird. Dadurch kommt es zur Ovulationshemmung. Darüber hinaus greifen die über die Pille zugeführten Hormone auch direkt am Ovar und am Endometrium ein, erhöhten die Viskosität des Zervixschleimes und hemmen die Befruchtungsfähigkeit der Spermien.

Bei den *Kombinationspräparaten* wird vom 5. bis 24. Zyklustag eine Östrogen-Gestagen-Kombination eingenommen. 2–4 Tage nach Einnahme der letzten Pille kommt es zu einer Abbruchblutung. Bei den Zwei- bzw. Dreiphasenpräparaten wechselt in den einzelnen Phasen das Verhältnis der Östrogene und Gestagene zueinander. Dadurch wird die Hormonzufuhr mehr den natürlichen Verhältnissen angepaßt. Die Kombinationspille gehört mit einem Pearl-Index von 0,2–0,5 zu den sichersten Kontrazeptiva überhaupt.

Bei der *Minipille* handelt es sich um kontinuierliche eingenommene niedrig dosierte Gestagene. Die Wirkung besteht nicht in einer Hemmung des Eisprungs wie bei den Kombinationspräparaten, sondern hauptsächlich in einer Veränderung des Zervixschleimes, wodurch die Spermienpenetration verhindert wird. Pearl-Index 1–2.

Die *postkoitale Kontrazeption* („Pille danach") ist keine Methode zur routinemäßigen Empfängnisverhütung, sondern nur für Ausnahmen bestimmt. Zwei Dragees einer Östrogen-Gestagen-Kombination werden innerhalb von 48 Stunden nach dem ungeschützten Verkehr eingenommen, zwei weitere 12 Stunden später.

Sämtliche oben beschriebenen Methoden sind dazu bestimmt, die Empfängnisverhütung zeitlich begrenzt durchzuführen, mit der Möglichkeit einer späteren Schwangerschaft. Ist die Familienplanung endgültig abgeschlossen, besteht die Möglichkeit der *Sterilisation* eines der Partner. Bei der Frau werden dabei, meist über eine Bauchspiegelung, beide Eileiter durchtrennt. Die Sterilisation des Mannes geschieht durch eine Teilresektion oder Ligatur des Samenleiters (Vasektomie). Bei der Sterilisation ist zu bedenken, daß beide Verfahren in der Regel irreversibel sind. Es muß daher eine sehr ausführliche Beratung der Partner vor einem solchen Eingriff erfolgen.

Erkrankungen der weiblichen Brust

Entwicklung, Entwicklungsstörungen

Die ersten Anlagen der Milchdrüsen entwickeln sich in der 7. Embryonalwoche aus der Milchleiste, die sich beiderseits von der Achselhöhle entlang der Brustwand bis in die Leistenregion erstreckt.

Überzählige Brustwarzen (Polythelie) oder überzählige Brüste (Polymastie) finden sich bei 1,5% der Bevölkerung. Das völlige Fehlen einer oder beider Brustdrüsen (Amastie) ist selten. Die abnorme Vergrößerung der Brüste im Pubertätsalter (pubertäre Makrosomie), teils einseitig, teils symmetrisch, ist die Folge einer fortdauernden Östrogenwirkung auf das Drüsengewebe. Oft zeigen sich orthopädische Beschwerden und psychische Störungen. Therapeutisch ist die operative Verkleinerung der Brüste (Reduktionsplastik) möglich.

Mastopathie

Unter den Begriff der Mastopathie fällt eine Vielzahl von hormonabhängigen Veränderungen am Brustdrüsengewebe. Sie findet sich bei 20 bis 40% der Frauen zwischen dem 20. Lebensjahr und den Wechseljahren. Überzufällig häufig zeigen sich Zyklusstörungen mit verlängerter Follikelphase (1. Zyklushälfte) oder zu kurzer Lutealphase (2. Zyklushälfte). Hierdurch kommt es zu einem Ungleichgewicht zwischen Östrogenen und Gestagenen, mit einer Bevorzugung der Östrogene. Dies hat einen vermehrten Proliferationsreiz auf alle Gewebeanteile des Brustdrüsenkörpers zur Folge. Die Einteilung der Mastopathie erfolgt nach histologischen Gesichtspunkten; die häufigste Form ist die fibrös-zystische Mastopathie. Bei 5% der histologisch gesicherten Mastopathien finden sich in den Milchgängen Proliferationen mit Zellatypien. Hier besteht ein 5faches Risiko der bösartigen Entartung.

Typischerweise finden sich stechende, ziehende Brustschmerzen, meist beiderseits, einige Tage bis zwei Wochen vor der Menstruation. Mit Einsetzen der Blutung gehen die Beschwerden zurück. Wenn nur Schmerzen in der Brust bestehen, wird dies als Mastodynie bezeichnet. Bei fortgeschrittener Mastopathie bestehen menstruationsunabhängige Beschwerden. Die Palpation der Brüste kann schmerzhaft sein. Je nach dem Stadium tastet man diffuse oder bis zu 3 cm große Gewebeverdichtungen, insbesondere im oberen äußeren Quadranten der Brust. Bei 30% der Patientinnen beobachtet man eine Sekretion aus den Brustwarzen.

Bei den Untersuchungsmethoden steht neben der klinischen Untersuchung die Mammographie (Röntgenaufnahme der Brust) an erster Stelle. Bei tastbaren Knoten kann durch die Ultraschalluntersuchung zwischen Zysten und soliden Tumoren unterschieden werden.

Bei isolierten, soliden Knoten muß unabhängig vom klinischen Eindruck eine Probeexzision erfolgen, da nur durch die histologische Untersuchung ein Karzinom sicher ausgeschlossen werden kann. Ziel der Therapie ist es, nach Ausschluß eines bösartigen Prozesses das Fortschreiten der Mastopathie aufzuhalten und die Schmerzen zu vermindern. Medikamentös wird versucht, in die endokrinen Abläufe einzugreifen, um das Hormonungleichgewicht auszugleichen. Dies geschieht durch die Gabe von Hormonen (Gestagene, „Pille“) oder Medikamenten, die die körpereigene Hormonbildung unterdrücken (Antigonadotropine, Prolaktinhemmer, Antiöstrogene). In den Wechseljahren, nach dem Ausbleiben der ovariellen Östrogenproduktion, bessern sich die Beschwerden spontan.

Fibroadenom

Die häufigste gutartige Geschwulst der weiblichen Brust ist das Fibroadenom. Der Häufigkeitsgipfel liegt zwischen dem 30. und 35. Lebensjahr. Es handelt sich um Knoten mit Epithel- und Bindegewebsanteilen. Die Tumoren wachsen langsam über mehrere Jahre und werden erbs- bis pflaumengroß. Das Risiko der bösartigen Entartung von gutartigen Brusttumoren ist extrem gering.

Man tastet, meist einseitig, einen soliden Knoten, der gut abgrenzbar, derb und beweglich gegenüber dem übrigen Brustgewebe ist. Oft finden sich ziehende Schmerzen im Bereich des Knotens.

Die Therapie besteht in der Exstirpation des Knotens von einem kosmetisch günstigen Hautschnitt aus.

Mastitis nonpuerperalis

Als Mastitis nonpuerperalis bezeichnet man eine Entzündung der Brustdrüse außerhalb des Wochenbettes. Ursache ist zumeist eine vermehrte areoläre Sekretion, bedingt durch eine vermehrte Produktion des Hormons Prolaktin bzw. eine erhöhte Empfindlichkeit der Hormonbindungsstellen für Prolaktin im Gewebe. Ein Sekretstau im Bereich der Milchgänge kann zu einem örtlichen Abszeß führen, der dann sekundär bakteriell infiziert werden kann.

Die Erkrankung tritt immer einseitig auf. Das führende klinische Symptom ist eine starke Rötung und Überwärmung der erkrankten Brust. Die Lymphknoten sind oft schmerzhaft angeschwollen. Fieber findet sich nur selten.

Bei kleineren Entzündungen reicht es aus, die Prolaktinsynthese mit Bromocriptin (Pravidel) zu drosseln. Bei ausgeprägten Prozessen muß zusätzlich antibiotisch behandelt werden. Differentialdiagnostisch ist stets das inflammatorische Mammakarzinom auszuschließen, das mit den gleichen Symptomen auftreten kann. Im Zweifelsfall ist daher eine Probeexzision aus den befallenen Hautpartien zu entnehmen.

Mammakarzinom

Das Mammakarzinom der Frau gehört zu den häufigsten Krebsformen überhaupt. In der Bundesrepublik erkranken jedes Jahr etwa 24 000 Frauen an Brustkrebs, d. h., jede 15. Frau muß sich im Laufe ihres Lebens mit dieser Krebserkrankung auseinandersetzen. Männer erkranken 100mal seltener als Frauen. In den westlichen Ländern ist der Brustkrebs 7mal häufiger als in Japan. Japanerinnen jedoch, die in die USA ausgewandert sind, zeigen eine Zunahme der Erkrankungshäufigkeit in der zweiten Generation entsprechend den Amerikanerinnen. Dies zeigt, daß neben anderen Ursachen auch die Umweltfaktoren die Entwicklung des Mammakarzinoms begünstigen. In Regionen mit hoher Brustkrebshäufigkeit findet man eine erhöhte Kalorienzufuhr, insbesondere an tierischen Fetten, ferner eine verminderte Zufuhr an faserreicher Kost. Das Wachstum des Mammakarzinoms ist hormonabhängig. Entsprechend ist das Risiko erhöht mit Verlängerung der Geschlechtsreifedauer (Zeit zwischen Menarche und Menopause). Es gibt derzeit keine Beweise, daß Ovulationshemmer zu einer Zunahme der Erkrankungshäufigkeit führen. Dagegen besteht eine deutliche familiäre Häufung, jedoch im wesentlichen nur bei Mammakarzinomen prämenopausaler Frauen. Das Erkrankungsrisiko ist besonders hoch (50%!) wenn Verwandte I. und II. Grades (Mutter, Schwester, Großmutter) vor Erreichen der Wechseljahre an einem beiderseitigen Brustkrebs erkrankt sind.

Ausgangsort des Mammakarzinoms können die großen Milchgänge (7%) sein, die Endaufzweigungen der Milchgänge (86%) vor dem Einmünden in die Drüsenläppchen und die Drüsenläppchen selbst (7%). Über die Hälfte der Brustkrebse finden sich im oberen äußeren Quadranten der Brust.

Die Einteilung des Tumorstadiums erfolgt nach dem TNM-System (Tumor, Nodulus, Metastase). T = Tumor in der Brust, T_1 = Tumor bis 2 cm im Durchmesser, T_2 = Tumorgröße 2–5 cm, T_3 = Tumor über 5 cm; N = Achsellymphknoten; M = Fernmetastasen. Die Ausbreitung des Brustkrebses geschieht häufig parallel über die Lymphbahnen und die Blutgefäße. Bevorzugte Metastasierungsorte sind Lunge einschließlich Pleura, Leber, Knochen und Zentralnervensystem.

Eindeutige Warnhinweise gibt es nicht. Verdächtig und abklärungsbedürftig ist jeder tastbare Knoten in der Brust, unabhängig vom Alter der Patientin. Darüber hinaus sind folgende Befunde suspekt, im Falle eines Karzinoms zumeist aber schon Ausdruck eines fortgeschrittenen Tumorgeschehens: Hauteinziehungen, zunehmende Größenunterschiede der Brüste, Ulzerationen, blutige Sekretion aus der Mamille, umschriebene Großporigkeit der Haut, Einziehung der Mamille.

In der Mammographie zeigt der Brustkrebs meist ein typisches Bild (z. B. strahlige Mikroverkalkungen). Oftmals ist dies der einzige Hinweis auf ein Karzinom, wenn kein Knoten tastbar ist. Tastbare Knoten können punktiert werden, um Material für eine zytologische Untersuchung zu gewinnen. Die Sonographie und Thermographie sind ebenfalls diagnostische Hilfsmittel für die Abklärung eines auffälligen Befundes in der Brust, sind aber bezüglich ihrer Treffsicherheit hinter der Mammographie einzuordnen. Letztlich kann eine eindeutige Diagnose nur histologisch gestellt werden. Bei Verdacht wird der Knoten exstirpiert und während der Narkose mikroskopisch untersucht (Schnellschnittuntersuchung). Vom Ergebnis wird der weitere Verlauf der Operation abhängig gemacht.

Bei histologisch nachgewiesenem Karzinom besteht die Therapie entweder in der Amputation der Brust und Exstirpation der gleichseitigen Achsellymphknoten oder – bei Tumoren unter 2–3 cm Durchmesser – in einer brusterhaltenden Segmentresektion mit axillärer Lymphknotenentfernung. Hierbei wird der Knoten weit im Gesunden umschnitten. Im Anschluß erfolgt eine Strahlenbehandlung des Restdrüsengewebes, um eventuelle Mikrometastasen zu eliminieren. Wird die Brust amputiert, ist in der Regel keine Bestrahlung erforderlich. Die Notwendigkeit einer postoperativen adjuvanten Chemotherapie ist vom metastatischen Befall der Lymphknoten abhängig.

Aus dem Tumorgewebe werden u. a. Hormonrezeptoren bestimmt (Östrogen- und Progesteronrezeptoren). Sind diese nachweisbar, muß man davon ausgehen, daß das Wachstum des Tumors auch durch die körpereigenen Hormone stimuliert wurde. In Abhängigkeit davon, ob die Patientin vor oder nach den Wechseljahren erkrankt ist, wird dann eine Antiöstrogentherapie durchgeführt.

Ist die Amputation der Brust notwendig, besteht die Möglichkeit einer Brustrekonstruktion. Hierbei wird in gleicher Sitzung eine sog. Dehnungsprothese unter den M. pectoralis major eingelegt. Ein Auffüllventil wird unter der Haut fixiert. Über dieses Ventil wird jetzt in wöchentlichen Abständen die Prothese mit einer Flüssigkeit langsam aufgefüllt. Dadurch dehnt sich der Muskel samt der über ihm sitzenden Haut. Nach ca. 6 Monaten wird in einem zweiten Eingriff die Dehnungsprothese gegen eine endgültige Prothese ausgetauscht.

Die Prognose ist in erster Linie abhängig von der Größe des Tumors und der Anzahl der befallenen Lymphknoten. Wichtig ist daher, das Karzinom in einem möglichst frühen Stadium zu erkennen. Dies ist nur durch eine konsequente Vorsorge möglich: Jede Frau soll regelmäßig nach der Periodenblutung die Brust selbst auf Knoten hin abtasten und vor dem Spiegel auf Unregelmäßigkeiten achten (bis zu 80% der Brustkrebse werden von der Patientin selbst entdeckt). Jährliche Vorsorge durch den Arzt. Ab dem 40. Lebensjahr sollte in 2jährigen Abständen eine Mammographie durchgeführt werden, bei Risikopatientinnen entsprechend früher.

Krankengymnastische Behandlung

Mammakarzinom

Die krankengymnastische Behandlung nach einer Brustoperation mit axillärer Ausräumung (auch mit Aufbau) gehört in den Bereich der rehabilitativen Maßnahmen. Sie muß sich bereits im Krankenhaus nahtlos an die ärztlichen Maßnahmen anschließen und bis zur klinischen Entlassung durchgeführt werden. Gewöhnen sich die Patientinnen aus Unkenntnis oder aufgrund von Fehlinformation eine Schonhaltung und Ausweichbewegungen im betroffenen Arm an, sind diese später oft kaum mehr rückgängig zu machen und bedingen massive Beschwerden.

Der Behandlungsbeginn ist ein besonderer Diskussionspunkt. Die Unterschiede reichen von bereits am ersten postoperativen Tag durchgeführten Schulterbewegungen bis zur Mobilisation erst nach Entfernung der Drainagen.

Befund

- Atmung:
  - Schmerzen beim Atmen;
  - die Atembewegungen sind im kostosternalen Bereich nach ventralkranial vermindert.
- Haut:
  - Veränderung der Oberflächensensibilität am Oberarm (Taubheitsgefühl);
  - veränderte Durchblutungsverhältnisse des Armes.
- Muskulatur:
  - evtl. sehnenförmige Narbenstränge im Bereich der Achselhöhle;
  - Hypertonus im Bereich der Schulter- und Nackenmuskulatur;
  - Hypotonus der Oberarmmuskulatur.
- Statik:
  - An der operierten Seite Schulterhochstand.
  - Wirbelsäule: Lateralflexion mit verstärkter Flexion der Brustwirbelsäule.
  - Haltung des Kopfes: Abweichung nach vorne.
- Gangbild:
  - Haltung des Armes in schmerzfreier Stellung;
  - Armpendel wird nicht oder kaum durchgeführt.

Häufig wird über Schmerzen geklagt, die von der Achselhöhle bis zum Handgelenk ausstrahlen können und die Ellenbogenstreckung behindert.

Gesichtspunkte

- Postoperative Thrombose – Embolie – Pneumonieprophylaxe;
- Mobilisation des Schultergelenks (Kontrakturprophylaxe);
- Vermeidung von Schonhaltungen und asymmetrischen Bewegungsabläufen;
- prophylaktische bzw. gezielte Förderung des venösen und lymphatischen Rückflusses;
- Schulung von Körpergefühl mit koordinierten Bewegungsabläufen unter besonderer Berücksichtigung des betroffenen Armes und des Oberkörpers;
- Beratung für alltägliche Verhaltensweisen;
- Körperwahrnehmung.

Behandlungsablauf

1. Tag postoperativ:
- Atemgymnastik: kostodiaphragmale Atembewegung bewußt machen;
- evtl. inhalieren;
- aktive Fuß- und Beinübungen.

Um eine Asymmetrie in der Körperhaltung zu vermeiden, wird auf eine Lagerung des Armes verzichtet, sofern keine Ödembildung vorliegt.

Die Patientinnen werden darüber informiert, daß sie Alltagsbewegungen wie Essen, Kämmen, Waschen usw. mit dem betroffenen Arm ausführen sollen, soweit es die Drainagen und der Wundschmerz zulassen. Die Mobilisation der Schulter beginnt am Tag nach der Operation. Das Ausmaß richtet sich nach der Narbenspannung und dem Schmerzempfinden.

Von Anfang an werden bei jeder Übung immer beide Arme mitbewegt, um eine Haltungsasymmetrie zu vermeiden.

Kompensatorische Bewegungen, wie z. B. das Hochziehen der Schulter auf der operierten Seite, werden korrigiert. Sie beeinflussen die Haltung und auch das Gangbild und sind später nur schwer zu beseitigen.

Übungsbeispiele:
- Mit Unterstützung der Physiotherapeutin (sie nimmt die Schwere des Armes ab) führt die Patientin ihre Hand aktiv in alle Richtungen (Gesicht, Ohren, Haar).
- Den Oberarm mit gebeugtem Ellenbogen auf der Bettunterlage bis ca. 90 Grad abduzieren.
- Je nach Schmerzgrenze die Übung 1 erweitern, Ellenbogen strecken, den Daumen dabei nach oben drehen = Außenrotation.
- Ellenbogen beugen und versuchen, den Handrücken auf die Bettunterlage zu legen = volle Außenrotation.

Empfehlungen für das Verhalten nach Brustoperationen mit Lymphknotenentfernung aus der Achselhöhle

1. *Allgemein*
   - Schweres Heben und Tragen vermeiden
   - Gewohnte Tätigkeiten wieder aufnehmen
   - Keine Schonhaltung einnehmen
   - Auf Anschwellen des Armes achten
   - Beide Arme gleichwertig wechselweise benutzen
   - Betroffenen Arm nicht über längere Zeit hängen lassen
   - Betroffenen Arm oft hochlagern
   - Erlernte Gymnastik *regelmäßig* durchführen
   - Keine einschnürende Kleidung tragen (keine Gummibänder)
2. *Haushalt und Garten*
   - Verletzungen am betroffenen Arm vermeiden
   - Auch leichte Verletzungen ernstnehmen und sorgfältig behandeln (Tetanusimpfung durchführen lassen, Infektion vermeiden)
   - Häufige Verletzungsursachen: Küchenmesser, Nähnadel, heißes Wasser, Öfen, Herde, Bügeleisen, Dornen, Stacheln, Insektenstiche, hautreizende Reinigungsmittel
   - Vorsicht beim Bügeln und Fensterputzen
3. *Sport und Körperpflege*
   - Mit kurzen Trainingszeiten beginnen und Verträglichkeit prüfen
   - Überanstrengung vermeiden
   - Häufig kurze Pausen einlegen
   - Schwimmen ist besonders zu empfehlen
   - Baden und Duschen erlaubt (bei Bestrahlung Zeitabstand beachten)
   - Vorsicht bei speziellen Wärmeanwendungen im Operationsbereich und am betroffenen Arm (Sonnenbrand, Höhensonne, Sauna, heiße Packungen)
   - Deodorants zurückhaltend anwenden
   - Fingernägel sorgfältig schneiden
   - Bei Sportarten, bei denen ruckartige Schulterbewegungen des betroffenen Armes ausgeführt werden (z. B. Squash, Tennis), sollte man vorsichtig sein
4. *Ernährung*
   - Gewichtszunahme verhindern
   - Abwechslungsreiche, vitaminhaltige, fettarme Kost bevorzugen
5. *Urlaubsplanung*
   - Meiden Sie insektenverseuchte Gebiete
6. *Beim Arzt*
   - Arzt auf Brustoperation hinweisen
   - Keine Manipulationen am betroffenen Arm durchführen lassen (Spritzen, Blutabnahme, Blutdruckmessung, Impfungen)
   - Bei Verletzungen, Schwellungen, Entzündungen, Hautveränderungen betroffenen Arm ruhigstellen und hochlagern, ohne Verzögerung Arzt aufsuchen!
   - Falls Lymphödem vorhanden, Behandlung des Lymphödems durch Lymphdrainage, keine knetende Massage

Wichtiger Hinweis: Unabhängig von Voroperationen sollte jeder einen Tetanusimpfschutz besitzen, denn nur so kann die schwerwiegende Komplikation des Wundstarrkrampfes auch bei kleineren Verletzungen sicher vermieden werden.

a

Richtlinien für die krankengymnastische Behandlung nach einer Brustoperation mit Entfernung der Lymphknoten aus der Achselhöhle

1. Die einzelnen Übungen dürfen keine Schmerzen verursachen, sollen nicht zu anstrengend sein.
2. Ruckartige, schleudernde oder zerrende Bewegungen sind verboten (z. B. an der Sprossenwand hängen).
3. Kein Zug, kein Druck, kein Widerstand!
4. Da schweres Heben und Tragen verboten ist, sollten auch keine Übungen mit Hanteln ausgewählt werden.
5. Keine knetende Massage des betroffenen Armes oder Narbenmassage in der Achselhöhle.

   Übungen vor dem Spiegel korrigieren, auf die Schulterhöhe achten

Zu Beginn entstauende Übungen für das Gefäßsystem:

1. Finger zur Faust – wieder strecken.
2. Finger zur Faust – Arm beugen – Finger strecken – Arm strecken, dabei dei Arme langsam höher wegstrecken.
3. Arm so hoch wie möglich strecken – Finger zur Faust strecken.

Zur Mobilisation des Schultergelenkes:

1. Hände falten – beide Arme anbeugen – wieder strecken, dabei langsam nach oben bewegen.
2. Beide Arme gestreckt hoch, dabei einatmen – Senken der Arme, ausatmen.
3. Hände auf die gleichseitigen Schultern legen – Ellenbogen seitlich wegstrecken.
4. Gestreckte Arme seitlich hochheben – Hände im Nacken verschränken – Arme wieder seitlich wegstrecken.
5. Beide Hände auf dem Rücken fassen – mit der Einatmung aufrichten, dabei die Arme nach unten schieben.
6. Hände auf die gleichseitigen Schultern legen – am Schultergürtel kreisen. Das gleiche mit seitlich ausgestreckten Armen.
7. Kreise beschreiben:
   a) mit einem Arm – Arm vor, über oben nach hinten, wieder vor.
   b) Arm seitlich abspreizen, über oben hinüber zur anderen Seite, herunter.
   c) Übungen a) und b) mit beiden Armen.
8. Sitz auf Hocker, Arme auf den Knien – Wirbelsäule einrollen – langsam wieder aufrichten bis zum Sitz – Arme seitlich strecken, Handflächen zeigen nach oben.
9. Mit den Händen die Wand hochgehen, gerade und schräg.
10. Brustschwimmbewegungen im Sitzen auf dem Hocker.
11. Schwimmen (nach Absprache mit dem Arzt).

b

◀ Abb. **9a–b** Merkblätter der Universitäts-Frauenklinik Heidelberg für Patientinnen nach Brustoperationen.

Die Patientin wird angeregt, selbst zu üben, z. B. die gefalteten Hände in den Nacken zu legen = volle Außenrotation oder mit gefalteten Händen und gestreckten Ellenbogen die Arme so weit, wie es der Schmerz zuläßt, nach hinten zu führen. Vorrangig werden Abduktion, Außenrotation und Elevation geübt, da diese die Bewegungsrichtungen sind, die am ehesten zur Einschränkung neigen (auch PNF-Technik).

Nach dem Fädenziehen und bei guten Wundverhältnissen darf über die Schmerzgrenze hinaus bewegt werden. Es kann jetzt auch im Sitz, im Stand und in der Fortbewegung geübt werden. Als Übungsgeräte dienen Ball, Stab und Handtuch. Zur Selbstkontrolle wird ein Spiegel eingesetzt. Der Patientin soll nicht beim An- und Ausziehen geholfen werden, da diese Tätigkeiten als Teil der Übungstherapie gesehen werden (Übungsbeispiele zur Schulung von Körpergefühl und ökonomischer Sitzhaltung, s. S. 80).

Zu vermeiden sind ruckartige und zu anstrengende krankengymnastische Übungen; ebenso auch das zu frühe unsachgemäße Bewegen des Schultergelenks nach der Operation, da dies eine verstärkte Narbenbildung in der Achselhöhle zur Folge haben kann. Dadurch wird die Regeneration der durchtrennten Lymphgefäße verhindert und ein Lymphödem gefördert. Zu einer Narbenbildung kann auch die Röntgenbestrahlung führen, auf welche aber nicht verzichtet werden kann, falls sie zur Krebsbehandlung erforderlich ist. Um einem Lymphstau vorzubeugen, wird die Patientin angeregt, im Alltag prophylaktische Positionen einzunehmen, z. B. den Arm im Sitzen auf die Lehne zu legen, im Stehen und Gehen die Hand in die Mantel- und Gürteltasche zu stecken oder die Arme seitlich in die Hüften zu stützen. Zusätzlich werden entstauende Übungen gezeigt, die regelmäßig durchgeführt werden sollten (z. B. Isometrie der Armmuskulatur).

Die Einzelbehandlung hat Vorrang. Durch die persönliche Zuwendung wird die Patientin auch eher bereit sein, Ängste und Probleme zu äußern. Die Teilnahme an einer Gruppe ist abhängig von der allgemeinen Belastarkeit und der Mobilität des Schultergelenks. 2–3 Wochen nach der Operation werden die Patientinnen entlassen, sie erhalten ein Rezept über 10–12 krankengymnastische Behandlungen und ein Informationsblatt, auf dem Empfehlungen gegeben werden, was sie zur Vorbeugung eines Lymphödems tun bzw. lassen sollen mit einigen Übungsbeispielen für zu Hause (Abb. **9**). Zur weiteren Nachbehandlung werden Sportarten (z. B. Schwimmen, spezielle Gymnastikgruppen) und Entspannungstherapie empfohlen, ebenso die Teilnahme an Selbsthilfegruppen. Auch während der Bestrahlungszeit soll die Krankengymnastik in jedem Fall weiter durchgeführt werden, da in dieser Zeit das Narbengewebe schrumpft und dadurch die Beweglichkeit des Schultergelenks wieder eingeschränkt sein kann.

Abb. **10 a–b** Partnerübungen mit dem Stab

Abb. **11** Partnerübungen mit dem Hocker.

Es wird empfohlen, zu Beginn täglich, später 2- bis 3mal wöchentlich zu üben. Hier wird die Gruppenbehandlung bevorzugt, wobei die Patientinnen lernen, selbständig unter gegenseitiger Kontrolle zu üben (Abb. **10** u. **11**). Gleichzeitig bietet sie den Patientinnen die Möglichkeit, Kontakte zu anderen Frauen aufzunehmen, die sich in einer vergleichbaren Situation befinden. Dadurch können sie ihre Isolation zum Teil aufheben und eine Verbesserung ihrer Lebensqualität erreichen. Grundsätzlich können Krankengymnastik und geeignete sportliche Betätigung einen positiven Einfluß auf das veränderte Selbstwertgefühl und die psychischen Probleme der Patientinnen ausüben.

Entzündliche Genitalerkrankungen

Allgemeines

Unspezifische entzündliche Erkrankungen des Genitales sind häufig. Da über Scheide und äußeres Genitale die inneren Genitalorgane in direkter Verbindung mit der Außenwelt stehen, können unter bestimmten Bedingungen Krankheitserreger über Vagina, Zervix und Uteruskavum aufwandern und sich über die Eileiter bis in den Bauchraum ausbreiten (aszendierende Infektion). In allen Abschnitten des weiblichen Genitales gibt es physiologische Abwehrmechanismen, die dem Ausbreiten einer Infektion entgegenwirken: Die großen und kleinen Labien sowie das Aufeinanderliegen der Scheidenwände stellen einen mechanischen Schutz dar. In Abhängigkeit der Eierstockhormone und der Milchsäurebakterien (Döderlein-Stäbchen) wird ein saures Vaginalsekret gebildet (pH 4–4,5). Der Zervikalkanal ist außerhalb der Menstruation mit einem Schleimpfropf verschlossen. Die Fimbrienenden der Eileiter haben die Fähigkeit zu verkleben, um das Ausbreiten einer Infektion in den Bauchraum zu verhindern.

Entzündliche Veränderungen der Vulva

Haut und Schleimhaut der Vulva kommen ständig mit den Ausscheidungen aus Blase, Vagina und Rektum in Kontakt. Infolge mangelhafter Hygiene und/oder vermehrter Schweißabsonderung, aber auch als Folge des Diabetes mellitus kann es zu entzündlichen Veränderungen kommen. Diese verlaufen meist diffus im gesamten Vulvabereich und sind vorwiegend durch Bakterien oder Pilze verursacht. Wenn es durch eine Keimbesiedlung zur Verlegung des Ausführungsganges der Bartholin-Drüse kommt, entwickelt sich der sog. Bartholin-Abszeß. Dieser kann bis Hühnereigröße erreichen und muß chirurgisch saniert werden. Meist als Infektion durch den Geschlechtsverkehr findet man im Vulva- und Vaginalbereich den Herpes genitalis und die spitzen Kondylome, beides Virusinfektionen.

Entzündliche Veränderungen der Scheide

Die Vagina wird von nichtverhornendem Plattenepithel ausgekleidet. Sie wird befeuchtet durch Zervixschleim sowie durch Sekret aus dem Uteruskavum. Während der sexuellen Erregung kommt es zusätzlich zu einer Flüssigkeitsabsonderung durch das Vaginalepithel. Im allgemeinen ist immer eine geringe Sekretmenge in der Scheide vorhanden; im mikroskopischen Bild sind im Normalfall nur abgeschilferte Epithelzellen, Döderlein-Bakterien und wenig Leukozyten zu erkennen. Erfolgt jedoch eine Fehlbesiedlung der Scheide durch Bakterien, Pilze oder Trichomonaden, so sind die Zeichen einer Entzündungsreaktion mit Leukozytenanreicherung des Sekrets gegeben. Die Patientin bemerkt einen vermehrten Fluor (Ausfluß), der evtl. von Brennen oder Juckreiz und üblem Geruch begleitet ist. Durch die mikroskopische Untersuchung des Vaginalsekrets und die klinische Untersuchung läßt sich meist direkt feststellen, ob es sich um eine Infektion durch Trichomonaden, Pilze oder Bakterien handelt.

Entzündliche Veränderungen von Uterus und Adnexen

Eine Entzündung der Zervix bzw. des Zylinderepithels des Zervikalkanals, das sich in Abhängigkeit vom Lebensalter auch teilweise auf die Portio zirkulär ausbreiten kann (Ektopie), ist nicht selten, jedoch meist ohne Krankheitswert. Die Entzündung der Gebärmutterschleimhaut erfolgt fast immer nur dann, wenn eine Störung der zervikalen Grenze (Schleimpfropf) vorliegt. Nur bei bestimmten Ereignissen, wie während der Menstruation, nach Fehlgeburten, im Wochenbett oder nach instrumentellen Eingriffen, wie Ausschabungen der Gebärmutter, kann es zum Aufwandern von Keimen (Aszension) kommen. Die Entzündung der Gebärmutterschleimhaut geht mit Schmerzen und Schmierblutungen einher. In vielen Fällen schließt sich bald ein Weiterwandern der Entzündung mit Befall der Eileiter (Salpingitis) an. Es erfolgt eine Infiltration der Tubenschleimhaut mit Leukozyten, das Fimbrienende der Tuben verklebt, ebenso verschließt sich der uterusnahe Teil der Tube. Das entzündliche Sekret sammelt sich im Tubenlumen an, die Tube schwillt an. Die Patientin klagt über Schmerzen einseitig oder beiderseits im Unterleib. Erhöhte Temperaturen, eine beschleunigte Blutkörperchensenkungsreaktion sowie eine Leukozytose im Blut sind die Folge. Unter entsprechender antibiotischer Behandlung kann meist ein rascher Rückgang der Erkrankung erzielt werden. In einzelnen Fällen werden die Ovarien mitbefallen. Da im allgemeinen eine klinische Differenzierung zwischen Salpingitis (Eileiterentzündung) und Oophoritis (Eierstockentzündung) nicht möglich ist, wird von der Entzündung der Anhangsgebilde des Uterus (Adnexe), von Adnexitis gesprochen. Geht die Entzündung auch über diesen Bereich hinaus, so kann eine Infektion des Bauchfellüberzuges des kleinen Beckens (Pelveoperitonitis) erfolgen. In sehr seltenen Fällen kann eine generalisierte Peritonitis Folge der aszendierenden Infektion im Genitalbereich sein.

Wird eine Entzündung im Bereich der Adnexe frühzeitig erkannt und intensiv behandelt, so kann eine völlige Ausheilung erreicht werden. In anderen Fällen ist ein subakutes oder chronisches Stadium die Folge. Eine sackartige Erweiterung des Tubenlumens durch Eiter (Pyosalpinx) oder eine seröse Flüssigkeit (Hydrosalpinx) können als Restzustände bestehen bleiben und müssen evtl. operativ saniert werden. Die Spätfolgen abgelaufener entzündlicher Adnexprozesse sind neben den gelegentlich noch lange anhaltenden subjektiven Beschwerden eine Sterilität infolge verschlossener Tuben oder eine Eileiterschwangerschaft durch Passagebehinderung des befruchteten Eies im wandgeschädigten Eileiter.

Geschlechtskrankheiten

Im Bundesgesetz zur Bekämpfung von Geschlechtskrankheiten von 1953 sind vier Erkrankungen aufgelistet, die hauptsächlich über den Geschlechtsverkehr übertragen werden. Es sind dies die *Gonorrhoe* (Tripper), die *Syphilis* (Lues), das *Ulcus molle* (weicher Schanker) und das *Lymphogranuloma inguinale* (venerische Lymphknotenerkrankung). Für diese Erkrankungen besteht eine Meldepflicht. Jeder Arzt muß die von ihm behandelte Anzahl der o. g. Erkrankungen dem Gesundheitsamt melden, ohne Angabe des Patientennamens. Wenn eine Behandlung vom Patienten verweigert wird, müssen auch Name und Anschrift des Patienten gemeldet werden. Alle anderen Erkrankungen, die über den Geschlechtsverkehr übertragen werden können (z. B. Trichomonaden, Pilze, AIDS) sind nicht meldepflichtig. Von zahlenmäßiger Bedeutung sind in unseren Breiten nur die Gonorrhoe und die Syphilis.

Der Erreger der *Gonorrhoe* ist Neisseria gonorrhoeae. Die Inkubationszeit beträgt 3–5 Tage. Meist findet sich zuerst eine Dysurie (Brennen beim Wasserlassen) sowie ein eitriger, gelblich-grüner Fluor. Bei einem Aufsteigen der Keime über den Zervixkanal hinaus kommen alle Symptome einer Adnexitis hinzu (s. dort). Der Nachweis der Keime erfolgt durch Abstriche aus der Harnröhrenmündung und dem Zervixkanal. Mittel der Wahl bei der Therapie ist Penizillin. Die Erkrankung hinterläßt keine Immunität. Eine erneute Ansteckung ist jederzeit möglich.

Die *Lues* wird durch das Treponema pallidum übertragen. Es werden drei Stadien der Erkrankung unterschieden (Lues I–III). Lues I: Nach einer Inkubationszeit von 2–3 Wochen bildet sich an der Stelle des Erregereintritts – meist am Genitale – der sog. Primäraffekt, das Ulcus durum, mit schmerzloser Schwellung der dazugehörigen Lymphknoten. Dieser Primäraffekt heilt nach 6–8 Wochen (auch ohne Behandlung) ab. Lues II: Unbehandelt tritt 8–12 Wochen nach den ersten Erscheinungen eine generalisierte Lymphknotenschwellung auf. Im Genitalbereich finden sich nässende Papeln, die Condylomata lata. Am Rumpf und den Extremitäten bildet sich ein makulopapullöses Exanthem aus. Lues III: Bei einer unbehandelten Lues kommt es nach 3–20 Jahren zur Ausbildung der Spätmanifestation, mit Rückenmarksschwindsucht (Tabes dorsalis), Organverstümmelungen usw. Die Therapie der Lues erfolgt mit Penizillin, hochdosiert, für 2–3 Wochen.

AIDS

Das *A*quired *i*mmune *d*eficiency *s*yndrome ist eine Viruserkrankung, die erstmals 1981 beschrieben wurde. Erreger ist das HIV-Virus. Das Virus zerstört das Immunsystem, so daß letztlich die körpereigene Abwehr gegen an sich banale Erkrankungen nicht mehr möglich ist. Die Übertragung des Virus erfolgt an erster Stelle über Blut, seltener über Genitalsekrete wie Samenflüssigkeit usw. AIDS-Viren wurden auch in Muttermilch, Urin, Tränenflüssigkeit und Speichel nachgewiesen. Auch die Infektion des ungeborenen Kindes ist transplazentar möglich. Die Inkubationszeit beträgt 0,5–8 Jahre, möglicherweise auch wesentlich länger. Wenn sich das Vollbild der Erkrankung ausbildet, beträgt die Letalität 100%. Eine spezifische Therapie des AIDS oder eine Impfung ist gegenwärtig nicht bekannt. Hier muß auf die jeweils aktuelle Literatur verwiesen werden. Die einzige Infektionsprophylaxe besteht z. Z. in einer konsequenten Vermeidung von direktem Kontakt mit menschlichem Blut oder Körperflüssigkeit.

Gutartige Genitalerkrankungen

Gutartige Tumoren

Der häufigste gutartige Tumor des weiblichen Genitales ist das Leiomyom des Uterus. Bei etwa 30% aller Frauen über 30 Jahren können myomatöse Veränderungen des Uterus festgestellt werden, meist jedoch ohne Beschwerden. Es handelt sich um eine Vermehrung der glatten Muskelfasern mit Wucherung des Bindegewebes. Die Myome sind knotige Gewebe, die in allen Abschnitten des Uterus zu finden sind.

Beschwerden entstehen insbesondere bei submukös, d. h. unter dem Endometrium in die Gebärmutterhöhle hineinwachsenden Myomen. Diese können zu krampfartigen Schmerzen während der Menstruation führen. Kann die Gebärmutter sich während der Menstruation durch das Myom nicht ausreichend kontrahieren, führt dies zu verlängerten und/oder verstärkten Blutungen. Große Myome können auf die Blase drücken und bewirken eine Harninkontinenz. Eine Therapie ist nur bei Beschwerden notwendig. Die operative Behandlung besteht im allgemeinen in der Hysterektomie. Besteht noch Kinderwunsch, kann eine isolierte Myomentfernung (Myomenukleation) versucht werden. Da Östrogene einen wachstumsfördernden Effekt auf Myome haben können, erklärt sich, daß die Myome sich in der Schwangerschaft plötzlich vergrößern können bzw. sich nach der Menophause zurückbilden.

Tumoren am Ovar werden oft zufällig im Rahmen von Vorsorgeuntersuchungen entdeckt. Da Ovarialtumoren sich zunächst ausdehnen können, ohne andere Organe zu beeinträchtigen, stellen sich Symptome in Form von ziehenden Schmerzen und Zunahme des Leibesumfangs oft erst spät ein. Man unterscheidet zwischen funktionellen Ovarialzysten und echten Neubildungen. Zu ersteren gehören die Follikelzysten, die entstehen können, wenn eine Ovulation ausbleibt und der Follikel durch Zunahme der Zystenflüssigkeit bis auf Faustgröße anwächst. Diese Zysten bilden sich meist spontan oder unter einer Gestagenbehandlung zurück. Zu den Neubildungen zählen u. a. das Zystadenom, die embryonalen Tumoren und die Ovarialfibrome. In der Regel müssen Ovarialtumoren operativ entfernt werden, da nur so eine bösartige Geschwulst ausgeschlossen werden kann.

Lagerveränderungen des Uterus

Die normale Lage des Uterus und seine Aufhängevorrichtung wurde bereits auf S. 116 beschrieben. Lageveränderungen des Uterus sind in allen Richtungen vorstellbar. Von wesentlicher Bedeutung sind jedoch nur die Senkung des Uterus (Descensus uteri) und in geringem Umfang die Knickung und Neigung des Uterus nach hinten (Retroflexio uteri).

Descensus uteri

Die Dehnung des Vaginalrohres und des Beckenbodens während der Geburt geht mit mehr oder minder ausgeprägten Gewebeverletzungen einher. Im Rahmen der Rückbildungsvorgänge im Wochenbett, unterstützt durch Wochenbettgymnastik und Schonung nach der Geburt, kann eine weitgehende Restitution erfolgen. In Einzelfällen jedoch, begünstigt durch eine konstitutionsbedingte Bindegewebsschwäche, durch Fettleibigkeit, durch rasch aufeinanderfolgende Geburten, durch schweres Heben und Tragen oder langes Stehen, kann eine Insuffizienz von Beckenboden, Vaginalwand und Halteapparat des Uterus bestehen bleiben. Dies kann zu einer unterschiedlich ausgeprägten Senkung des Uterus führen. Die dem Uterus anliegenden Organe (Blase, Rektum) und die Vagina treten ebenfalls tiefer, es kommt zu einer Senkung der vorderen Scheidenwand und der Blase (Zystozele) sowie der hinteren Scheidenwand mit dem Rektum (Rektozele) (Abb. **12**). Das Ausmaß des Tiefertretens des Uterus und der Nachbarorgane kann verschieden stark ausgeprägt sein: Ein Heruntertreten der Zervix bis hinter den Introitus wird als Descensus uteri Grad I bezeichnet. Ist die Zervix bei der Bauchpresse in der Vulva sichtbar, spricht man von einem Descensus uteri Grad II. Als Descensus uteri Grad III bezeichnet man den Totalprolaps: Bei der Bauchpresse ist der Uterus vollständig vor der Vulva gelegen, die Vagina ist nach außen gestülpt. Die Beschwerden der Patientinnen sind bestimmt durch ein Druckgefühl nach unten, durch Kreuzschmerzen infolge Zug an den Sakrouterinligamenten und der übermäßigen Lordosierung der Lendenwirbelsäule sowie vor allem durch die Funktionsstörun-

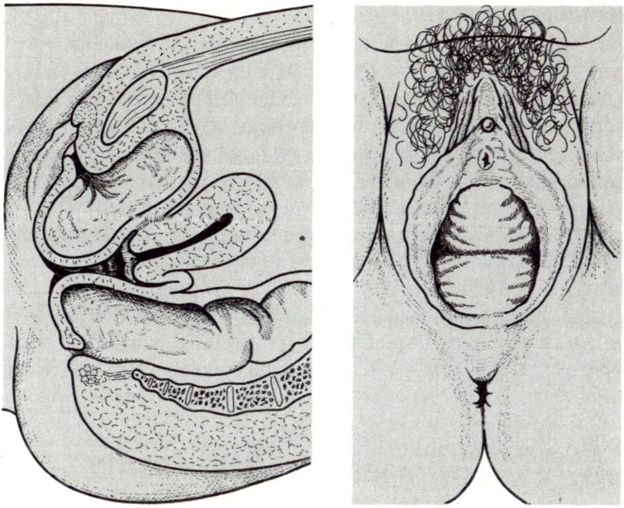

Abb. **12** Kombinierte Zystorektozele bei Deszensus des Uterus.

gen der Nachbarorgane. Durch das Tiefertreten der Harnblase und der Harnröhre ist in vielen Fällen der Blasenverschlußmechanismus gestört. Die Patientin gibt an, daß Urin unwillkürlich abgeht, beim Husten, Lachen oder Nießen (Harninkontinenz Grad I), bei schnellen Bewegungen oder Treppensteigen (HIK Grad II) oder auch schon im Stehen oder Liegen (HIK Grad III). Diese bei Belastungen auftretende Harninkontinenz wird als Streßinkontinenz bezeichnet. Die Beschwerden durch das Tiefertreten der hinteren Scheidenwand stehen meist weniger im Vordergrund, sie sind bestimmt durch Schwierigkeiten bei der Entleerung des Enddarmes.

Sind die Senkungserscheinungen nur wenig ausgeprägt, so kann eine gezielte krankengymnastische Behandlung mit Beckenbodengymnastik (s. unten) gute Erfolge bringen. In fortgeschritteneren Fällen von Deszensus des Uterus und der Nachbarorgane ist eine operative Behandlung meist angezeigt. Ziel dieser plastischen Operationen ist eine Unterpolsterung und Höhenverlagerung von Harnröhre und Harnblase, eine Verengung der überdehnten Vagina im Introitusbereich und eine Verschmälerung des Levatorspaltes durch Vereinigung der Levatorschenkel zwischen Vagina und Rektum. Meist wird gleichzeitig eine Hysterektomie durchgeführt, da der Uterus einen zusätzlichen Druck auf das erschlaffte Gewebe ausübt und ein Rezidiv begünstigt.

Retroflexio uteri

Normalerweise liegt der Uterus im Übergang zwischen Zervix und Korpus geknickt und nach vorne zur Bauchdecke geneigt im kleinen Becken (Anteflexion, Anteversion). In Einzelfällen ist er, besonders im Anschluß an Geburten, nach hinten geknickt, der Gebärmutterkörper liegt dann in der Kreuzbeinhöhle. Im allgemeinen verursacht dies keine Beschwerden, eine Behandlung ist nicht erforderlich. Vereinzelt ist der Uterus nicht mobil, sondern durch Verwachsungen fixiert. Hier können Beschwerden bestehen, wie Kreuzschmerzen, dysmenorrhöische Beschwerden oder Obstipation. Bei Eintritt einer Schwangerschaft kann es zum Abort durch Inkarzeration des Uterus im kleinen Becken kommen. In den seltenen Fällen des fixierten retroflektierten Uterus kann eine operative Aufrichtung (Antefixation) notwendig sein. Meist wird sich der Uterus in der Schwangerschaft jedoch spontan aufrichten können.

Krankengymnastische Behandlung

Descensus uteri

Die Senkungsbehandlung beginnt in Rückenlage unter Hochlagerung des Beckens und der Beine (Abb. **13**). Durch diese Ausgangsstellung wird eine Entlastung des Beckenbodens, eine mechanische Reponierung des Uterus sowie Entstauung des Beckens und der Beine erreicht. Es eignet sich dazu eine schräge Ebene oder ein Hocker, auf dem die Unterschenkel gelagert werden, Oberschenkel und Becken liegen auf einem zum Kreuz hin abfallenden Keilkissen. Wie hoch anfangs gelagert werden kann, richtet sich nach Alter und Kreislaufsituation der Patientin.

Unter Hochlagerung wird zuerst die bewußte Beckenbodenspannung erarbeitet (Übungsmöglichkeiten s. Wochenbettgymnastik, S. 186f). Gelingt die spontane Anspannung des Beckenbodens, kann mit leichten Bauchmuskelübungen begonnen werden. Hierbei ist zu beachten, daß

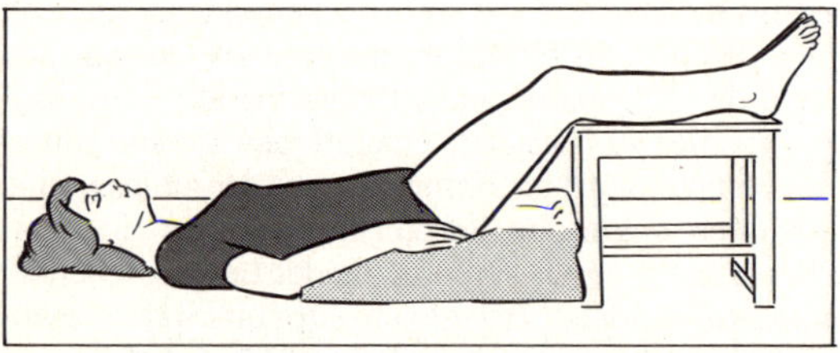

Abb. **13** Hochlagern des Beckens und der Beine zur Entlastung des Beckenbodens.

sämtliche Übungen erst nach vorausgegangener Beckenbodenspannung und nur während der Ausatmung durchzuführen sind, damit sich der erhöhte intraabdominale Druck nicht ungünstig auf den Beckenboden auswirkt.

Die Steigerung der Behandlung geschieht durch langsames Abbauen der Hochlagerung bis zur Horizontalen, wodurch der Beckenboden immer stärker belastet wird (Keilkissen entfernen – Hocker wegnehmen – mit angestellten Knien).

Außerdem werden in Seitlage, Bauchlage, Knie-Ellenbogen-Lage, Vierfüßlerstand, auf dem Pezzi-Ball, im Sitzen auf dem Hocker sowie im Stand und Gang Beckenbodenübungen erlernt. Gleichzeitig übt man Bekken-Kreuz-Bewegungen, um die Lendenlordose auszugleichen und eine

a

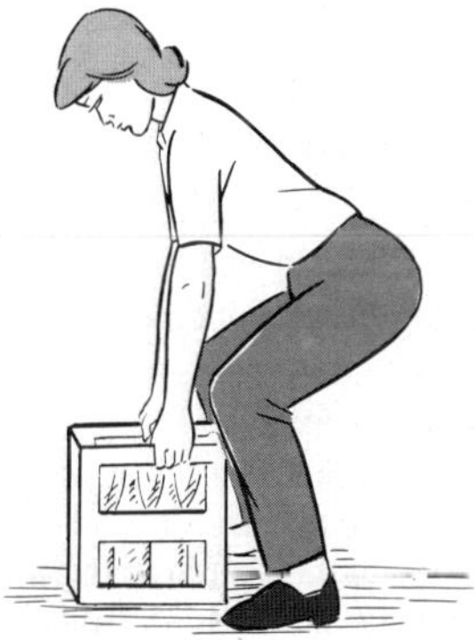

b

c

Abb. **14** **a** Diese Stellung ist falsch.
b–c Während des richtigen Bewegungsablaufes die Spannung halten bzw. nachspannen.

Abb. **15** Unökonomischer Bewegungsablauf. Abgesehen von der Belastung des Rückens kommt es bei insuffizienter Bauch- und Beckenbodenmuskulatur auch bei geringfügigen Belastungen zur Druckerhöhung im Becken-Bauch-Raum.

Lockerung und Kyphosierung der Lendenwirbelsäule zu erreichen. Gerade Übungen im Sitzen eignen sich gut als Hausaufgaben, können sie doch ständig und ohne große Mühe in den Tagesablauf eingebaut werden.

Weiterhin muß die Patientin lernen, in belastenden Situationen (z. B. Stehen, Hochheben von schweren Gegenständen) die Beckenbodenmuskulatur anzuspannen und diese Spannung zu halten (Abb. **14–16**). Außerdem wird das schnelle Anspannen eingeübt, da es im Alltag zu plötzlichen Druckeinwirkungen kommen kann, z. B. Lachen, Husten und Niesen. Wichtig ist, daß die gelernten Übungen in die alltäglichen Bewegungsabläufe integriert werden.

Bei einer Senkung der Unterleibsorgane ist schweres Heben und Tragen wie langes Stehen zu vermeiden, was oft eine Arbeits- und Lebensumstellung bedeutet. Dabei ist Entgegenkommen und Verständnis von seiten der Familie bzw. des Arbeitgebers von größter Wichtigkeit. Hilfreich sind auch genügend Arbeitspausen in *entlastender Lagerung,* wie z. B. bei einer jüngeren Patientin eine „Kerze", bei einer älteren Knie-Ellenbogen-Lage (s. Retroflexio uteri) oder Hochlagerung des Beckens mit Kissen und Hocker. Außerdem muß bei Fettleibigkeit das Gewicht, evtl. unter ärztlicher Kontrolle, reduziert werden.

Es bedeutet für die Patientin einen großen persönlichen Erfolg, und sie wird der Senkungsbehandlung weiter ihr Vertrauen schenken, wenn es ihr durch konsequentes Üben gelungen ist, die lästige Harninkontinenz unter Kontrolle zu bringen. Schon ihrer persönlichen Bewegungsfreiheit wegen wird sie täglich üben und damit einen kräftigen und reaktions-

Abb. **16** Eine kleine Schrittstellung, aufrechte Haltung im Rumpf mit gleichzeitigem Einsatz der Bauch- und Beckenbodenmuskulatur bringt eine günstigere Gewichtsverteilung, macht den Bewegungsablauf nicht nur ökonomischer, sondern auch schöner.

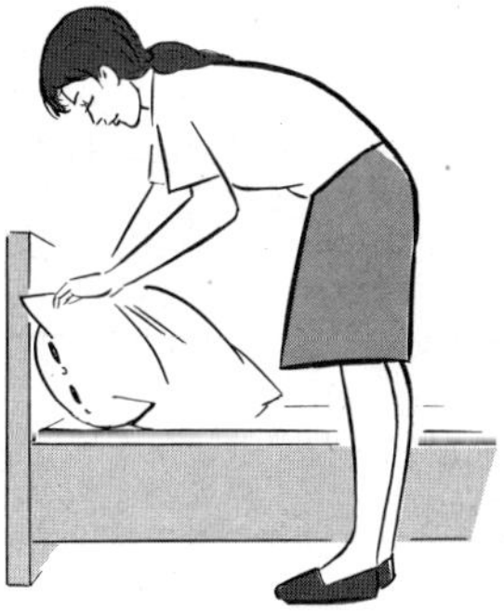

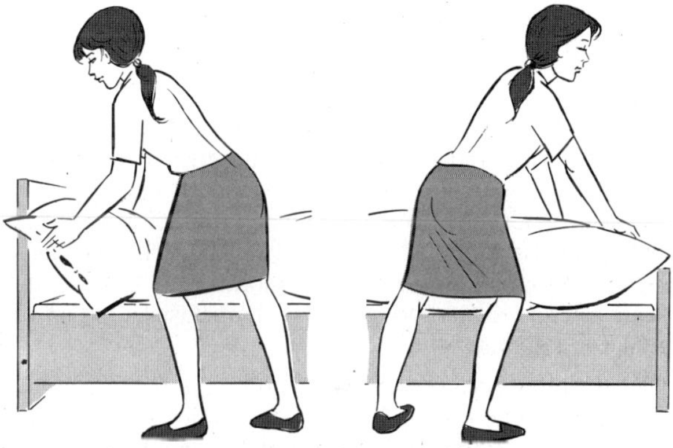

fähigen Beckenboden behalten. Nach der Operation sollte eine krankengymnastische Nachbehandlung erfolgen, um das Operationsergebnis zu halten.

Retroflexio uteri

Der Schwangeren wird die *Knie-Ellenbogen-Lage* gezeigt, die sie möglichst oft und so lange es ihr bequem ist, einnehmen soll (Abb. **17**). In dieser Stellung kippt der retroflektierte Uterus nach vorne kranial. Tiefes Ein- und Ausatmen begünstigt diesen Vorgang. Am Ende des 4. Schwangerschaftsmonats ist der Uterus so weit gewachsen, daß er genügend Stütze am Promontorium findet und nicht mehr nach hinten abknickt. Die Knie-Ellenbogen-Lage ist auch im weiteren Verlauf der Schwangerschaft von Nutzen, bietet sie doch eine Entlastung des Beckenbodens. Sie soll deshalb in der Schwangerschaft mehrmals am Tage eingenommen werden; das gilt insbesondere bei Senkungsbeschwerden.

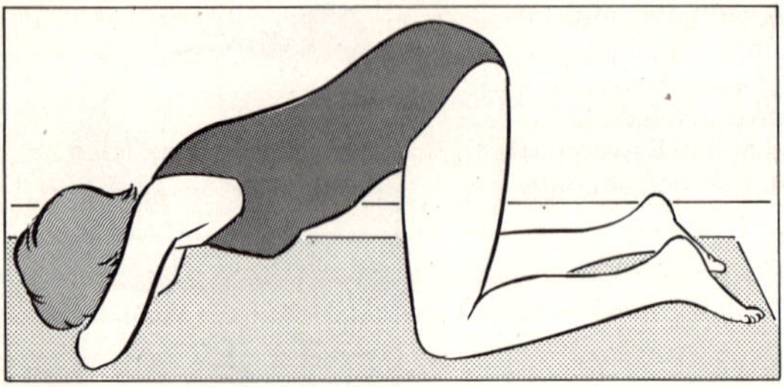

Abb. **17** Knie-Ellenbogen-Lage.

Bösartige Geschwülste des Genitales

Allgemeines

Bösartige Tumoren können in allen Bereichen des weiblichen Genitales entstehen. In der überwiegenden Mehrheit handelt es sich um Karzinome, d. h. Geschwülste, die von den Epithelien (Zellverbände, die die äußeren und inneren Körperoberflächen bedecken) ausgehen. Gemeinsames Merkmal aller bösartigen Tumoren ist, daß sie 1. infiltrierend und destruierend (zerstörend) wachsen, 2. metastasieren und 3. unbehandelt zum Tode führen.

Das Ausmaß eines Karzinoms wird nach dem TNM-System klassifiziert. Dabei beschreibt „*T*" den Primärtumor, „*N*" den Befall der zum erkrankten Organ gehörenden Lymphknoten und „*M*" die Art der Fernmetastasierung. Ein Ovarialkarzinom Stadium $T_1N_1M_{1b}$ z. B. bedeutet, daß das Karzinom sich nur auf ein Ovar beschränkt, daß die regionalen Lymphknoten befallen sind und sich Fernmetastasen im gesamten Abdomen finden.

Im folgenden werden die vier häufigsten Genitaltumoren beschrieben. Die chirurgische Therapie der beschriebenen Karzinome geschieht mit Ausnahme des Vulvakarzinoms immer über eine Laparotomie, so daß die krankengymnastische postoperative Behandlung stets die gleiche sein wird (s. unten).

Zervixkarzinom

Das Zervixkarzinom (Gebärmutterhalskarzinom) ist neben dem Korpuskarzinom der häufigste bösartige Genitaltumor. Das Erkrankungsrisiko nach dem 20. Lebensjahr beträgt 4%. Der Erkrankungsgipfel liegt zwischen dem 45. und 55. Lebensjahr. Insgesamt zeichnet sich ein leichter Rückgang der Erkrankungshäufigkeit ab. Als Risikofaktoren werden angesehen: Infektion mit HPV (human papilloma virus) Typ 16, 18 oder 31, eine mangelnde Sexualhygiene, frühzeitige Aufnahme sexueller Beziehungen, Promiskuität sowie hohe Geburtenzahl.

Das Hauptsymptom beim Zervixkarzinom ist die abnormale Blutung, die sich als Schmier-, Zwischen- oder Postmenopausenblutung manifestiert. Häufig findet sich auch eine Kontaktblutung, z. B. beim Geschlechtsverkehr. Eine große Bedeutung zur Erkennung von Frühstadien hat der „Krebsabstrich", der im Rahmen der jährlichen gynäkologischen Vorsorgeuntersuchung durchgeführt wird.

Die Primärtherapie hängt vom jeweiligen Stadium des Tumors ab. In den Frühestadien ist eine Konisation bzw. Hysterektomie (Entfernung der Gebärmutter) ausreichend. Bei allen anderen Stadien werden zusätzlich zu der Hysterektomie die Parametrien (Beckenbindegewebe) entfernt sowie die regionären Lymphknoten. Bei nichtoperablen Patientinnen sowie bei weit fortgeschrittenen Zervixkarzinomen kommt die primäre Strahlentherapie in Frage.

Korpuskarzinom

Die Erkrankungshäufigkeit am Gebärmutterkörperkarzinom hat in den letzten Jahren zugenommen. Das Prädilektionsalter ist die Postmenopause. Das Auftreten eines Korpuskarzinoms vor dem Ausbleiben der Periode ist selten. Das Erkrankungsrisiko beträgt nach dem 40. Lebensjahr 1,5%. Charakteristisch bei Patientinnen mit Korpuskarzinomen ist eine verlängerte Geschlechtsreife mit früher Menarche und später Menopause. Auch finden sich gehäuft Zyklusstörungen in der Anamnese.

Unter den am häufigsten angegebenen Krankheitszeichen steht bei 80 bis 90% der erkrankten Frauen die pathologische Blutung im Vordergrund. Jede Postmenopausenblutung ist als ein hochverdächtiges Zeichen für ein Korpuskarzinom anzusehen!

Die Therapie besteht in der Hysterektomie und ggf. Entfernung der regionären Lymphknoten. Gleichzeitig werden die Adnexe entfernt, da sich in 10% der Fälle dort Metastasen finden. Je nach Stadium erfolgt eine postoperative Bestrahlung. Eine alleinige primäre Bestrahlungstherapie wird bei Patientinnen mit einem lokal nicht operablen Karzinom vorgenommen. Je nach Stadium erfolgt eine zusätzliche Hormontherapie mit hochdosierten Gestagenen.

Ovarialkarzinom

Mit einem Anteil von 20% stellt das Ovarialkarzinom den dritthäufigsten Genitalkrebs dar. Das Haupterkrankungsalter liegt jenseits des 60. Lebensjahrs. Die Prognose ist sehr schlecht, da 70% der Karzinome bei Diagnosestellung schon in einem fortgeschrittenen Stadium sind.

Charakteristische Symptome, die auf ein Ovarialkarzinom hindeuten, gibt es nicht. Im Rahmen der Vorsorgeuntersuchung werden weniger als 5% der Ovarialkarzinome entdeckt. Meist werden von den Patientinnen nur uncharakteristische Bauchschmerzen, Völlegefühl oder eine Zunahme des Leibesumfangs angegeben, die dann zum Arztbesuch führen.

Zur Therapie werden stets beide Adnexe entfernt, ferner die Gebärmutter und das große Bauchnetz. Gleichzeitig werden Biopsien entnommen aus allen Organen des Bauchraumes, um eine Metastasierung zu beurteilen. Postoperativ wird zumeist eine Chemotherapie durchgeführt; diese kann entweder systemisch erfolgen oder über einen liegenden Katheter direkt in den Bauchraum.

Vulvakarzinom

Etwa 4% aller bösartigen gynäkologischen Erkrankungen sind Vulvakarzinome. Das Haupterkrankungsalter liegt zwischen dem 60. und 70. Lebensjahr. Selten findet es sich jedoch auch bei Patientinnen unter 40 Jahren.

Die Frühbefunde sind uncharakteristisch und werden oft übersehen. Dies und das Schamgefühl der meist älteren Patientinnen ist der Grund dafür, daß die Diagnose oft erst in einem fortgeschrittenen Stadium gestellt wird. Frühbefunde sind rötliche, leicht erhabene Flecken im Bereich der Vulva, kleine erosive Defekte oder diskrete Verhärtungen. Im fortgeschrittenen Stadium findet man im Vulvabereich blumenkohlartig wachsende Tumoren oder breitflächige, zentral ulzerierte Infiltrationen. Bei einem Befall der Lymphknoten sind diese in der Leiste tastbar.

Die Therapie besteht in der chirurgischen Entfernung der Vulva und der zugehörigen Lymphknoten. Wegen der im Alter schlechteren Wundheilung und der großen Wundflächen findet man häufig Sekundärheilungen. Die Prognose ist, wie bei anderen Karzinomen auch, abhängig von der Tumorausbreitung bei der Erstbehandlung. Patientinnen ohne Leistenlymphknoten-Metastasen haben eine 5-Jahres-Lebenserwartung von 80–90%.

Krankengymnastische Behandlung

Die postoperative krankengymnastische Behandlung entspricht dem in der Allgemeinchirurgie nach Laparotomien üblichen Vorgehen.

Weitere Behandlungsziele sind:
- Mobilisation nach Operation und langer Liegezeit (z. B. bei Knochenmetastasen);

- Verbesserung des Allgemeinbefindens während der Bestrahlungszeit oder nach der Chemotherapie;
- Körperwahrnehmung.

Die Behandlungsmöglichkeiten richten sich nach dem jeweiligen Zustand der Patientin und müssen sehr individuell gehandhabt werden. Der Umgang mit Patientinnen aus dem operativen Bereich, vor allem aber mit Krebspatientinnen, verlangt besonderes Einfühlungsvermögen und die Bereitschaft zur Auseinandersetzung in einer extremen psychischen Belastungssituation. Die Physiotherapeutin gehört mit zu den ersten Ansprechpartnern, vor allem auch durch die tägliche 20- bis 30minütige Zusammenarbeit. Sie muß lernen, offene oder versteckte Ängste zu erkennen und entsprechend darauf zu reagieren. Die krankengymnastische Therapie ist auch immer eine Art Psychotherapie. Sie bedeutet vor allem für die Schwersterkrankten ein Stück Hoffnung. Deshalb sollte auch in aussichtslosen Fällen auf die Krankengymnastik nicht verzichtet werden. Dies bedeutet für die Physiotherapeutin, daß sie sich auch mit dem Leiden und Sterben auseinandersetzen muß, um dieser Aufgabe gewachsen zu sein.

Geburtshilfe

Schwangerschaft

Entwicklung der Fruchtanlage

Die Schwangerschaft beginnt mit der Vereinigung von Eizelle und Samen (Befruchtung). Nach dem Eisprung, am 14. Tag des Menstruationszyklus, ist die Eizelle nur für wenige Stunden lebensfähig. Die Samenzelle (Spermium) hat innerhalb des Genitaltraktes eine Lebensdauer bis zu 48 Stunden. Das Eindringen der Spermien in die Eizelle erfolgt meist im mittleren Teil des Eileiters. Wird das Ei befruchtet, wandelt sich im Ovar das Corpus luteum in ein Corpus luteum graviditatis um, welches in den ersten Schwangerschaftswochen besteht und hormonell aktiv ist. Unmittelbar nach dem Eindringen der Samenzelle in die weibliche Eizelle und der Verschmelzung der beiden Zellkerne (Konjugation) beginnt die mitotische Zellteilung. Durch die fortwährende Zellteilung entsteht bereits nach 70 Stunden das Morulastadium mit 32 Zellen (Abb. **18**). Nach 4–6 Tagen hat sich durch Differenzierung der Zellen die Blastozyste entwickelt. In ihrem Inneren hat sich eine Höhle gebildet, die Blastozystenhöhle. Die Zellen in ihrem Inneren verdichten sich zum Embryoblasten, dem späteren Embryo; die die Höhle umschließende Zellschicht ist der Trophoblast, die spätere Plazenta. Das befruchtete Ei wird in etwa 6 Tagen durch die Peristaltik der Tubenmuskulatur und die Bewegung der Flimmerhärchen des Tubenepithels zur Gebärmutter transpor-

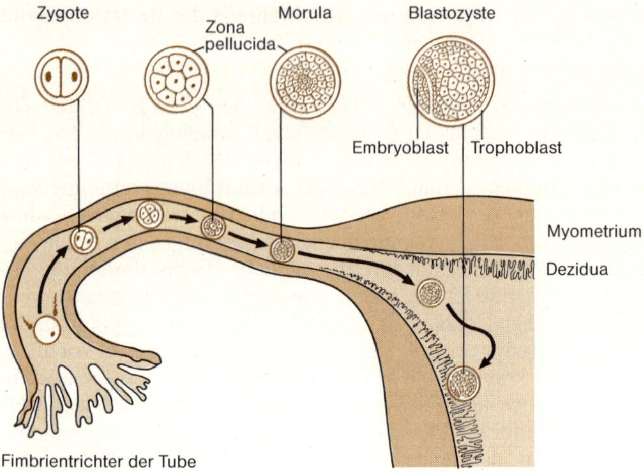

Abb. **18** Entwicklung der befruchteten Eizelle bis zur Einnistung.

tiert. Dann erfolgt in der gut durchbluteten und aufgelockerten Uterusschleimhaut die Einnistung (Nidation). Im Embryoblasten lassen sich nun drei Zelltypen unterscheiden. Sie entsprechen den drei primitiven Keimblättern, nämlich Ektoderm, Entoderm und Mesoderm. Aus dem Ektoderm werden sich später das zentrale Nervensystem, die Haut und verschiedene Hautanhangsgebilde entwickeln. Das Entoderm differenziert sich zur epithelialen Auskleidung und den Drüsen im Gastrointestinaltrakt und in den Atemwegen. Aus dem Mesoderm bildet sich das Epithel der Harnwege und des Genitaltraktes, die Auskleidung der serösen Körperhöhlen, die Stützgewebe des Körpers, das Blut und die Herz-Kreislauf-Organe. Aus dem Trophoblasten, der die Ernährung der Frucht sicherstellt, entsteht zusammen mit mesodermalen Zellen eine die gesamte Fruchtanlage umgebende Zottenschicht (Chorion) und eine die Eihöhle auskleidende Haut, das Amnion. Nach der Einnistung wächst die Zottenschicht in dem Bereich, der unmittelbaren Kontakt mit der Uterusschleimhaut hat, verstärkt; hieraus bildet sich in den nächsten Wochen die Plazenta. Die zur Gebärmutterhöhle gewandte Zottenschicht bildet sich zurück.

Die Organogenese dauert vom 15. Tag bis zum Ende der 13. Schwangerschaftswoche. Die Länge des Embryos beträgt dann etwa 9 cm. Ab der etwa 6. Schwangerschaftswoche kann die fetale Herztätigkeit im vaginalen Ultraschall nachgewiesen werden. Die immer kräftiger werdenden Kindsbewegungen können von der Mutter im 6. Schwangerschaftsmonat sicher empfunden werden.

Der Gewichtszuwachs im 8. und 9. Schwangerschaftsmonat beträgt durchschnittlich 800–1000 g und ist damit größer als im 10. Schwangerschaftsmonat mit 500 g. Am Ende der Schwangerschaft (Ende der 40. Schwangerschaftswoche) beträgt die durchschnittliche Länge des Fetus 50 cm, das Gewicht 3000–3500 g. Zur Beurteilung der Reife des Neugeborenen werden mehrere Parameter herangezogen. Neben Körperlänge, Gewicht, Kopfumfang und -durchmesser gelten als Zeichen der Reife die blaßrosa Hautfarbe, die nur noch in geringer Menge vorhandene Käseschmiere (Vernix), das Fehlen von Lanugobehaarung, das Überragen der Finger- bzw. Zehennägel und die in den Hodensack eingetretenen Hoden bzw. das Bedecktsein der kleinen durch die großen Schamlippen. Die Überreife eines Neugeborenen ist hauptsächlich gekennzeichnet durch eine trockene, faltige Haut, das vollständige Fehlen der Käseschmiere, sog. Waschfrauenhände sowie Kratzeffekte der Haut.

Die Plazenta ist ein scheibenförmiges Organ, dessen Größe mit der Schwangerschaftsdauer zunimmt. Am Geburtstermin wiegt sie etwa 500 g, ist 1,5–3 cm dick und hat einen Durchmesser von 15–20 cm.

Die Nabelschnur besteht aus drei Gefäßen, zwei Arterien, die vom Fetus zur Plazenta führen, und einer Vene, die sauerstoffangereichertes Blut von der Plazenta zum Fetus führt. Die Plazenta stellt als ausgereiftes Organ nicht nur die Atmung, Ernährung und Abfuhr von Stoffwechselprodukten des heranwachsenden Fetus sicher, sondern ist darüber hinaus ein hochaktives endokrines Organ. Schon in den ersten 10 Tagen nach der Befruchtung werden in den Trophoblastzellen die Choriongonadotropine (HCG) produziert. Der Schwangerschaftstest basiert auf dem Nachweis dieser Hormone im Urin bzw. im Blut. Das HCG signalisiert den Eierstöcken, daß eine Schwangerschaft vorliegt, und erhält das Corpus luteum. Dadurch kommt es nicht zur Abbruchblutung. Mit dem Ende des zweiten Schwangerschaftsmonats übernimmt die sich entwickelnde Plazenta die Östrogen-und Progesteronproduktion.

Veränderungen des mütterlichen Organismus

Während der Schwangerschaft stellt sich der mütterliche Organismus auf die Erfordernisse, die die wachsende Frucht mit sich bringt, um. Besonders ausgeprägt sind diese Veränderungen am Uterus, der sich vom funktionsarmen, in bezug auf seine Muskulatur kaum beanspruchten, dickwandigen Hohlkörper im nichtschwangeren Zustand zum Fruchthalter und schließlich zum aktiven Wehenorgan entwickelt. Die Größenzunahme des Uterus erfolgt in der 1. Schwangerschaftshälfte vorwiegend durch eine Größenzunahme der einzelnen Muskelzellen (Hypertrophie) und in geringem Maße durch Vermehrung der Muskelzellen (Hyperplasie). Die Vergrößerung in der 2. Schwangerschaftshälfte beruht primär auf einer passiven Vergrößerung als Folge des kindlichen Wachstums.

Der in nichtschwangerem Zustand 40–60 g schwere Uterus wiegt am Ende der Schwangerschaft 1000–1500 g (ohne Frucht).

Verglichen mit der adaptiven Veränderung am Uterus, sind die schwangerschaftsbedingten Veränderungen an den übrigen Genitalorganen geringfügig. In der Vagina kommt es zu einer starken Vaskularisierung und zu vermehrter Sukkulenz durch eine Erweiterung der Venenvolumina. Das hyperämische Epithel der Vagina zeigt eine livide Verfärbung. Die Tuben werden durch das Wachstum des Uterus ab dem 4. Monat nach kranial aus dem kleinen Becken herausgezogen, die Längenzunahme erfolgt durch Hypertrophie der Zellen. An den Ovarien steht in der Schwangerschaft die Entwicklung des Corpus luteum graviditatis und später dessen Rückbildung in ihrer Bedeutung im Vordergrund.

Die Bauchdecken werden durch das Uteruswachstum sowie Wassereinlagerungen gedehnt. Durch eine Verminderung des Muskeltonus und Wachstum nehmen sie an Umfang zu. Die Rektusmuskulatur weicht auseinander, wodurch es insbesondere bei Mehrgebärenden zu einer Rektusdiastase kommen kann.

Bei etwa 70% aller Schwangeren findet man umschriebene, streifenförmige Hautatrophien (Schwangerschaftsstreifen), die sich vorwiegend am Bauch, den Brustdrüsen, am Gesäß und an den Hüften ausbilden. Die Farbe dieser Striae ist während der Gravidität blaurot; nach dem Wochenbett bilden sie sich zurück und bleiben als grauweiße, glattnarbige Streifen erhalten. Intradermale Veränderungen, die durch Mehrproduktion von Kortikoiden während der Schwangerschaft entstehen, bilden die Vorbedingung für die starke Veränderung der elastischen Fasern. Hinzu kommt die Überdehnung der Haut. Ob durch Einölen der Haut das Entstehen der Schwangerschaftsstreifen verhindert werden kann, ist fraglich (zur „Zupfmassage" s. S. 171).

Das Brustdrüsengewebe nimmt an Größe zu. Die Brüste werden zunächst straffer und später auch voluminöser. Die Durchblutung steigt, weitgestellte oberflächliche Venen werden sichtbar. Eine eiweißreiche Vormilch, das Kolostrum, wird gebildet. Die Pigmentierung von Brustwarze und Warzenvorhof nimmt zu.

Schon früh kommt es zu einer Auflockerung des gesamten Bandapparates. Dies führt u. a. zu einer Lockerung der sonst festgefügten Beckengelenke, insbesondere der Articulatio sacroiliaca und der Symphyse. Diese Auflockerung des Beckengürtels beinhaltet eine Adaptationsmöglichkeit des knöchernen Beckens an das Geburtsobjekt. Nicht selten verursacht die erhöhte Nachgiebigkeit der Gelenke und der Bänder Rückenschmerzen. Durch das zunehmende Gewicht der Brüste und des Bauches kommt es kompensatorisch zu einer vermehrten Lendenlordose.

Durch die Zunahme des Gesamtblutvolumens und des Herzminutenvolumens ergeben sich Belastungen für Herz und Kreislauf. Diese Veränderungen sind in der 28. bis 32. Schwangerschaftswoche besonders ausgeprägt. Erst Wochen nach der Geburt haben sich die hämodynamischen Verhältnisse wieder normalisiert. Die Blutgefäße sind durch den verminderten Tonus der Gefäßmuskulatur und die Auflockerung des umgebenden Stützgewebes weitergestellt und dehnbarer. Es finden sich gehäuft Krampfadern an den Beinen und an der Vulva sowie Hämorrhoiden am Anus.

Die Gesamtblutmenge nimmt im Verlauf der Schwangerschaft um etwa 1 l zu. Dies ist erforderlich, um die neugebildeten Blutgefäße, insbesondere am Uterus, zu füllen. Die einzelnen Blutkomponenten nehmen in unterschiedlicher Menge zu. Wegen der starken Wassereinlagerung kommt es zu einer relativen Verminderung der Erythrozyten und damit des Hämoglobins. Dies erfordert eine vermehrte Eisenzufuhr in der Schwangerschaft, die allein über die Nahrung meist nicht gewährleistet ist.

Durch die Zunahme des Gefäßvolumens sowie des Herzminutenvolumens kommt es auch zu einer Zunahme der Nierendurchblutung und des glomerulären Filtrationsvolumens. Dadurch wird auch die filtrierte Glukosemenge gesteigert. Da die Glukoserückresorption unverändert bleibt, kann es zu einer vermehrten Ausscheidung von Glukose im Harn kommen. Bei gleichzeitig normalen Blutzuckerwerten ist diese Glukosurie als physiologisch anzusehen. Etwa ab der 10. Schwangerschaftswoche sind die Nierenbecken und Harnleiter durch die Wirkung des Progesterons deutlich erweitert. Dies begünstigt das Aufsteigen von Bakterien mit Ausbildung einer Pyelonephritis gravidarum.

Schwangerenvorsorge

Ziel der Vorsorgeuntersuchungen in der Schwangerschaft ist es, nicht erst die manifeste Erkrankung, sondern ihre ersten Anzeichen zu erkennen, da diese durch die Schwangerschaft ungünstig beeinflußt werden oder ihrerseits die Schwangerschaft beeinträchtigen können. Die Müttersterblichkeit und perinatale Mortalität (Kindersterblichkeit bis zum 7. Tag nach der Geburt) liegen niedriger, je intensiver die Schwangerschaftsbetreuung war. In den ersten 4 Schwangerschaftsmonaten soll bei einem unauffälligen Schwangerschaftsverlauf alle 4 Wochen eine Vorsorgeuntersuchung erfolgen, im 5.–7. Schwangerschaftsmonat alle 3 Wochen, im 8. und 9. Monat alle 2 Wochen und im 10. Monat jede Woche.

Die Bestimmung des zu erwartenden Geburtstermins setzt eine genaue Regelanamnese voraus. Bei einem normalen, regelmäßigen Zyklus von 28 Tagen ist die Ovulation um den 14. Tag, gerechnet vom ersten Tag der Menstruationsblutung, anzunehmen. Verlängert sich die Dauer des Zyklus, so verschiebt sich der Zeitpunkt der Ovulation um das gleiche Intervall. Eine Abweichung der Zykluslänge betrifft praktisch nur die Länge der Follikelphase (erste Hälfte des Zyklus), da die Corpus-luteum-Phase (zweite Hälfte des Zyklus) weitgehend konstant ist. Bei einer Frau, bei der die Regelblutung durchschnittlich alle 35 Tage auftritt, ist die Ovulation also nicht am 14. Tag, wie bei einem 4wöchigen Intervall, sondern erst am 21. Zyklustag anzunehmen. Der Zeitpunkt der Ovulation läßt sich mit Hilfe der Basaltemperatur bestimmen. Ein bis zwei Tage nach dem Eisprung ist das Temperaturniveau um 0,5–1 °C erhöht. Wenn eine Schwangerschaft eingetreten ist, bleibt die erhöhte Temperatur bestehen. Die Dauer der Schwangerschaft, vom ersten Tag der letzten Periode bis zum Tag der Geburt gerechnet, beträgt etwa 280 Tage = 40 Wochen = 10 Lunarmonate (Monate zu 28 Tagen). Dies entspricht einer Tragzeit von 266 Tagen post ovulationem. Der errechnete Geburtstermin stellt jedoch nur eine statistische Größe dar, die im Einzelfall nur begrenzte Gültigkeit hat: Am errechneten Tag kommen nur etwa 4% der Frauen nieder, selbst im Zeitraum von ± 10 Tagen sind es erst 66,6%. Beratung, ärztliche Maßnahmen und Entscheidungen dürfen nicht pedantisch von einer Rechnung abhängig gemacht werden, sondern müssen die biologischen Fakten (s. oben) berücksichtigen. Eine Abweichung von ± 10 Tagen ist nicht als pathologisch anzusehen. Mit ausreichender Sicherheit kann der Geburtstermin mit der Naegele-Regel bestimmt werden:

Geburtstermin = 1. Tag der letzten Regelblutung minus 3 Monate plus 7 Tage.

Ist der Zyklus regelmäßig kürzer (oder länger), muß der Geburtstermin entsprechend korrigiert werden: Wenn der Zyklus um n Tage länger (kürzer) ist als 28 Tage, ist der Geburtstermin um n Tage später (früher). Oftmals bestehen jedoch bezüglich des Zeitpunkts der letzten Periode Unklarheiten; hier müssen andere Parameter zur Bestimmung des Geburtstermins herangezogen werden. Eine gute Terminbestimmung ist durch die sonographische Vermessung des Embryos bzw. Fetus in der frühen Schwangerschaft (10.–20. SSW) möglich. Eine grobe Orientierungsmöglichkeit ergibt sich aus der Angabe der ersten Kindsbewegungen. Diese werden im allgemeinen in der 18.–20. SSW verspürt. Auch der Fundusstand des Uterus erlaubt eine Beurteilung des Schwangerschaftszeitpunkts. Am Ende der 12. SSW ist der Fundus gerade über der Symphyse zu tasten, am Ende der 24. SSW steht er am Nabel und am Ende der 36. SSW unter dem Rippenbogen. Durch die Senkwehen tritt der Fundus bis zum Geburtstermin wieder etwa 2 Querfinger unterhalb des Rippenbogens.

Bei der Feststellung einer Schwangerschaft unterscheidet man zwischen sicheren, wahrscheinlichen und unsicheren Schwangerschaftszeichen. Eine Schwangerschaft ist sicher, wenn das Kind oder kindliche Teile nachgewiesen werden können. Dies ist der Fall, wenn Kindsbewegungen oder kindliche Herzaktionen registriert werden (Herzfrequenz 120 bis 160/min, meist nicht vor der 7. SSW) oder wenn Teile der Frucht sichtbar werden, z. B. durch Ultraschalluntersuchungen. Mit einem Schwangerschaftstest (immunologischer Nachweis des Schwangerschaftshormons Choriongonadotropin im Blut oder im Urin) ist eine Schwangerschaft bereits am Tag des Ausbleibens der Periodenblutung feststellbar. Ein positiver Schwangerschaftstest gibt aber nur Auskunft darüber, daß eine Schwangerschaft vorliegt, nicht aber darüber, daß sich die Schwangerschaft auch regelrecht in der Gebärmutter befindet. Der Schwangerschaftstest wird also auch z. B. bei einer Eileiterschwangerschaft positiv ausfallen. Die wahrscheinlichen Schwangerschaftszeichen beziehen sich auf Veränderungen des mütterlichen Organismus: Ausbleiben der Menstruation, Vergrößerung der Gebärmutter, livide Verfärbung der Scheidenschleimhaut, Wachstum der Brüste, Auftreten von Vormilch (Kolostrum). Als unsichere Schwangerschaftszeichen werden Veränderungen bezeichnet, die auch mit vielen anderen Erkrankungen einhergehen können, wie Stuhlverstopfung, häufiges Wasserlassen, Appetitstörung (abnorme Eßgelüste), Übelkeit und Erbrechen, Gewichtszunahme oder vermehrte Pigmentation der Haut.

Im Rahmen der Erstuntersuchung wird die Anamnese erhoben, die den allgemeinen Gesundheitszustand der Schwangeren umfaßt sowie ggf. frühere Schwangerschaften und Geburten. Hieraus ergibt sich, ob evtl. durch die Vorgeschichte die jetzige Gravidität als Risikoschwangerschaft einzustufen ist. Die Befunde werden in den Mutterpaß eingetragen. In Tab. **1** sind die im Mutterpaß aufgeführten Befunde zusammengestellt, die ein Risiko in der jetzigen Schwangerschaft darstellen könnten.

Neben der Feststellung der Schwangerschaft und der Bestimmung des Schwangerschaftsalters gehören die folgenden Untersuchungen zu den routinemäßigen Maßnahmen:

- *Zytologischer Portioabstrich* („Krebsabstrich") bei der Erstuntersuchung.
- *Messung des Blutdruckes.* Ein Blutdruck über 140/90 muß diätetisch und/oder medikamentös behandelt werden wegen der Gefahr einer EPH-Gestose (S. 164).
- *Gewichtsmessung:* Der Gesamtgewichtszuwachs in der Schwangerschaft beträgt etwa 11 – 12 kg. In den ersten Schwangerschaftswochen kommt es manchmal zu einer Gewichtsabnahme durch Appetitstörungen und morgendliches Erbrechen. Ab dem 5. Schwangerschaftsmonat beträgt die Gewichtszunahme etwa 400 – 500 g/Woche. Eine plötzliche vermehrte Gewichtszunahme ist ein Hinweis auf eine krankhafte Wasserretention.
- *Kontrolle der kindlichen Herztöne.* Die fetale Herzfrequenz beträgt 120 – 160 Schläge pro Minute. Die Höhe der Frequenz und das Herzfrequenzmuster sind Kriterien zur Beurteilung des Fetus.

Tabelle **1** Anamnestische Befunde, die ein Risiko in der Schwangerschaft darstellen können (aus dem Mutterpaß des Bundesausschusses der Ärzte und Krankenkassen)

1. Familiäre Belastung (Diabetes, Hypertonie, Mißbildungen, genetische Krankheiten, psychische Krankheiten)
2. Frühere eigene schwere Erkrankungen (z. B. Herz, Lunge, Leber, Nieren, ZNS, Psyche), ggf. welche
3. Blutungs-/Thromboseneigung
4. Allergie
5. Frühere Bluttransfusionen
6. Besondere psychische Belastung (z. B. familiäre oder berufliche)
7. Besondere soziale Belastung (Integrationsprobleme, wirtsch. Probleme)
8. Rhesus-Inkompatibilität (bei vorangegangenen Schwangerschaften)
9. Diabetes mellitus
10. Adipositas
11. Kleinwuchs
12. Skelettanomalien
13. Schwangere unter 18 Jahren
14. Schwangere über 35 Jahren
15. Vielgebärende (mehr als 4 Kinder)
16. Zustand nach Sterilitätsbehandlung
17. Zustand nach Frühgeburt (vor Ende der 37. SSW)
18. Zustand nach Mangelgeburt
19. Zustand nach 2 oder mehr Aborten/Abbrüchen
20. Totes/geschädigtes Kind in der Anamnese
21. Komplikationen bei vorausgegangenen Entbindungen
22. Komplikationen nach vorausgegangenen Entbindungen
23. Zustand nach Sectio
24. Zustand nach anderen Uterusoperationen
25. Rasche Schwangerschaftsfolge (weniger als 1 Jahr)

– *Bestimmung von Lage, Haltung, Stellung und Einstellung des Fetus.* Unter der Lage des Kindes versteht man das Verhältnis der kindlichen Längsachse zur Längsachse der Gebärmutter und unterscheidet die Längslage des Kindes von der Schräg- und Querlage. Bei der Längslage fällt die Längsachse der Frucht mit der Längsachse der Gebärmutter zusammen. Bei der Schräglage bildet die Längsachse der Frucht einen spitzen oder stumpfen Winkel zur Längsachse des Uterus. Bei Querlagen bilden die beiden Achsen einen rechten Winkel. Kopf und Steiß des Kindes werden große Teile, Arme und Beine kleine Teile genannt. Man nennt den großen Teil, der am tiefsten dem Zervikalkanal zuliegt, den vorangehenden Teil. Ist der Kopf der vorangehende Teil, so spricht man von einer Kopf- oder Schädellage, liegt der Steiß am tiefsten, von einer Beckenlage.
  Unter *Haltung* des Kindes versteht man die Beziehung der einzelnen Teile des kindlichen Körpers zueinander. Normalerweise ist der Kopf auf die Brust gesenkt, die Arme sind an der Brust gekreuzt, die Beine

in Hockstellung an den Bauch gezogen und in den Knien stark gebeugt. Die Frucht nimmt so den geringsten Raum ein und paßt sich dem Oval des Corpus uteri an.

Als *Stellung* bezeichnet man die Beziehung des kindlichen Rückens zur Gebärmutter. Der Rücken kann zur linken Seite der Gebärmutter liegen, zur rechten oder eine Zwischenstellung einnehmen.

Unter *Einstellung* versteht man die Lagebeziehung des vorangehenden Teils zum Beckeneingang. Die normale und häufigste Lage ist die Schädellage mit Hinterhaupteinstellung. Vorderhauptlage, Stirnlage, Gesichtslage sind weitere, aber regelwidrige Einstellungsformen der Schädellage. Bei den Beckenendlagen unterscheidet man beim vorangehenden Teil vollkommene Steißlage, Fuß-Steiß-Lage, vollkommene Fußlage usw.

- *Höhenstand des Fundus uteri.* Durch die Bestimmung des Fundusstandes kann zum einen das Schwangerschaftsalter bestimmt werden (s. oben). Ist dieses bereits festgelegt, ergeben sich aus dem Fundusstand Hinweise, ob ein regelrechtes Wachstum des Fetus vorliegt.
- *Vaginale Untersuchung.* Hierbei wird der Gebärmutterhals beurteilt (Länge, Konsistenz, Stellung, Muttermundsweite) zur Erkennung einer möglichen Frühgeburtsgefährdung bzw. zur Geburtsreifebestimmung. Das knöcherne Becken wird ausgetastet, zum Ausschluß eines für die Geburt zu engen Beckens. Etwa 1 Monat vor der Geburt soll ein bakteriologischer Abstrich aus der Scheide entnommen werden zum Ausschluß einer Pilzinfektion und einer Besiedelung mit β-hämolysierenden Streptokokken. Diese Keime können das Kind unter der Geburt infizieren.
- *Untersuchung des Urins auf Eiweiß, Zucker, Bakterien.* Eiweiß im Urin ist ein Hinweis auf eine EPH-Gestose. Bei einer Ausscheidung von Glukose im Urin muß ein Diabetes mellitus ausgeschlossen werden, der wegen der Verschlechterung der Stoffwechsellage im Verlauf der Schwangerschaft eine Gefährdung für Mutter und Fetus darstellt. Eine Bakteriurie mit mehr als 100 000 Keimen/ml Urin ist bei Schwangeren auch ohne Symptome behandlungsbedürftig wegen der Gefahr einer Pyelonephritis gravidarum.
- *Blutuntersuchungen.* Bestimmung der Blutgruppe, des Rhesusfaktors, Untersuchung auf irreguläre Antikörper, Röteln-Antikörper, Syphilissuchreaktion, Hämoglobinbestimmung, Screening der Mutter auf Hepatitis und ggf. HIV.

Die Schwangere wird beraten über die Veränderungen des Organismus während der Schwangerschaft und die daraus resultierenden möglichen Beschwerden. Vermehrte Wassereinlagerungen können behandelt werden durch Reduktion der Kochsalzzufuhr sowie durch einen Obst- oder Reistag wöchentlich. Die Kalorienzufuhr soll 2600 kcal/Tag nicht überschreiten. Die Zusammensetzung soll reich an Eiweiß, Vitaminen und

Mineralien sein bei reduzierter Fett- und Kalorienzufuhr. Wegen der sehr häufigen Obstipation soll die Kost schlackenreich sein: drastische Abführmittel müssen vermieden werden, da sie eine vorzeitige Wehentätigkeit begünstigen können. Bei einer solchen Ernährung sind Unterversorgungen nicht zu erwarten, so daß eine zusätzliche Medikation von Vitaminen und Mineralien nicht notwendig erscheint. Einzig der Eisenbedarf kann durch die Nahrung meist nicht ausreichend gedeckt werden. Bei einem Hämoglobingehalt unter 12 g/l muß Eisen medikamentös substituiert werden.

Rauchen führt zu einer Zunahme somatisch retardierter Neugeborener. Bei Patientinnen, die 5–10 Zigaretten/Tag rauchen, finden sich in 12% untergewichtige Neugeborene (bei Nichtrauchern 3,6%). Entsprechendes gilt für Kaffeetrinkerinnen. Eine erhöhte Mißbildungsrate findet sich jedoch weder bei Raucherinnen noch bei starkem Kaffeegenuß. Gegen Tee und Colagetränke bestehen keine Bedenken. Eine Alkoholabhängigkeit führt zu einer Erhöhung der Abortrate und kann dosisabhängig ein embryofetales Alkoholsyndrom bewirken (Herzfehler, somatische und psychische Retardierung, Genitalfehlbildungen usw.)

Die Lebensgewohnheiten können im allgemeinen beibehalten werden, nur sollte alles etwas gemächlicher ablaufen. Immer vorausgesetzt, daß keine Schwangerschaftsrisiken vorliegen, ist gegen Sport (kein Leistungssport), Schwimmen, Sauna sowie Reisen nichts einzuwenden. Die günstigste Reisezeit liegt etwa im 5. Schwangerschaftsmonat. Gegen das Fliegen gibt es keine Einwände. Der Sauerstoffdruck in Flugzeugkabinen entspricht einer Höhe von 1500–2000 m ü. d. M.

Negativ empfundener Streß führt zu einer Verminderung der fetalen Sauerstoffversorgung und ist möglichst zu vermeiden. Gleiches gilt für schwere körperliche Belastung. Gegen Geschlechtsverkehr ist, auch zum Ende der Schwangerschaft hin, nichts einzuwenden. Allerdings muß bedacht werden, daß durch den Orgasmus Wehen ausgelöst werden können. Bei Frühgeburtsrisiken muß daher der Verkehr stark eingeschränkt oder ganz auf ihn verzichtet werden.

Der erhöhte Kalziumabbau der Schwangeren führt häufig zu Zahnerkrankungen. Daher sollte eine mindestens zweimalige zahnärztliche Kontrolle während der Schwangerschaft erfolgen.

Neben den oben beschriebenen Routineuntersuchungen ist im Einzelfall evtl. eine weitergehende präpartale Diagnostik oder Therapie notwendig:

Durch die Ultraschalluntersuchung ist es bereits in den ersten Schwangerschaftsmonaten möglich, die meisten Fehlbildungen der kindlichen Extremitäten und inneren Organe zu diagnostizieren: Nierenfehlbildungen, Hydrozephalus, Spina bifida, Meningozelen, Omphalozelen (unvollständiger Bauchwandverschluß), Anenzephalie (Fehlen des Schädeldaches und von Teilen des Gehirns), Herzanomalien usw. Die Menge des Fruchtwassers kann bestimmt werden sowie Struktur und Funktion der Plazenta.

Durch eine *Amniozentese* (Punktion der Fruchthöhle) ist es möglich, etwa ab der 16. SSW Fruchtwasser zur Untersuchung zu gewinnen. In Lokalanästhesie wird unter Ultraschallsicht eine Punktionsnadel durch die Bauchdecken und den Uterus hindurch bis in die Fruchthöhle vorgeschoben und Fruchwasser aspiriert. Indikation für die Amniozentese sind:

- Bestimmung der Lungenreife bei einer notwendigen vorzeitigen Schwangerschaftsbeendigung. Dies geschieht durch die Messung des Lezithins im Fruchtwasser.
- Bestimmung des kindlichen Geschlechts bei Verdacht auf geschlechtsgebundene Erbkrankheiten (z. B. Bluterkrankheit).
- Bestimmung des Alpha-Fetoproteins im Fruchtwasser bei Verdacht auf Neuralrohrverschlußstörungen.
- Bestimmung von bilirubinähnlichen Substanzen im Fruchtwasser bei Rh-Inkompatibilitäten (Blutgruppenunverträglichkeit). Hierdurch kann das Ausmaß einer Anämie des Fetus festgestellt werden. Dadurch kann über den Zeitpunkt einer evtl. notwendigen vorzeitigen Schwangerschaftsbeendigung entschieden werden. Auch kann es notwendig sein, eine Bluttransfusion beim Kind durchzuführen, wobei dies über eine Punktion der Nabelschnurgefäße geschieht.
- Ausschluß von Erbkrankheiten aufgrund der Familienanamnese oder wegen des Alters der Eltern. Die Frequenz von Chromosomenstörungen (insbesondere der Trisomie 21) steigt mit dem Alter der Eltern. Eine Indikation zur Amniozentese besteht bei einem Alter der Mutter von über 35 Jahren bzw. des Kindsvaters von über 50 Jahren.

Gewebe zur fetalen Chromosomenanalyse kann auch gewonnen werden durch eine *Chorionbiopsie*. Hierbei wird ein Spezialkatheter unter Ultraschallkontrolle durch die Scheide und die Zervix in die Gebärmutterhöhle geführt, über den Trophoblastzellen (S. 153) gewonnen werden können. Diese Untersuchung kann bereits in der 7.–12. SSW durchgeführt werden.

Störungen in der Schwangerschaft

Hyperemesis gravidarum

Nahezu zwei Drittel aller Schwangeren klagen über morgendliche Übelkeit sowie Erbrechen (Emesis gravidarum, „morning sickness"). Nach dem morgendlichen Erbrechen kann die Schwangere ausreichend essen und ihrer gewohnten Arbeit nachgehen. Der Allgemeinzustand wird nicht beeinträchtigt. Bei der Hyperemesis gravidarum dagegen besteht die Übelkeit während des gesamten Tages, das Erbrechen nimmt an Häufigkeit zu. Es folgen Gewichtsabnahme, Dehydratation, Arbeitsunfähigkeit bis hin zur Apathie. Die Übergänge von der Emesis zur Hyperemesis sind fließend und unterscheiden sich wahrscheinlich nur durch den Schweregrad der Verlaufsform, nicht aber hinsichtlich ihre Ätiologie. Hauptsächlich drei Faktoren werden verantwortlich gemacht:

- der konstante Übertritt von Fragmenten kindlicher Chorionzotten in die mütterliche Blutbahn,
- die endokrinen Veränderungen, speziell die HCG-Produktion, die im ersten Schwangerschaftsdrittel besonders ausgeprägt ist, und
- die Stoffwechselbelastungen für den mütterlichen Organismus.

Oft hören die Beschwerden schlagartig am Übergang vom 3. und 4. Schwangerschaftsmonat auf. Sicherlich ist eine psychische Komponente von großem Einfluß. Das Widerspiel von mütterlichem und kindlichem Organismus schafft offenbar Bedingungen, welche zu einer erhöhten Empfindlichkeit verschiedener vegetativer Regulationsmechanismen im Bereich des Hypothalamus führen. Da aber die Labilität des vegetativen Nervensystems bei einzelnen Schwangeren außerordentlich stark variiert, ist der unterschiedliche Schweregrad des Schwangerschaftserbrechens verständlich. Interessant ist, daß bei verschiedenen ostasiatischen Völkern die Hyperemesis praktisch unbekannt ist. In der industriellen Gesellschaft wird sie weltweit häufiger gesehen.

Selten sind die Beschwerden so gravierend, daß eine Klinikeinweisung notwendig wird. Die Therapie besteht in der Beseitigung der Dehydratation und des Salzverlustes sowie des Hungerzustandes durch eine zunächst parenterale Ernährung sowie ggf. einer psychotherapeutischen Behandlung.

EPH-Gestose

Die EPH-Gestose (E = [edema] Ödem, P = Proteinurie, H = Hypertonie) gehört zu den schwerwiegendsten Komplikationen während der Schwangerschaft. Die Erkrankung tritt meist im letzten Drittel der Schwangerschaft auf und ist gekennzeichnet durch einen erhöhten Blutdruck (> 135/85). Eiweißausscheidung im Urin (> 0,5 g/l im 24-Stunden-Urin) und Ödeme (Gewichtszunahme in der Schwangerschaft soll nicht über 12 kg liegen). Die EPH-Gestose ist ein multifaktorielles Geschehen. Als Risikofaktoren werden u. a. angesehen: Erstgebärende (Verhältnis von Erstgebärenden zu Mehrgebärenden: 5,6:1), Alter der Patientin, familiäre Häufung, Mehrlingsschwangerschaft usw. Wenn schon vor der Schwangerschaft ein Bluthochdruck oder eine Nierenerkrankung besteht, spricht man von einer Pfropfgestose. Diese kann bereits zu einem früheren Schwangerschaftszeitpunkt auftreten und hat meist einen komplikationsreicheren Verlauf.

Die Therapie der EPH-Gestose besteht in der medikamentösen Behandlung der Hypertonie und Substitution des Eiweißverlustes durch eiweißreiche Kost. Eine Ausschwemmung der Ödeme ist meist durch Reis-Obst-Tage bzw. kochsalzarme Ernährung erzielbar. Die gefürchtetste Komplikation der EPH-Gestose ist der eklamptische Anfall. Hier kommt es zu tonisch-klonischen Krämpfen in tiefer Bewußtlosigkeit. Die Dauer beträgt etwa eine Minute und ist von einem maximal erhöhten Blutdruck begleitet. Die mütterliche Mortalität beträgt bei einem Anfall etwa 5% und steigt mit jedem weiteren Anfall an. Wegen der vitalen Gefährdung der Mutter und auch des Fetus muß ggf. eine vorzeitige Entbindung durchgeführt werden.

Diabetes mellitus

Der Diabetes mellitus ist eine chronische Stoffwechselerkrankung, bei der die B-Zellen der Bauchspeicheldrüse unfähig sind zur adäquaten Produktion bzw. Sekretion von Insulin. Das Leitsymptom ist die gestörte Kohlenhydratverwertung im Körper, was sich zunächst in einer Erhöhung der Blutzuckerwerte zeigt (Normalwert für Nüchternblutzucker: 60–90 mg%).

Durch die hormonelle Umstellung in der Schwangerschaft wird die Insulinwirkung zunehmend gehemmt, dadurch erhöht sich der Insulinbedarf im Verlauf der Schwangerschaft. Bei der nichtdiabetischen Schwangeren wird dies geregelt durch entsprechende Mehrproduktion im Pankreas. Bei der schwangeren Diabetikerin kann es jedoch zu Blutzuckerentgleisungen kommen, bis hin zum diabetischen Koma. Die EPH-Gestose ist bei einer diabetischen Stoffwechsellage gehäuft zu finden. Oftmals bildet sich ein Hydramnion (vermehrte Fruchtwassermenge) aus.

Die Kinder können abnorm groß sein (Makrosomie), sind in ihrer funktionellen Reife aber retardiert. Es finden sich gehäuft Mißbildungen u. a. am Herzen, an den großen Gefäßen, am Rückenmark sowie am Skelett.

Die beschriebenen Risiken, einschließlich der Mißbildungen, sind abhängig vom Ausmaß des Diabetes. Durch eine konsequente und strenge Überwachung der diabetischen Stoffwechsellage mit Diät, Bewegung und Insulintherapie lassen sich die Komplikationen fast gänzlich vermeiden.

Teilweise ist der Diabetes so gering ausgeprägt, daß er der Patientin gar nicht bekannt ist. Es wird daher routinemäßig bei der Schwangerschaftsvorsorgeuntersuchung u. a. der Urin auf Glukose untersucht. Zeigen sich dabei verdächtige Werte, wird ein sog. Glukosebelastungstest durchgeführt, um einen latenten Diabetes herauszufinden. Wird diese leichtere Form des Diabetes zu einem frühen Zeitpunkt der Schwangerschaft festgestellt, reicht meist eine Diabetesdiät aus, um Komplikationen im weiteren Schwangerschaftsverlauf zu vermeiden.

Abort

Als Abort (Fehlgeburt) bezeichnet man die vorzeitige Unterbrechung der Schwangerschaft durch Ausstoßen einer toten Frucht innerhalb der ersten 28 Schwangerschaftswochen (berechnet vom ersten Tag der letzten Periode). Es wird unterschieden zwischen einem Spontanabort und einem artefiziellen Abort.

Spontanabort. Unter einem Spontanabort versteht man die Beendigung der Schwangerschaft aus natürlicher Ursache: Entwicklungsstörungen von Embryo bzw. Fetus oder Plazenta (häufigste Ursache), Uterusfehlbildungen, Insuffizienz des Corpus luteum graviditatis, Infektionen (Röteln, Toxoplasmose, Listeriose, Tuberkulose), Traumata (z. B. Verkehrsunfall). Entscheidend für die Therapie ist das Stadium des Aborts. Folgende Abortstadien werden unterschieden:

- *Drohender Abort* (Abortus imminens): Es kommt zu Blutungen und/ oder Uteruskontraktionen. Der Uterus ist vergrößert entsprechend der Schwangerschaftszeit, der Muttermund ist geschlossen. Die therapeutischen Bemühungen zielen auf eine Erhaltung der Schwangerschaft: Bettruhe, allgemeine Sedierung, je nach Schwangerschaftszeitpunkt medikamentöse Wehenhemmung (Tokolyse).
- *Beginnender Abort* (Abortus incipiens): Wie drohender Abort aber mit Eröffnung des Muttermundes. Therapie: Zur Vermeidung von größeren Blutverlusten soll eine möglichst rasche und schonende Entleerung des Uterus erfolgen. Je nach Schwangerschaftszeitpunkt Unterstützung der Wehen durch einen Wehentropf (Oxytozin). Nach dem Ausstoßen der Frucht erfolgt in Narkose eine Kürettage des Uteruskavums, um mögliche Schwangerschaftsreste zu entfernen. Bei einem Abort in der Frühschwangerschaft kann primär eine Kürettage durchgeführt werden.
- *Inkompletter Abort* (Abortus incompletus): Der Uterus ist kleiner als der Schwangerschaft entsprechend. Der Muttermund ist geöffnet. Es kommt zu Blutungen und Gewebeabgang. Therapie: Kürettage des Uteruskavums in Narkose, um Schwangerschaftsreste zu entfernen.
- *Kompletter Abort:* Der Uterus ist nur noch leicht vergrößert, er ist gut kontrahiert. Die Blutungen haben nachgelassen, der Muttermund verschließt sich. Die Therapie entspricht der beim inkompletten Abort.
- *Verhaltener Abort* (missed abortion): Der Embryo bzw. Fetus ist bereits abgestorben, es erfolgt jedoch keine Spontanausstoßung. Im Ultraschall sind keine Herzaktionen und keine Kindsbewegungen zu sehen. Die Schwangerschaftshormonwerte sinken ab. Therapie: Entleeren des Uterus und Kürettage.

Artefizieller Abort. (Schwangerschaftsabbruch). Ein Schwangerschaftsabbruch ist unter bestimmten Voraussetzungen (StGB § 218) in Deutschland straffrei:

- *Medizinische* Indikation: Gefahr für Leben und Gesundheit der Schwangeren. Die Beendigung ist zu jedem Zeitpunkt der Schwangerschaft möglich.
- *Eugenische* (kindliche) Indikation: Bei wahrscheinlicher Schädigung des Kindes infolge veränderter Erbanlage (z. B. Trisomie 21, Mongoloidismus) oder schädlicher Einflüsse (z. B. Röntgenstrahlen, Medikamente). Die Beendigung ist möglich bis zur 24. Schwangerschaftswoche (SSW) post menstruationem (= 22. SSW post conceptionem).
- *Ethische* (kriminologische) Indikation: Schwangerschaft als Folge einer Vergewaltigung: Beendigung der Schwangerschaft bis zur 14. SSW post menstruationem möglich.
- *Notlagenindikation:* Bei Gefahr einer schwerwiegenden, unzumutbaren und anderweitig nicht abwendbaren Notlage der Schwangeren. Auch hier ist ein Schwangerschaftsabbruch bis zur 14. Woche post menstruationem möglich.

Extrauterinschwangerschaft

Eine Ansiedlung des befruchteten Eies außerhalb der Gebärmutterhöhle wird in einer Häufigkeit von etwa einem Fall auf 200 normale Geburten beobachtet. Diese Extrauteringravidität kann im Bereich des Ovars, der Tuben, im Bauchraum oder im zervikalen Anteil des Uterus erfolgen. Die Schwangerschaft außerhalb der Gebärmutter ist dadurch möglich, daß sich das befruchtete Ei stets an der Stelle einnistet, wo es sich zum Zeitpunkt seiner Nidationsfähigkeit, also etwa 6 Tage nach der Befruchtung befindet. In 98% der Fälle von Schwangerschaften außerhalb der Gebärmutter ist der Eileiter betroffen. Ursache für das Zustandekommen der Eileiterschwangerschaft kann einmal ein Hindernis im Eileiter selbst, wie z. B. Verwachsungen durch frühere Eileiterentzündungen, oder eine gestörte Tubenperistaltik sein. Die selbständig beweglichen Spermien können diese Hindernisse meist überwinden, so daß es zu einer Befruchtung kommen kann. Nur in extrem seltenen Fällen wird eine extrauterine Schwangerschaft bis zur Lebensfähigkeit des Kindes fortbestehen.

Die Eileiterschwangerschaft kann als tubarer Abort mit Ausstoßung der Eianlage durch das Fimbrienende der Tube in die Bauchhöhle verlaufen. Wesentlich dramatischer ist eine Tubarruptur. Wenn sich das befruchtete Ei mehr im mittleren Teil der Tube eingenistet hat, wird sich die Entwicklung der Frucht hauptsächlich innerhalb der Tubenwand abspielen. Dabei kommt es zur Arrosion mütterlicher Gefäße in der Tubenwand und zu plötzlich auftretenden, sehr starken arteriellen Blutungen in die freie Bauchhöhle. Solche Rupturblutungen sind ein lebensbedrohliches Ereignis für die Patientin, an denen sie innerhalb kurzer Zeit verbluten kann.

Die Symptome einer Extrauteringravidität sind nicht immer deutlich und richtungsweisend. 2–4 Wochen nach dem Ausbleiben der Regelblutung kommt es meist zu Schmerzen im rechten oder linken Unterbauch sowie meist gleichzeitig einer Schmierblutung. Auch Schmerzen bei der Miktion oder Defäkation können die ersten Alarmzeichen sein. Die Diagnose erhärtet sich, wenn gleichzeitig der Schwangerschaftstest positiv ausfällt und ein entsprechender Ultraschallbefund vorliegt. Gegebenenfalls wird zur Diagnosesicherung noch eine Douglas-Punktion und/oder Laparoskopie durchgeführt.

Zur Therapie der Tubargravidität ist in der Regel eine Laparoskopie oder eine Laparotomie notwendig. Die befallene Tube wird meist abgesetzt, wobei das Ovar nach Möglichkeit erhalten bleibt. In manchen Fällen ist mit mikrochirurgischen Operationsmöglichkeiten ein Erhalt der gesamten Tube möglich. Hier besteht dann allerdings die Gefahr einer erneuten Eileiterschwangerschaft.

Krankengymnastische Behandlung

In der Schwangerschaft

Im 5.–6. Monat sollte mit der Geburtsvorbereitung begonnen werden. Zu diesem Zeitpunkt werden statische Veränderungen sichtbar, Überdehnungsbeschwerden treten auf, ebenso Stoffwechselstörungen und Störungen um Allgemeinbeschwerden wie Kopfschmerzen, Abgeschlagenheit, Hautjucken aufgrund mangelnder Bewegung. Die ständig größer werdende Schwerfälligkeit des Körpers, Ischiasbeschwerden, Kreuz- und Rückenschmerzen, unangenehme Kurzatmigkeit und auch oft die Angst, dem Kind zu schaden, begünstigen noch den zunehmenden Bewegungsmangel.

Gesichtspunkte

- Förderung des venösen Rückstroms (Übungsbeispiel s. Band 8, Innere Medizin).
- Erhaltung der Spannungsfähigkeit der Bauchmuskulatur.
- Bewußtmachen des Beckenbodens und isolierte Entspannungsfähigkeit, Adduktorendehnung.
- Haltungsschulung.

Maßnahmen

- *Mobilisation der Wirbelsäule – Kräftigung der Bauchmuskulatur.* Durch die Vorderlastigkeit des Leibes wird das Becken vermehrt flektiert und die Lendenwirbelsäule verstärkt lordosiert. In der Brustwirbelsäule wird der Ausgleich nach hinten gesucht, um das Gleichgewicht des Körpers zu erhalten. Daher resultiert der „majestätische" Gang der Schwangeren. Hüft-, Gesäß-und Rückenmuskeln werden gezwungen, vermehrte Haltearbeit zu leisten und geraten in eine Dauerspannung, die erst zu Ermüdung, später zu Verkrampfungen und Schmerzen führt. Ebenso muß die Bauchmuskulatur vermehrte Haltearbeit leisten, was in vielen Fällen nicht gewährleistet wird. Kräftige Bauchmuskeln sind aber notwendig, um der übermäßig starken Lordosierung der Lendenwirbelsäule entgegenzuwirken und eine einwandfreie Statik aufrechtzuerhalten. Zur Erhaltung der Spannungsfähigkeit der Bauchmuskulatur wird die synergistische Bauchmuskelspannung geübt = gleichzeitige Innervation sämtlicher Muskelanteile.

Übungsbeispiele:
Rückenlage mit angestellten Beinen:

- Lendenwirbelsäule gegen die Unterlage drücken.
- Bauchmuskeln von allen Seiten zur Bauchmitte (Nabel) zusammenziehen. Der Nabel muß nach innen gehen.

Diese Übung wird in verschiedenen Ausgangsstellungen geübt: Rückenlage, Vierfüßlerstand, Sitzen auf dem Hocker, Stehen. Dazu kommen noch leichte Bauchmuskelübungen für die schräge Bauchmuskulatur (s. Wochenbettgymnastik).

Die Kyphosierung der Lendenwirbelsäule ist besonders wichtig für den Geburtsvorgang. Wenn die durch die Schwangerschaft entstandene stärkere Lordosierung der Lendenwirbelsäule nicht ausgeglichen werden kann, muß das Kind um eine „schärfere Kurve" herum geboren werden, was die Geburt erheblich erschweren kann.

Das lockere Durchbewegen der Wirbelsäule kann in verschiedenen Ausgangsstellungen geübt werden:

- Rückenlage (mit angestellten Knien oder durch eine Rolle unterlagerten Knien),
- Vierfüßlerstand,
- Schneidersitz,
- Sitz auf Hocker und Pezzi-Ball (angenehm für hochschwangere Frauen),
- Kniestand
- Stand.

Es wird mit kleinen Becken-Kreuz-Bewegungen und Beckendrehungen begonnen, wobei die Kyphosierung der Lendenwirbelsäule betont wird. Wenn dies erlernt ist, wird die gesamte Wirbelsäule mit einbezogen unter zusätzlichem Mitbewegen der Beine und Arme. Drehbewegungen des Brustkorbes, anschließend mit gleichzeitigen Beckenbewegungen, folgen.

Alle Übungen können gleichzeitig zur Erhaltung der Bauchdeckenelastiziät beitragen, wenn während der Ausatmung ein bewußtes Engmachen des Bauches mit leichter Kyphose erfolgt.

– *Dehnung der Adduktoren und des Beckenbodens.* Ein verspannter Beckenboden und die Unfähigkeit, die Beine weit auseinanderzunehmen, bedeuten einen zusätzlichen Widerstand beim Durchtreten des kindlichen Köpfchens.
  Da die Beckenbodenmuskulatur vielen Frauen unbekannt ist, werden Lage und Funktion erklärt. Danach wird der Beckenboden angespannt, die Spannung bewußt gemacht und im Gegensatz dazu wieder entspannt und dieser Entspannung bewußt nachgespürt.

Übungsbeispiele:
Rückenlage mit angestellten Beinen:

- Ein Knie zur Seite fallen lassen.
- Beide Knie auseinanderfallen und die Oberschenkel der Schwere nachhängen lassen; bewußt zum Beckenboden hin atmen (sich vorstellen, in Richtung Füße einzuatmen).
- Knie an den Bauch ziehen, mit den Oberschenkeln in der Hüfte kreisen.

Um Elastizität und Dehnungsfähigkeit des Beckenbodens und der Adduktoren zu verbessern, wird häufig der Schneidersitz eingenommen.

Kniestand:

- Ein Bein zur Seite strecken, der gleichseitige Arm zieht hinunter zum Knie.

Stand:

- In die Hocke gehen, Oberschenkel dabei weit spreizen und dehnen.

Trotz Übungen und Korrektur der Statik werden sich, gerade bei starker täglicher Belastung, doch immer wieder Kreuzschmerzen einstellen, die ischiasartigen Charakter annehmen und bis in die Beine ausstrahlen können. Durch eine aus weichen Knetungen bestehende, lockernde Massage der Hüft-und Lendenmuskulatur, in Seitlage ausgeführt, kann hier oft Abhilfe geschaffen werden.

Auch unter der Geburt wird eine solche Kreuzmassage während der Wehen als wohltuend und erleichternd empfunden. Bei stärkeren Lymphstauungen in den Beinen bewähren sich Ausstreichungen und weiche, herzwärts gerichtete Knetungen; Hochlagern der Beine mehrmals am Tage führt ebenfalls zur Entstauung und beugt gleichzeitig der Varizenbildung vor. Bei stärkerer Ausprägung der Varikose sollten die Beine gewickelt oder Stütz- bzw. Gummistrümpfe getragen werden.

Als Vorbeugemaßnahme gegen Schwangerschaftsstreifen (Striae gravidarum) empfiehlt es sich, durch systematisches Abheben von Hautfalten die Elastizität und Durchblutung der Bauchdecken zu vergrößern. Diese

Dehnungsstörungen des Bindegewebes der Kutis treten im 5.–6. Monat auf, deshalb sollte die Frau, nachdem ihr einige Male die richtige Technik gezeigt worden ist, diese „Zupfmassage“ von dieser Zeit an täglich selbst zu Hause durchführen. An der Bauchseite, an der die Spannung am geringsten ist, wird begonnen, im Wechsel mit jeder Hand eine Hautfalte ziehend abgehoben und auf diese Weise die gesamte Bauchhaut durchgearbeitet. Der Erfolg ist verständlicherweise nur schwer nachprüfbar. Sinnvoll ist auch eine konsequent durchgeführte Bürstenmassage.

Geburt

Geburtswege

Die Geburtswege werden von dem knöchernen Becken und dem aus dem unteren Uterinsegment Zervix, Vagina, Vulva und Beckenbodenmuskulatur bestehenden Weichteilrohr gebildet. Der Geburtskanal gleicht nicht einem runden Rohr, vielmehr ist er in den einzelnen Abschnitten ganz unterschiedlich gestaltet. Vom geburtshilflichen Standpunkt wird das kleine Becken daher in drei Räume aufgeteilt (Abb. **19**). Der oberste Raum ist der Beckeneingangsraum. Er hat, von oben betrachtet, eine querovale Form. Der Querdurchmesser beträgt 13 cm. Ein geburtshilflich wichtiges Beckenmaß ist die Conjugata vera, die engste Stelle des Beckeneingangs. Sie verläuft zwischen dem Promontorium und dem am weitesten nach innen vorspringenden Teil der Symphyse

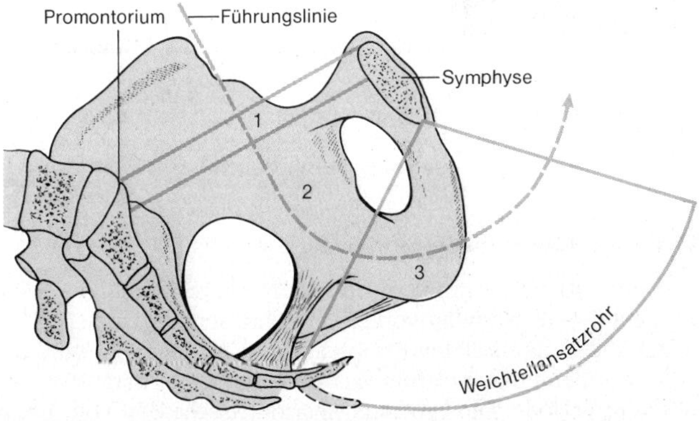

Abb. **19** Der Geburtskanal (Seitenansicht). 1 Beckeneingang, 2 Beckenhöhle, 3 Beckenausgang.

(11 cm). Im mittleren Teil des Beckens ist die Beckenhöhle. Hier ist der Geburtskanal rund. Alle Durchmesser betragen 12 cm. Der unterste Abschnitt des knöchernen Geburtskanals ist der Beckenausgangsraum. Da das Steißbein unter der Geburt nach hinten abgewinkelt werden kann, ist hier der gerade Durchmesser mit 11 bis 12 cm der größte. Das an das knöcherne Becken anschließende Weichteilrohr ist gut verformbar und kann sich der Form des kindlichen Kopfes problemlos anpassen.

Bei der Inspektion des Rückens gibt die Form der Michaelis-Raute einen gewissen Anhalt für die Beckenform. Sie wird gebildet durch die Grube unter dem Dornfortsatz des dritten oder vierten Lendenwirbels, die beiden oberen hinteren Spinae iliacae sowie durch den obersten Punkt der Analfurche. Die Raute hat bei normalen Beckenmaßen die Form eines auf die Spitze gestellten Quadrates, bei plattrachitischen Becken ist sie deutlich abgeflacht, beim schräg verengten Becken unsymmetrisch. Jede Abweichung von der Quadratform ist ein Hinweis auf ein enges Becken.

Geburtsvorzeichen

In den letzten Wochen der Gravidität findet die allmähliche Funktionsumstellung des Uterus von einem Fruchthalter in ein Gebärorgan statt. Etwa 3–4 Wochen vor der Geburt stellen sich die Senkwehen ein. Der Fundus tritt deutlich tiefer, auf die Höhe entsprechend der 32. SSW. Die Schwangere merkt dies daran, daß die Atmung wieder freier wird und der Druck auf den Magen nachläßt. Der bisher frei bewegliche Kopf des Kindes nimmt eine Beugehaltung ein; das Hinterhaupt senkt sich oftmals dabei in das Becken hinein. Vorwehen, die in den letzten Wochen unregelmäßig aufgetreten sind, folgen in den letzten Tagen vor der Geburt in kürzeren Abständen, bis zu zwei Wehen pro 10 Minuten. Im Gegensatz zu den Eröffnungswehen öffnet sich der Muttermund durch die Vorwehen höchstens auf 2 cm. Die Längsachse der Zervix verlagert sich von sakral her in die Führungslinie. Die Zervix wird weicher und dehnbarer. Durch das Eintreten des kindlichen Kopfes in das kleine Becken lassen die Kindsbewegungen meist etwas nach.

Der normale Geburtsverlauf

Die Geburt beginnt mit dem Einsetzen von regelmäßigen Wehen. Häufig geht 24–28 Stunden vorher vermehrt Schleim, meist in Form eines leicht blutig durchsetzten Pfropfens, ab (Zeichnen). Es wird unterschieden zwischen einer Eröffnungsperiode und einer darauffolgenden Austreibungsperiode. Die Eröffnungsperiode ist die Zeit vom Beginn regelmäßiger Wehen bis zur vollständigen Eröffnung des Muttermundes (MM). Die Eröffnung erfolgt durch die Kontraktion der Korpusmuskula-

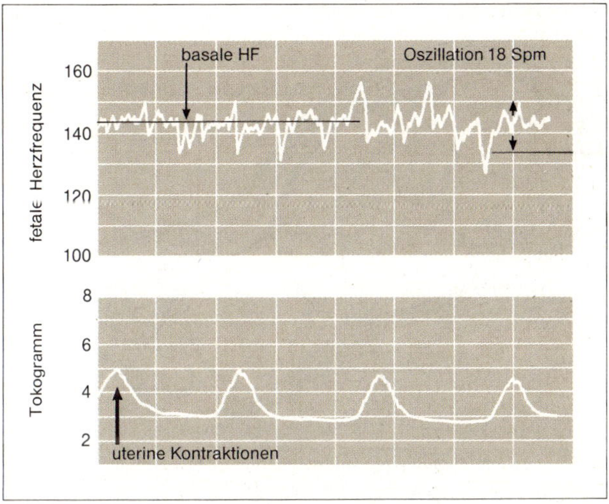

Abb. **20** Normales Cardiotocogramm (CTG) unter der Geburt.

tur (Wehe) und durch das Vordrängen des vorangehenden Teils (Fruchtblase, Kopf). Die Dauer bis zur vollständigen Eröffnung (etwa 10 cm) beträgt bei einer Erstgebärenden 5–10 Stunden, bei einer Mehrgebärenden 2–4 Stunden. Der kindliche Kopf tritt in dieser Zeit tiefer in das Bekken ein. Im typischen Fall kommt es gegen Ende der Eröffnungsperiode zum Blasensprung. In diesem Falle spricht man von einem rechtzeitigen Blasensprung (Blasensprung vor Wehenbeginn = vorzeitiger Blasensprung, Blasensprung vor vollständiger Muttermundseröffnung = frühzeitiger Blasensprung). Häufig wird während der Eröffnungsperiode bei einer Muttermundsweite von 3–4 cm bei normaler Schädellage die Fruchtblase instrumentell geöffnet. Dies Vorgehen ist völlig schmerzlos für die Gebärende und kann den Geburtsverlauf beschleunigen.

Die Austreibungsperiode reicht vom Zeitpunkt der vollständigen Eröffnung des Muttermundes bis zur Geburt des Kindes. Der Muttermund zieht sich über den vorangehenden Kopf zurück, die Uterusaktivität erreicht ihr Maximum. Die Wehen wiederholen sich alle 2–3 Minuten und halten 45–90 Sekunden an (Abb. **20**). Beim Durchtritt durch den Geburtskanal führt der Kopf verschiedene Drehungen aus. Auf diese Weise passiert er das kleine Becken auf die bestmögliche Weise nach dem Prinzip des geringsten Widerstands. Im Beckeneingang, wo der quere Durchmesser der größte ist, steht der Kopf mit querer Pfeilnaht (Abb. **21 a–d**). Der Kopf ist gering gebeugt und auf die Brust gezogen. In der Bekenmitte mit allseits gleichgroßem Durchmesser dreht sich der Kopf, die

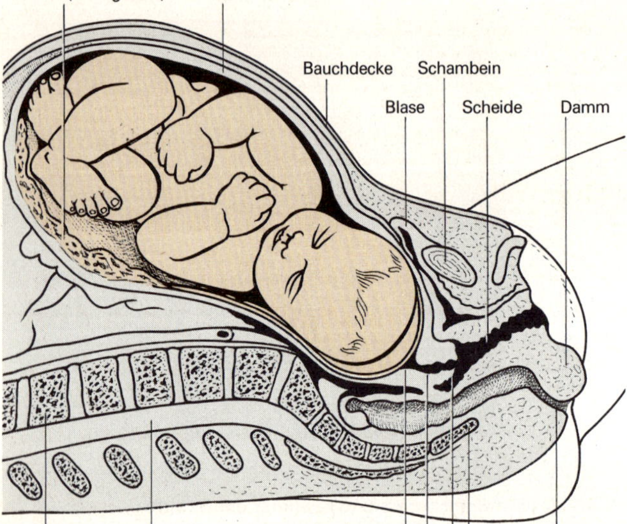

Abb. **21 a–d** Normaler Geburtsverlauf.
a Geburtsbeginn. Der Gebärmutterhalskanal ist geschlossen, die Fruchtblase noch erhalten. Der Kopf des Kindes ist auf die Brust gebeugt, die Pfeilnaht (s. Abb. **22**) steht quer.

Pfeilnaht wandert durch den schrägen Durchmesser kurz vor dem Beckenboden in den geraden Durchmesser. Sie steht dann in Kongruenz zum geraden Durchmesser des Beckenausgangs. Das Hinterhaupt zeigt mit der kleinen Fontanelle (Abb. **22**) nach vorn zum Schambein der Mutter (vordere Hinterhauptslage). Der kindliche Kopf passiert den Geburtskanal in Flexionshaltung. Hierdurch wird der kleinste Umfang des Kopfes, nämlich der subokzipitobregmatische (vom Nacken über die große Fontanelle zum Nacken hin gemessen), ausgenutzt. Beim Durchtritt des Kopfes steht die Pfeilnaht im geraden Durchmesser, und durch eine Streckbewegung wird das Gesicht des Kindes über den Damm geboren (Abb. **21 c**). Kurz vor dem Durchschneiden des Kopfes ist eine Überdehnung des Dammgewebes und eine Schädigung des Diaphragma urogenitale und des Diaphragma pelvis mit der Gefahr einer späteren Gebärmuttersenkung oder eines Prolapses möglich. Ein rechtzeitig durchgeführter Dammschnitt (Episiotomie) kann spätere Senkungszustände und einen nur schwer heilenden Dammriß verhindern. Man unterscheidet zwi-

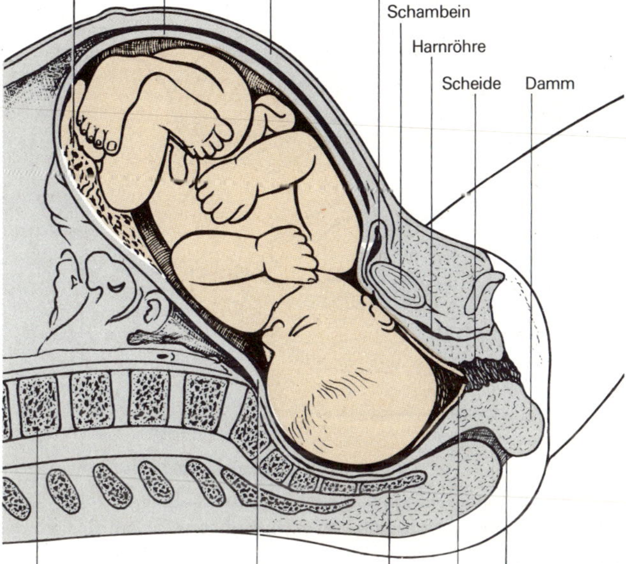

Abb. 21b Beginn der Austreibungsperiode. Die Zervix ist vollständig eröffnet, der kindliche Kopf tritt tiefer, die kleine Fontanelle kommt durch die Rotation des kindlichen Kopfes nach vorne. Die Fruchtblase springt (rechtzeitiger Blasensprung). Die Gebärende unterstützt den weiteren Verlauf der Geburt durch aktives Mitpressen.

schen einer medianen, einer mediolateralen (häufigste Art) und einer lateralen Episiotomie. Dabei werden der M. bulbocavernosus bzw. das Centrum tendineum (s. Abb. 5) während einer Wehe durchgeschnitten. Die Wunde wird im Anschluß an die Geburt mit resorbierbaren Fäden schichtweite genäht.

Der kindliche Körper führt während der Beckenpassage im Prinzip die gleiche Rotationsbewegung aus, wie der Kopf. Nachdem der Kopf als der Teil mit dem größten Durchmesser geboren wurde, stellen die nachfolgenden Teile gewöhnlich keine Schwierigkeiten mehr dar. Der Augenblick, in dem das Kind vollständig den Geburtskanal verlassen hat, ist der Zeitpunkt der Geburt. Unmittelbar nach der Geburt wird der Nasen-Rachen-Raum des Neugeborenen sowie der Magen abgesaugt, um

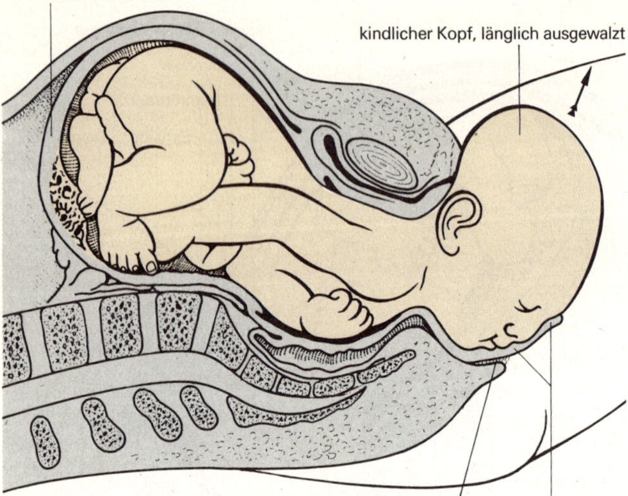

Abb. **21c** Beim Durchtritt des kindlichen Kopfes steht die Pfeilnaht im geraden Durchmesser, und durch eine Streckbewegung wird das Gesicht des Kindes über den Damm geboren.

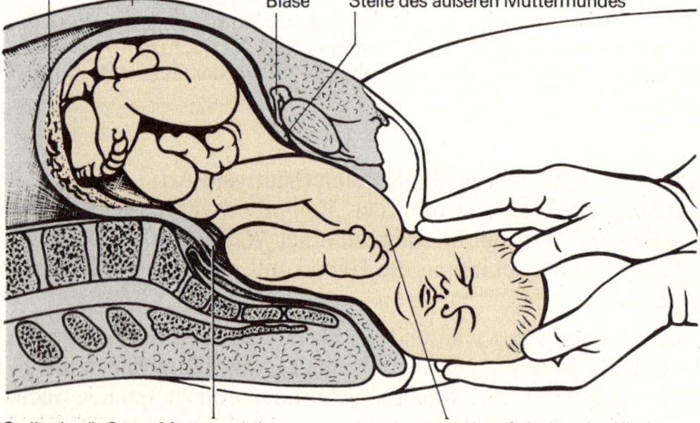

Abb. **21d** Entwicklung zunächst der vorderen, dann der hinteren Schulter durch die Hebamme bzw. den Geburtshelfer. Körper und Beine des Kindes werden in Richtung der Beckenführungslinie (nach vorne) entwickelt (nach Rust).

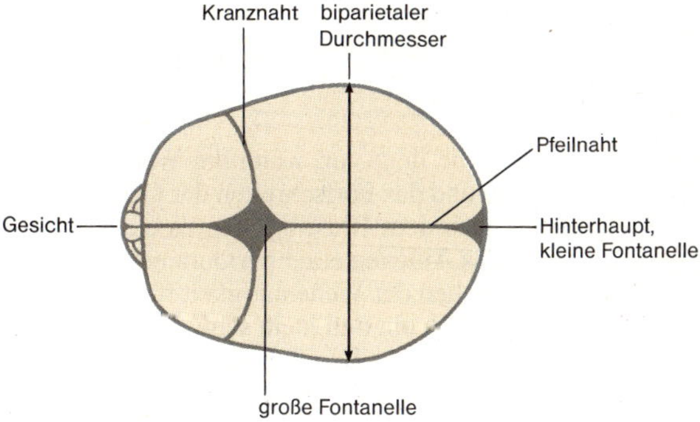

Abb. **22** Der kindliche Schädel von oben.

eine mögliche Aspiration zu verhindern. Etwa eine Handbreit vom kindlichen Nabel wird die Nabelschnur mit 2 Klemmen abgeklemmt und zwischen diesen durchtrennt. Der Nabelschnurrest wird später gekürzt und mit einer Kunststoffklemme steril versorgt.

Nach der Geburt des Kindes steht der Uterusfundus gewöhnlich in Nabelhöhe. Kontraktion und Retraktion des Uterus (Nachgeburtswehen) führen zu einer Verkleinerung der Oberfläche und durch die Flächenverschiebung zu einer Ablösung der Plazenta. Die Vollständigkeit der Plazenta und der Eihäute wird überprüft, da zurückbleibende Reste zu Blutungen und Infektionen im Wochenbett führen können. Mit Beendigung der Nachgeburtsperiode steht der Fundus des gut kontrahierten Uterus zwischen Symphyse und Nabel. Der normale Blutverlust während der gesamten Geburt beträgt etwa 300 ml.

Regelwidrige Geburt (Dystokie)

Als Dystokie bezeichnet man jede erschwerte Geburt, gleichgültig, um welche Ursache es sich handelt. Beispielhaft seien einige Ursachen für eine von der Regel abweichende Geburt aufgeführt.

Ausbleiben der Wehen

Das völlige Ausbleiben der Wehen ist sehr selten. Unbehandelt würde ein Fetus 4–6 Wochen über den Geburtstermin hinaus an den Folgen einer Plazentainsuffizienz absterben. Bis zu 10 Tage über den errechneten Geburtstermin kann man normalerweise zuwarten. Dann erfolgt die Geburtseinleitung durch Gabe eines Prostaglandin-Gels an die Portio und/

oder eines Oxytozintropfs zur Wehenauslösung. Falls dadurch kein Geburtsfortschritt zu erzielen ist, wird ein Kaiserschnitt durchgeführt.

Wehenschwäche

Eine Wehenschwäche liegt vor, wenn die Wehen zu schwach, zu kurz oder zu selten sind und das Fortschreiten der Geburt ausbleibt. Physiologisch kommt es nach dem Blasensprung zu einer kurzzeitigen Wehenschwäche. Auch das Anlegen einer periduralen Leitungsanästhesie kann zu einem Abschwächen der Wehentätigkeit führen. Eine Ermüdungswehenschwäche stellt sich ein durch ein schwer oder gar nicht überwindbares Geburtshindernis, wie z. B. ein enges Becken, regelwidrige Kopfeinstellung, vorspringendes mütterliches Steißbein usw. Auch eine volle Harnblase hemmt die Wehen. Die Therapie wird entsprechend den vielfältigen Ursachen erfolgen.

Anomalien des Geburtskanals

Verengungen können an allen Abschnitten des Geburtskanals vorkommen. Ursachen für eine nicht normale Beckenform können sein: unterdurchschnittliche Körpergröße der Mutter, angeborene Fehlbildungen, Ernährung (Rachitis), Zustand nach Beckenfrakturen usw. Anomalien am Weichteilrohr können bestehen durch Narben der Zervix, z. B. nach Konisation, Myome im Bereich des unteren Uterinsegmentes oder durch eine noch nicht geburtsreife Zervix.

In diesen Fällen wird man meist eine Schnittentbindung durchführen müssen. Bei Verdacht auf eine Anomalie im knöchernen Geburtskanal sollte zur Objektivierung vor der nächsten Schwangerschaft eine radiologische Beckenmessung durchgeführt werden, um gegebenenfalls dann eine primäre Sectio zu indizieren.

Geburtsschwierigkeiten von seiten des Kindes

Quer- und Schräglagen treten bei 1% aller Geburten auf. Das Kind liegt dabei quer bzw. schräg im Becken der Mutter. Ursachen sind oft eine tiefsitzende Plazenta, Deformitäten des Beckens, eine übergroße Beweglichkeit des Kindes im überdehnten Uterus bei Mehrgebärenden, Tumoren im kleinen Becken usw. Wenn sich bei Wehenbeginn keine Längslage einstellt, kommt es zum Geburtsstillstand. Bei Fortbestehen der Wehen besteht die Gefahr der Uterusruptur. Bei Mehrgebärenden und noch nicht gesprungener Fruchtblase kann versucht werden, den Fetus durch bestimmte Handgriffe von außen in eine Längslage zu bringen (äußere Wendung). Gelingt das nicht, wird ein Kaiserschnitt durchgeführt.

Beckenendlagen (BEL) finden sich bei 3% aller Geburten. Der führende Teil unter der Geburt können dabei der Steiß oder die Füße sein. Die Ursache ist meist unklar, begünstigend wirken sich aus: ein enges Becken,

Frühgeburt (in der 30.–33. SSW liegen 14% der Feten in BEL), Uterusanomalien, Fehlbildungen des Kindes (Hydrozephalus, Tumoren). Eine der Gefahren bei der vaginalen Beckenendlagenentbindung besteht in einem Sauerstoffmangel unter der Geburt: Wenn der Steiß und ein Teil des Rumpfes geboren ist, tritt der Kopf mit dem größten Umfang des Kindes in das kleine Becken ein. Die Nabelschnur, die zwangsläufig am Kopf vorbeiführt, wird jetzt zusammengedrückt. Die Sauerstoffzufuhr zum Kind hört plötzlich auf, bis der Mund geboren ist. Dauert dies länger als 3–5 Minuten, kommt es zu Schädigungen des kindlichen Gehirns. Bei Erstgebärenden wird man sich daher meist zur primären Sectio entschließen. Bei Mehrgebärenden kann unter Umständen eine vaginale Entbindung angestrebt werden.

Operative Entbindung

Eine akute oder zu erwartende (s. oben) Gefährdung des Lebens oder der Gesundheit von Mutter oder Kind erfordert im allgemeinen eine operative Geburtsbeendigung. Ist die Geburt schon vorangeschritten und liegt kein Mißverhältnis zwischen der Größe des kindlichen Kopfes und der Weite des mütterlichen Geburtskanals vor, so kann bei entsprechendem Tiefstand des vorangehenden Teiles und entsprechender Weite bzw. Vollständigkeit des Muttermundes eine vaginale Entbindung durch Vakuumextraktion oder Zange (Forzeps) vorgenommen werden. Bei der Vakuumextraktion wird eine Saugglocke auf den kindlichen Kopf aufgedrückt, die sich durch einen Unterdruck festsaugt (Abb. **23 a**). Durch wehensynchronen Zug an der Saugglocke kann die Austreibungsperiode verkürzt werden. Die Gefahr der Vakuumgeburt liegt im Abreißen der Glocke bei überstarkem Zug, was zu einer Kontusion des Hirngewebes führen kann.

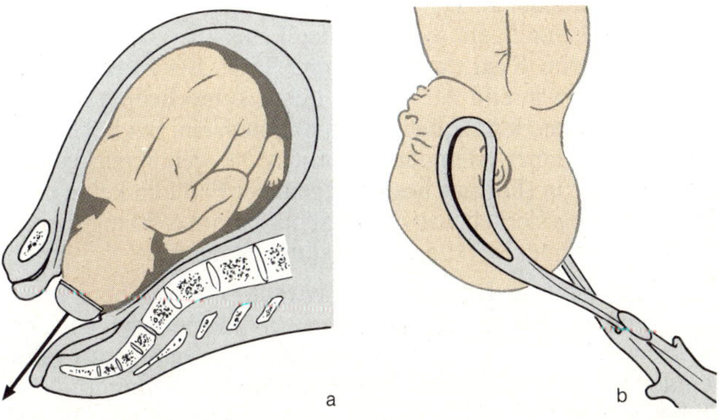

Abb. **23** Schematische Darstellung **a** der Saugglocke, **b** der Zange.

Auch das Prinzip der Zangenentbindung besteht in einer Verkürzung der Austreibungsperiode. Die Zangenlöffel werden dabei seitlich an den Kopf angelegt (Abb. **23b**). Durch Zug an den Zangenlöffeln wird der Kopf geboren. Nach Ablegen der Zange folgt der übrige Körper wegen seines geringen Platzbedarfs meist ohne Schwierigkeit.

Besteht keine Möglichkeit zur vaginalen Entbindung in dem notwendigen Zeitraum, so erfolgt eine Entbindung durch Kaiserschnitt (Sectio caesarea): Das Abdomen wird je nach geburtshilflicher Situation eröffnet durch einen Pfannenstielschnitt oder eine mediane Unterbauchlaperotomie (Abb. **11**, S. 88). Nach etagenweiser Eröffnung der vorderen Bauchwand wird der Uterus nach Abschieben der Blase im Bereich des ausgezogenen unteren Uterinsegments quer eröffnet, und das Kind mit Plazenta und Eihäuten wird entwickelt. Bei Patientinnen mit Kaiserschnitt ist im Wochenbett die übliche postoperative krankengymnastische Behandlung unter Berücksichtigung einer intensiven Thromboseprophylaxe angezeigt.

Geburtsschmerz

Der Schmerz unter der Geburt wird ausgelöst durch die Wehen, den Druck des kindlichen Kopfes auf das Gewebe im Becken sowie die Dehnung des Dammes. Die psychische Ausgangslage der Kreißenden kann diese Schmerzen auf ein erträgliches Maß reduzieren oder ins Unermeßliche steigern. Im Abschnitt Geburtsvorbereitung (S. 190) wird auf die psychologische Geburtsschmerzerleichtung eingegangen, so daß sie hier auf die medikamentöse Schmerzbekämpfung beschränkt wird.

Analgetika. Pethidin (Dolantin) ist ein synthetisch hergestelltes, zentral wirkendes Analgetikum, das dem Morphin verwandt ist. Es ist das weltweit am meisten verwendete Schmerzmittel in der Geburtshilfe. Es wird intramuskulär oder als Dauerinfusion gegeben. Pethidin passiert die Plazentaschranke und geht somit auf den Fetus über. Die vollständige Ausscheidung beim Kind dauert mehrere Tage. Bis zu einer Gesamtdosis von 150 mg während der Geburt treten keine Beeinträchtigungen der mütterlichen und kindlichen Vitalfunktionen ein. Bei höheren Dosierungen muß mit einer Atemdepression des Neugeborenen gerechnet werden. *Pentazozin* (Fortral) besitzt gegenüber Pethidin keine bedeutsamen Vorteile. Es passiert ebenso die Plazentaschranke. 30 mg Pentazozin entsprechen in seiner Wirkung 75–100 mg Dolantin.

Psychopharmaka. Eine günstige Wirkung ist von ihnen nur zu erwarten, wenn Symptome, die auf Angst beruhen, vorliegen. Psychopharmaka wirken angstlösend und entspannend. Diazepam (Valium) überwindet die Plazentaschranke und geht auch in die Muttermilch über. Triflurpromazin (Psyquil) hat gegenüber Diazepam den Vorteil, daß es auch eine antiemetische Wirkung hat und den durch Dolantin bedingten Brechreiz unterbindet.

Gasförmige Narkotika. Lachgas wird von der Kreißenden selbständig über eine Maske als Lachgas-Sauerstoff-Gemisch zu Beginn der Wehe eingeatmet. Es kommt zu keinen klinisch relevanten Veränderungen der Vitalparameter bei Mutter und Kind. Das Neugeborene atmet Lachgas rasch ab.

Lokal- und Leitungsanästhesien. Die Medikamente für die folgenden Anästhesien sind stets die gleichen: Lokalanästhetika, die in die Umgebung von Nerven gespritzt werden, die zeitweise ausgeschaltet werden sollen. Sie diffundieren jedoch auch in den mütterlichen Blutkreislauf und gehen auf den Fetus über. Für die Geburtshilfe hat sich das Bupivacain (Carbostesin) bewährt, das sich durch eine lange Wirkungszeit auszeichnet und das in den üblichen Dosierungen bei den folgenden Verfahren keine negativen Auswirkungen auf das Neugeborene hat. Die *Pudendusanästhesie* ist das am häufigsten angewandte Verfahren zur Geburtsbeendigung und mit den geringsten Risiken für Mutter und Kind behaftet. Es wird ein Lokalanästhetikum transvaginal in unmittelbarer Nähe des N. pudendus gespritzt. Dadurch werden das untere Drittel der Scheide, die Vulva und der Dammbereich schmerzunempfindlich.

Während der Eröffnungsperiode münden die schmerzleitenden Bahnen hauptsächlich über die Thorakalsegmente Th 11/Th 12, in der Austreibungsphase über die Sakralsegmente S2–S4 in das Rückenmark. Bei der lumbalen *Katheterperiduralanästhesie* erfolgt die Injektion des Lokalanästhetikums in Höhe der Dornfortsätze von L 2/L 3 in den Periduralraum. Durch die Ausbreitung des Anästhetikums erfolgt eine Schmerzausschaltung von Th 11–S4. Durch einen Katheter, der in den Periduralraum gelegt wird, kann bei Bedarf Anästhetikum nachgespritzt werden. Bei der üblichen Dosierung entstehen für das Neugeborene keine Nachteile. Bei Bedarf kann mit der Periduralanästhesie auch eine Sectio caesarea durchgeführt werden.

Intubationsnarkosen. Sie werden angewandt bei schwierigen vaginal-operativen Geburten, zur manuellen Plazentalösung und bei der Sectio caesarea. Der Vorteil gegenüber der meist auch möglichen Periduralanästhesie ist der, daß sie im Notfall in wesentlich kürzerer Zeit durchführbar ist. Sie besteht aus der Kombination eines intravenös applizierten Narkotikums (z. B. Thiobarbiturate) mit Lachgas, einem Inhalationsanästhetikum (z. B. Ethrane) sowie Muskelrelaxantien mit Intubation und kontrollierter Beatmung.

Wochenbett

Normales Wochenbett

Die normale Wochenbettdauer beträgt 6 Wochen. Sie umfaßt den Zeitraum von der beendeten Geburt (Ausstoßung der Plazenta) bis zur völligen Zurückbildung der Genitalorgane und aller sonstigen Schwangerschaftsveränderungen. Am eindrucksvollsten sind die Rückbildungsvorgänge am Uterus selbst. Der normalerweise 7 cm lange und 50 g schwere Uterus ist während der Schwangerschaft zu einer Länge von 15 cm (nach der Geburt) und einem Gewicht von 1000 g herangewachsen. Im Verlauf des Wochenbetts muß er sich zu seiner ursprünglichen Größe zurückbilden. Die gute Kontraktion der Uterusmuskulatur ist ein wesentlicher Faktor für eine rasche Rückbildung. Wehenartige Kontraktionen, die in immer größeren Intervallen auftreten und erst nach 48 Stunden erlöschen, sind einer Dauerkontraktion überlagert. Innerhalb von 24 Stunden beginnt die Zervix sich neu zu formieren. Der Uterus wird in allen Dimensionen kleiner und nimmt allmählich wieder Anteflexionsstellung ein. Durch den Saugreiz beim Stillen wird in der Hirnanhangdrüse das Hormon Oxytozin, das auch für die Wehenauslösung verantwortlich war, ausgeschüttet, wodurch die Kontraktion des Uterus erhöht wird.

Durch die Nachwehen vermindert sich die Durchblutung der Gebärmutter. Dies fördert die Blutstillung an der Gebärmutterwunde. Die normalen Regenerationserscheinungen an der Plazentahaftstelle, die zur vollständigen Epithelisierung und Normalisierung der Uteruswand an dieser Stelle führen, nehmen 6 Wochen in Anspruch. Die Tatsache, daß keine Narbenbildung an der Plazentahaftstelle auftritt, ist die Voraussetzung dafür, daß die Gebärmutter auch nach wiederholten Schwangerschaften funktionstüchtig bleibt. Die Blutung aus der Plazentahaftstelle und das sich bei der Reinigung der Uterushöhle abstoßende Gewebe (Dezidua) machen den Hauptteil des Wochenflusses (Lochien) aus. Nach 3–4 Tagen gehen die zunächst rein blutigen Lochien in mehr braune und nach etwa 2 Wochen in weißlichgelbe über, nach 4–6 Wochen versiegen sie vollständig.

Die Verkleinerung des Uterus ist am jeweiligen Stand des Fundus zu erkennen. Unmittelbar nach der Geburt steht der Fundus in der Mitte zwischen Nabel und Symphyse. Am Ende des 1. Wochenbettages steht er wieder in Nabelhöhe, da die maximale Kontraktion nachgelassen hat und der ausgewalzte Beckenboden und die Scheide sich zu straffen beginnen. In den folgenden Tagen verkleinert sich die Gebärmutter um jeweils einen Querfinger, um bis zum 7. Tag wieder im kleinen Becken zu versinken. Außer der Gebärmutterwunde müssen evtl. Verletzungen am äußeren Genitale (Scheidenrisse, Dammrisse, Episiotomie) heilen.

Die Wöchnerin soll nach einer normalen Entbindung frühzeitig aufstehen. Dies stellt eine Kreislaufanregung dar, ist eine sehr gute Thromboseprophylaxe, führt zu einer schnelleren Rückbildung des Uterus und zu einem freien Abfluß der Lochien; es wirkt auch anregend auf die Blasen- und Darmentleerung. Die vermehrte Einlagerung von Wasser im Gewebe während der Schwangerschaft wird durch die Niere und über die Haut ausgeschieden. Die Wöchnerin neigt zum Schwitzen und zu erhöhter Harnausscheidung. In den ersten Tagen des Wochenbetts ist die Harnausscheidung häufig erschwert, teils infolge des mechanischen Drucks des kindlichen Kopfes auf die Blase während der Geburt, wodurch es zu einem Ödem und Blutergüssen in der Blasenwand gekommen sein kann, teils durch mangelnden Druck der überdehnten Bauchdecken. Von den willkürlich innervierten Muskeln sind die der Bauchdecken und des Beckenbodens durch die Schwangerschaft und den Geburtsvorgang am meisten strapaziert. Nach der Geburt ist die Bauchmuskulatur zunächst erschlafft. In manchen Fällen bleibt im Bereich des Oberbauches eine mehr oder minder deutliche Rektusdiastase zurück. Die Beckenbodenmuskulatur ist ausgewalzt, der Levatorspalt ist stark verbreitert, das Diaphragma urogenitale geschwächt. Ungenügende Rückbildung der Beckenbodenmuskulatur ist die häufigste Ursache einer späteren Gebärmuttersenkung, so daß in der Wochenbettgymnastik den Beckenbodenübungen größte Bedeutung zukommt (s. unten).

Nach der Geburt der Plazenta kommt es zu einem raschen Abfall der Östrogene und Gestagene im Blut. Diese haben bisher das Brustwachstum gefördert, die Tätigkeit der Brustdrüsen aber unterdrückt. Nun wird unter dem Reiz des Prolaktins aus der Hypophyse die Milch produziert. Etwa am 3.–4. Wochenbettag kommt es zum Milcheinschuß. Für das richtige Ingangkommen der Laktation ist das regelmäßige Anlegen des Neugeborenen Voraussetzung, da der Saugreiz beim Stillen reflektorisch den Milchzufluß anregt. Der tägliche Trinkbedarf des Kindes beträgt am 3. Lebenstag etwa 100 ml und nimmt bis zum 10. Tag täglich um 50 ml zu.

Krankengymnastische Behandlung

Nach normaler Geburt

Befund

Optische Beobachtung:

- Je nach Becken und Kindsgröße entstehen durch die Dehnung folgende Bauchformen:
  Spitzbauch: der Bauch wölbt sich im Nabelbereich vermehrt vor, der Nabel ist häufig ausgestülpt;

Schiefbauch: der kindliche Rücken hat eine Seite stärker überdehnt; allgemein schlaffer Bauch;
- Striae;
- Beine: evtl. Varizen, Ödeme.

Taktile Beobachtung:
- Da die schräge Bauchmuskulatur von der Dehnung am stärksten betroffen ist, findet man häufig eine Rektusdiastase, die sich ober- und unterhalb des Nabels in unterschiedlicher Länge und Breite ausdehnen kann.
  Tasten der Rektusscheide: Die Finger werden zwischen beide Muskelbäuche gelegt, die Wöchnerin wird aufgefordert, Kopf und Schulter abzuheben, bis beide Rektusbäuche spannen. Es wird oberhalb des Nabels bis zum epigastrischen Winkel und unterhalb bis zur Symphyse getastet. Die Breite der Diastase wird mit der Fingerzahl angegeben. Die Wöchnerin wird aufgefordert, ebenfalls zu tasten, um den späteren Übungserfolg zu kontrollieren.
- Infolge der antagonistischen Wirkung der Bauchmuskulatur ist der Tonus der Rückenmuskulatur oft erhöht.

Gesichtspunkte

- Anregung von Atmung und Kreislauf;
- Verhütung von Venenentzündungen und Thrombosen;
- Unterstützung der Uterusrückbildung und Verhütung einer Lochialstauung;
- Kräftigung sämtlicher Muskeln, die durch Schwangerschaft und Geburt überdehnt worden sind;
- Vorbeugung gegen Gebärmuttersenkung;
- Schulen der Körperwahrnehmung.

Maßnahmen

Vielfach ist die Wochenbettgymnastik eine Gruppenbehandlung, an der Wöchnerinnen teilnehmen, die an verschiedenen Tagen entbunden worden sind. Somit sind Kräftezustand und Leistungsfähigkeit sehr unterschiedlich. Um frisch entbundene Wöchnerinnen nicht zu überfordern, mit länger liegenden aber genügend zu üben, wird die Behandlung langsam aber stetig im Schwierigkeitsgrad gesteigert. So können Wöchnerinnen, die noch nicht so stark belastet werden dürfen, jederzeit mit der Gymnastik aufhören, ohne den Behandlungsablauf zu verzögern.

Es ist günstig, möglichst früh mit der Wochenbettgymnastik zu beginnen, um in den ersten Wochenbettagen eine rasche Rückbildung zu erreichen.

1. Tag:
Dynamische Muskeltätigkeit, d. h. kraftvolles Bewegen in an- und abschwellendem Tempo in allen Extremitätengelenken. Die Bewegungen beginnen distal (Hände, Füße) und werden nach proximal fortgesetzt. Die Bewegungspausen dienen der Atemvertiefung und dem Spannen der Bauchmuskulatur.

2. Tag:
Bauchmuskelübungen und Übungen für den Beckenboden. Im Vordergrund stehen Übungen für die schrägen Bauchmuskeln, um die Rektusscheide zu kräftigen. Bei einer Rektusdiastase werden *nur* die schrägen Bauchmuskeln trainiert. Zwischen sämtlichen Übungen, die 6- bis 8mal hintereinander ausgeführt werden, wird die Atembewegungsrichtung bewußt nach kostodiaphragmal gelenkt. Dabei legt sich die Wöchnerin die Hände auf den Bauch und atmet ganz ruhig und langsam gegen die Hände ein. Während der Ausatmung, die durch den leicht geöffneten Mund erfolgt, sollen die Bauchmuskeln intensiv nach innen gezogen werden, soll die Spannung dann möglichst lange in die Atempause hinein gehalten und bewußt gespürt werden. Mit der erneuten Einatmung ist so lange zu warten, bis sie von selbst einsetzt. Gerade diese „bewußte" Bauchatmung kann einer Lochialstauung vorbeugen und sollte von der Wöchnerin möglichst oft am Tag selbständig ausgeführt werden. Gleichzeitig wird während der Ausatmung die Beckenbodenspannung mitgeübt, wenn die Naht beschwerdefrei ist.

Bei einer Sekundärnaht, bei Dammriß oder anderen Weichteilverletzungen wird nach Anordnung des Arztes mit der Wochenbettgymnastik begonnen.

Bettenmangel und zunehmende Klinikentbindungen sind häufig Gründe, die Wöchnerinnen immer zeitiger zu entlassen. Daher können Beckenbodenübungen in der Klinik oft nur ungenügend durchgeführt werden. Von größter Wichtigkeit ist es deshalb, der Wöchnerin genau die Funktion des Beckenbodens zu erklären und sie anzuhalten, möglichst oft für sich den Beckenboden anzuspannen (während der Ausatmung After und Scheide ganz bewußt in sich hineinziehen) mit der Vorstellung, Stuhl bzw. Wasser zurückzuhalten = isolierte Innervation des Beckenbodens. Weitere Bilder sind z. B.: „Fahrstuhlübung": Der Körper ist ein mehrstöckiges Haus, der Beckenboden der Fahrstuhl; in den 1. Stock fahren, bleiben bis in den 4. Stock. Oder: In der Vagina befindet sich ein Schwamm, der mit der Ausatmung ausgedrückt wird. Wird die isolierte Spannung beherrscht, können Bauch- und Beckenbodenübungen zusammen ausgeführt werden (natürliches Muskelkorsett). Auch soll die Beckenbodenspannung in alltägliche Situationen übertragen werden (z. B. Tragen des Kindes, längeres Stehen usw.), um wirksam eine Gebärmuttersenkung zu verhindern.

Übungsbeispiele für die ersten Wochenbettage

Ausgangsstellung: Rückenlage mit angebeugten Knien (Lendenlordose wird ausgeglichen). Knie hüftbreit auseinander.

- Die „Feldenkrais-Uhr“:
  - Das Kreuzbein ist ein Zifferblatt, „6“ ist am Steißbein, „12“ an der LWS, „9“ und „3“ liegen rechts und links; nun langsam den Druck des Kreuzbeins auf die verschiedenen Ziffern verlagern.
  - Arme in die Luft strecken, Hände übereinanderlegen, Füße in die Unterlage stemmen; gleichzeitig geben die Hände Druck gegeneinander = isometrisches Anspannen der Bauchmuskulatur.
- Schräge Bauchmuskelübungen vom Oberkörper her:
  - Kreuz nach unten drücken, rechte Schulter abheben und nach links aufdrehen; linke Schulter entsprechend nach rechts.
  - Kreuz nach unten drücken, rechte Hand zieht schräg am linken Knie vorbei, Schulter und Kopf folgen; links entsprechend.
  - Kreuz nach unten drücken, Hände liegen auf dem Kopf, jetzt rechten Ellenbogen und Schulter in Richtung linkes Knie aufdrehen; links entsprechend.
  - Kreuz nach unten drücken, beide Arme ziehen schräg am rechten Knie hoch vorbei, links entsprechend.
  - Kreuz nach unten drücken, rechte Hand vor das linke Knie legen, Knie und Hand gegeneinander drücken, die Spannung 6 Sekunden halten, mit der linken Hand und dem rechten Knie entsprechend üben.
  - Rechte Hand zieht in Richtung zur rechten Ferse, Schulter und Kopf (leicht abgehoben) folgen; links entsprechend.
- Schräge Bauchmuskelübungen von den Beinen her:
  - Knie geschlossen nach rechts (links) fallen lassen, langsam wieder zur Mitte aufrichten, Kreuz dabei fest auf die Unterlage drücken.
  - Hand liegt auf dem Kopf, rechtes Knie möglichst schräg zur linken Schulter abheben, linker Ellenbogen und Schulter drehen gleichzeitig entgegen; linkes Knie – rechte Schulter.

Weitere Ausgangsstellungen sind Seitlage, Bauchlage und Vierfüßlerstand, in denen das bewußte Anspannen der Bauch- und Beckenbodenmuskulatur geübt werden kann.

Um das Abfließen des Wochenflusses und die Rückbildung der Gebärmutter zu unterstützen, wird die Wöchnerin ab dem 2./3. Tag aufgefordert, sich so oft wie möglich auf den Bauch zu legen.

Einige dieser Übungen sollte die Wöchnerin bei ihrer Entlassung beherrschen und sie konsequent zu Hause durchführen (mindestens für 8–12 Wochen). Außerdem bekommt sie ein Informationsblatt mit Bauch- und Beckenbodenübungen. Dazu wird die Empfehlung gegeben, an einer Spätwochenbettgymnastik teilzunehmen.

In der *Spätwochenbettgymnastik* wird weiter gezielt die Bauch- und Beckenbodenmuskulatur in verschiedenen Ausgangsstellungen geübt (z. B. im Vierfüßlerstand, auf dem Pezzi-Ball, auf dem Hocker). Zusätzliche Gesichtspunkte sind Entspannung und allgemeine Konditionsförderung. Man kann diese Übungsstunden mit Musik und Einsatz von Geräten sehr abwechslungsreich gestalten.

Nach Kaiserschnitt

Bis zum Entfernen der Fäden wird nur eine postoperative Behandlung unter den Gesichtspunkten der Thrombose- und Pneumonieprophylaxe und Entstauung der Beine durchgeführt.

Ab 4. postoperativem Tag erfolgt die übliche Wochenbettgymnastik, bei der besonders die schrägen Bauchmuskeln geübt werden. Es ist anfangs ratsam, in einer Ausgangsstellung zu beginnen, bei der die Bauchmuskeln leicht angenähert sind, um Schmerzen an der Narbe zu verhindern (Kopfteil leicht erhöht, im Gegensatz zu normal entbundenen Wöchnerinnen). Da durch den Geburtsvorgang der Beckenboden nicht ausgewalzt worden ist, wird ihm in der Behandlung keine so große Bedeutung zugewiesen. Andererseits ist aber die Intensität der Bauchmuskelspannung größer, wenn der Beckenboden gleichzeitig mit angespannt wird.

Sollte es bei der Geburt zu einer *Symphysenzerrung* oder gar Symphysenruptur gekommen sein, besteht die Behandlung im Anlegen eines Schlaufenverbands nach Naujoks im Wochenbett, später einem Hüftgürtel mit Trochanterpelotten. Während der Zeit beschränkt sich die Wochenbettgymnastik auf dynamische Bewegungen der Arme (auf keinen Fall Beinbewegungen) und Spannungsübungen für Bauchmuskeln und Beckenboden. Erst wenn der Verband entfernt und die Wöchnerin beschwerdefrei ist, folgen Bewegungsübungen vom Oberkörper her, später von den Beinen.

Bei der Wochenbettbehandlung sind noch einige allgemeine krankengymnastische Maßnahmen wichtig:

- *Rückstromfördernde Massage* der Beine sind in den ersten 2–3 Tagen sehr wohltuend für Wöchnerinnen, die durch anstrengenden Geburtsablauf erschöpft oder durch hohen Blutverlust geschwächt sind. Sonst ist eine Beinmassage nicht notwendig, da die Stromverlangsamung der Venen durch aktives Üben besser behoben werden kann.
- Ähnlich verhält es sich mit einer *Bauchmassage*. Eine intensiv durchgeführte Wochenbettgymnastik gewährleistet genügend Kontraktionsreize für den Uterus, um sich zusammenzuziehen und zurückzubilden. Für die Wöchnerin wird das durch verstärkte *Nachwehen* während und nach der Gymnastik spürbar. Nur bei stark ausgeprägter Kontraktionsschwäche des Uterus (damit Neigung zur Lochialstauung) oder bei Störungen von Blasen- und Darmtätigkeit sind flächige Kne-

tungen über den seitlichen und hinteren Bauchabschnitten angezeigt. Jeder Druck auf den Uterus muß dabei aber vermieden werden.

Störungen und Erkrankungen im Wochenbett

Wochenbettfieber (Puerperalfieber)

Als Puerperalfieber bezeichnet man jede fieberhafte Erkrankung im Wochenbett, die durch das Eindringen von pathogenen Keimen in eine der Geburtswunden hervorgerufen wird. Kommt es zur Infektion direkt bei der Geburt, treten die Beschwerden meist am 3.–4. Wochenbettag auf. Es kann sich dabei um eine lokal begrenzte Infektion der Wunden des Dammes und der Scheide handeln; häufiger jedoch sieht man eine Infektion der Uterushöhle (Endometritis puerperalis). Die Lochien werden durch die eingedrungenen Keime zersetzt und sind übelriechend. Es bestehen subfebrile Temperaturen; das Allgemeinbefinden ist meist nur wenig gestört. Therapeutisch gibt man feuchtwarme Umschläge auf den Unterleib und Spasmolytika (z. B. Buscopan-Supp.), um den Muttermund weitzustellen, anschließend Kontraktionsmittel (z. B. Methergin), um den Uterusinhalt herauszudrücken.

Bei einem weiteren Ausbreiten der Infektion muß man nach Entnahme von bakteriologischen Abstrichen antibiotisch behandeln. Die gefährlichste Form des Puerparalfiebers ist die Puerparalsepsis bei einer generalisierten Ausbreitung der Keime über die Blutbahn oder die Lymphwege. Diese wird meist hervorgerufen durch β-hämolysierende Streptokokken der Gruppe B. Je nach Art des Erregers endet diese Form des Wochenbettfiebers auch heute noch in 20–50% letal.

Brustentzündung (Mastitis puerperalis)

Die Mastitis im Wochenbett tritt am häufigsten bei stillenden Müttern auf. Man findet sie bei 0,5–2,0% der Wöchnerinnen. Erstgebärende sind oft doppelt so oft betroffen wie Mehrgebährende. Dies läßt auf eine unzureichende Stilltechnik und Brustwarzenvorbereitung der Erstgebärenden schließen. In 90% der Fälle wird die Entzündung durch den Keim Staphylococcus aureus haemolyticus hervorgerufen. Die Infektionsquelle ist meist der Nasen-Rachen-Raum des Pflegepersonals oder der Mutter. Über den Nasen-Rachen-Raum des Säuglings gelangen die Keime an die Brust, wo sie über kleinste Gewebedefekte (Rhagaden, Fissuren) in das Bindegewebe zwischen den Milchdrüsen oder in die Milchgänge selbst eindringen können. Die Infektion durch die Lochien der Wöchnerin spielt nur eine untergeordnete Rolle.

Am häufigsten zwischen der 2. und 3. postpartalen Woche kommt es zu plötzlich auftretendem Fieber, Schmerzen an umschriebener Stelle der Brust und im weiteren Verlauf zu einer Rötung und Überwärmung des erkrankten Bezirks.

Therapeutisch wird eine vorübergehende Verminderung der Milchmenge mit Bromocriptin (Pravidel) angestrebt. Gleichzeitig Ruhigstellung der Brust durch einen festsitzenden Büstenhalter sowie Kälteanwendung auf der erkrankten Brust (Alkoholumschläge, Eisblase). Wichtig ist, daß die Brust während dieser Zeit gut entleert (abgepumpt) wird, da die Milch einen idealen Nährboden für Keime darstellt. Kommt es unter dieser Behandlung nicht innerhalb von 24 Stunden zur Entfieberung, muß zusätzlich antibiotisch behandelt werden. Bei einer Abszedierung der Entzündung erfolgt eine chirurgische Therapie. In leichteren Fällen der Mastitis kann weiterhin gestillt werden. Bei einer Abszedierung muß abgestillt werden, da es über die infizierte Milch zur Erkrankung des Kindes kommen kann (Pyodermien, Furunkulose). Durch verschiedene Vorbeugemaßnahmen kann die Gefahr der Mastitis erheblich vermindert werden:

- Zur Vorbeugung von Rhagaden soll die Haut von Brustwarze und Warzenvorhof während des letzten Schwangerschaftsdrittels mehrfach täglich mit einem kalten, feuchten Waschlappen massiert werden.
- Reinigung der Brustwarze mit Wasser und Seife vor und nach dem Stillen und Abdecken der Brustwarze nach dem Stillen mit einem sterilen Tupfer.
- Händewaschen vor dem Stillen mit Desinfektionslösungen.
- Beschränkung der Stillzeit an jeder Brust auf maximal 10 Minuten.
- Vermeidung von Milchstauung, ggf. durch Abpumpen.

Symphysenschaden

Bereits in der zweiten Schwangerschaftshälfte können Auflockerungserscheinungen an der Symphyse und den Iliosakralfugen zu Becken- und Rückenschmerzen führen. Die Spontangeburt eines großen Kindes oder eine schwere Zangenentbindung kann zur Dislokation oder Ruptur von Beckenfugen führen. Dies betrifft meistens die Symphysenfuge. Die Patientin klagt über Schmerzen in Unterleib, Becken, Hüfte; sie kann sich im Bett oftmals nicht auf die Seite legen, und teilweise bestehen erhebliche Gangbeschwerden („Watschelgang“).

Phlebothrombose, Thrombophlebitis

Als Phlebothrombose bezeichnet man den teilweisen oder vollständigen thrombotischen Verschluß der tiefen Bein- bzw. Beckenvenen. Die Thrombophlebitis ist die aseptische oder septische Entzündung (z. B. nach Venenpunktion) der Venenwand von oberflächlich gelegenen Venen.

Die Weitstellung der Gefäße, der verminderte Füllungszustand der Venen und die Verlangsamung des venösen Rückstroms begünstigen, besonders in den ersten Tagen nach der Geburt, die Entstehung einer

Thrombose. Von den thrombosefördernden Faktoren kann vor allem die venöse Rückflußgeschwindigkeit durch krankengymnastische Übungen positiv beeinflußt werden. Aktives Bewegen sowie frühzeitiges Aufstehen sind die wesentlichen Ansatzpunkte in der Thromboseprophylaxe nach der Geburt.

Oberflächliche entzündete Thrombosen sind als schmerzhafte Knoten meist im Bereich von Varizen zu erkennen. Die Umgebung ist gerötet, angeschwollen, druckschmerzhaft und wärmer als die umliegende Hautpartie. Die tiefen Thrombosen, deren hauptsächliche Lokalisation Wade, Oberschenkel und Beckenwand sind, kann an einem Druckschmerz der großen Gefäße und in der Leistengegend, an einem Ödem des erkrankten Beines (blaßblaue Schwellung) und an einem ausgeprägten Fußsohlenschmerz erkannt werden. Die Hauptgefahr der Thrombose der tiefen Venen ist die Lungenembolie (s. auch S. 6).

Die Thrombophlebitis wird durch Lokalmaßnahmen behandelt. Die Patientin muß aufstehen. Bei der Phlebothrombose muß jedoch die Gymnastik unterbrochen werden und die Wöchnerin Bettruhe einhalten. Eine Antikoagulantientherapie oder Thrombolysetherapie wird eingeleitet.

Geburtsvorbereitung, Geburtserleichterung

Schwangerschaft und Geburt stellen an die Schwangere Anforderungen psychischer und physischer Art. Angst und Furcht vor Schmerzen können zu bestimmenden Faktoren im Denken der Frau während der Schwangerschaft und unter der Geburt werden. Nicht allen Frauen ist diese Angst bewußt; zahlreiche Symptome wie Schlafstörungen, Alpträume oder Gereiztheit weisen jedoch darauf hin, und in einem nicht unwesentlichen Prozentsatz tritt Angst mit fortschreitender Wehentätigkeit auf. Angst, und als Folge Vasokonstriktion und Muskelverspannungen, bedingen eine zusätzliche Reizverstärkung unter der Geburt.

Verschiedene Methoden der Vorbereitung auf die Geburt bzw. der nichtpharmakologischen Geburtserleichterung wurden entwickelt. So kann die von Eucharius Röchlin 1547 in seinem Buch „Der schwangeren Frauen und Hebammen Rosengarten" gegebene Anweisung als erste Beschreibung einer Psychoprophylaxe unter der Geburt verstanden werden: „Die Kreißende soll zwischen den Wehen herumlaufen, die Stiegen auf- und abgehen und laut rufen und singen. Die Hebamme soll auch die Mutter trösten und sie bei erneutem Einsetzen der Wehen ermahnen, bei der Geburt aktiv mitzuarbeiten." Hieraus können schon die wesentlichen Prinzipien, die mehr oder minder ausgeprägt jeder Methode der Geburtserleichterung zugrunde liegen, abgelesen werden:

– Minderung des Geburtsschmerzes durch Affektentzug, durch Ablenkung von der Angst,

- Minderung des Schmerzerlebnisses durch Einengung des Bewußtseins,
- Geburtserleichterung durch Tonusregulierung und
- Milieusanierung durch Hinwendung zur Gebärenden.

Unter den Methoden der Geburtsvorbereitung und -erleichterung, die im folgenden kurz dargestellt werden, wird zunächst die vor allem in den zwanziger Jahren und vereinzelt auch noch heute in England geübte Geburtserleichterung durch Hypnose erwähnt. Mit einem gewissen Training kann die Mehrzahl der graviden Frauen in Hypnose versetzt werden, wobei die Hypnosetiefe von Fall zu Fall schwankt. Es wird das Schmerzerlebnis unter der Geburt unterdrückt wie auch durch eine posthypnotische Suggestion in den Fällen, in denen während der Geburt Schwierigkeiten aufgetreten waren, eine retrograde Amnesie oder die Erinnerung einer schmerzlosen Geburt erzielt. Das Verfahren hat sich in unserem Raum nicht durchsetzen können.

Der Weg von der muskulären Entspannung zur vegetativen und zur geistig-emotionalen Ruhigstellung wird beim autogenen Training nach Schultz beschritten und in der Schwangerschaft über Gymnastik und Erlernen einer ruhigen Atemtechnik angewandt. Außenreizverarbeitung, Immobilisation und Entspannung sollen, bei gleichzeitiger intensiver Aufklärung über den Geburtsvorgang, die Geburt erleichtern.

Ausgehend von dem Begriff „tense woman tense cervix“ (verspannte Frau, verspannte Zervix) hat Read (1890–1959) den Circulus vitiosus Angst-Spannung-Schmerz herausgestellt und dessen Durchbrechung als Möglichkeit zur schmerzarmen Geburt beschrieben. Affektentzug durch Hinwendung zum positiv empfundenen Erlebnis der Geburt und Tonusregulierung der Muskulatur, ähnlich dem Vorgehen bei der progressiven Relaxation nach Jacobsen, sollen den Geburtsschmerz mindern. Read war davon überzeugt, daß die Entbindung als physiologischer Vorgang ohne Schmerzen verlaufen könnte und machte dafür, daß beim Menschen die Geburt in der Regel schmerzhaft war, vor allem psychische Einflüsse verantwortlich. Seine Ideen über die Entstehung des Geburtsschmerzes als Angst-Verkrampfung-Schmerz-Syndrom und die Möglichkeit einer natürlichen Geburt wurde erstmals 1933 publiziert. Durch Aufklärung der Frauen in der Schwangerschaft und psychische Führung vor der Geburt bekämpfte Read die Angst, die nach seiner Erfahrung den Ausgangspunkt aller psychophysischen Fehlsteuerungen während der Geburt darstellt: ohne Angst keine Verkrampfung der Muskeln und Gefäße und deshalb kein Schmerz. Durch Lockerungsübungen vertiefte er die Entspannung der Muskeln und Gefäße und förderte durch eine besondere Atemtechnik die Sauerstoffversorgung des Uterus und die Entspannung des vegetativen Nervensystems.

Die Psychoprophylaxe der russischen Schule hat ihren wesentlichen Ansatzpunkt in der Erziehung zur Geburt. Über das Verstehen der Geburtsvorgänge durch eingehende Aufklärung der Schwangeren werden falsche Vorstellungen von der Schmerzhaftigkeit der Geburt abgebaut. Diese Methode wurde später von Lamaze übernommen und durch eine subtile Atemtechnik erweitert.

Inhalt der von Leboyer entwickelten Methode ist es, das Kind von übermäßigen mechanischen, akustischen und optischen Reizen während der Geburt zu verschonen („sanfte Geburt"). Der unmittelbar nach der Geburt hergestellte Hautkontakt durch Auflegen des noch nackten Kindes auf den Bauch der Mutter gehört ebenso dazu wie das frühe Anlegen an die Brust.

Der Erfolg einer Geburtsvorbereitung ist weitgehend unabhängig von der gewählten Methode. Die Inhalte der verschiedenen Vorbereitungskurse haben sich so genähert, daß eine strenge Unterscheidung nicht mehr sinnvoll erscheint. Darüber hinaus sind wesentliche Forderungen von Leboyer, wie z. B. der sofortige Hautkontakt des Kindes mit der Mutter oder das frühe Anlegen, bereits in den Routineablauf der meisten Kliniken eingegangen. Wichtig bei allen Vorbereitungsmethoden ist, daß die Schwangere, möglichst gemeinsam mit ihrem Partner, an einem der Vorbereitungskurse teilnimmt.

In unserer Klinik werden an sechs Abenden die Eltern von den Geburtshelfern und dem Kinderarzt über den Verlauf der Schwangerschaft, den Ablauf der Geburt und das Wochenbett informiert. Anschließend finden paarweise oder in der Gruppe Führungen durch den Kreißsaal statt. Die Paare lernen so die Räumlichkeiten und auch einen Teil der Hebammen kennen. Die oft gestellte Forderung, daß die Schwangere vor der Geburt „ihre" Hebamme bereits kennen sollte, ist in einer Klinik, wo zwangsweise im Schichtdienst gearbeitet wird und keine zeitlich programmierten Geburten durchgeführt werden, nicht möglich. Die eigentliche Vorbereitung auf die eigene Geburt wie auch die Schulung des Verhaltens erfolgen in Gruppen von 5–7 Frauen. Der Kursbeginn liegt um den 7. Schwangerschaftsmonat, die Zusammensetzung der Gruppe erfolgt nach der Dauer der Schwangerschaft. In den Übungsstunden lernen die Frauen verschiedene Entspannungs- und Atemtechniken sowie geburtserleichternde Ausgangsstellungen und ein dem Stadium der Geburt angepaßtes Verhalten. Zusätzliche Bewegungsübungen sollen die Beschwerden in der Schwangerschaft lindern. Die Partner werden, soweit möglich, in die Gruppenarbeit einbezogen.

Krankengymnastische Geburtsvorbereitung

Eine zweckmäßige Schwangerschaftsgymnastik kann bis zum Geburtstermin durchgeführt werden. Hinzu kommt noch in den letzten 2 Monaten eine Geburtsvorbereitung, um optimale Bedingungen für Mutter und Kind unter der Geburt zu schaffen.

Kleine Gruppen bis zu 8 Frauen haben sich gut bewährt. Gerade die Arbeit in der Gruppe wirkt günstig auf die Psyche der Schwangeren, zeigt sie ihr doch, daß sie mit ihren Problemen und mehr oder weniger eingestandenen Ängsten nicht allein dasteht.

Wenn es möglich ist, sollte die erste Stunde eine Einzelbehandlung sein, was besonders wichtig bei Erstgebärenden ist. Der Geburtsablauf, der oft schon durch die vorangegangenen theoretischen Stunden bekannt ist, wird noch einmal erklärt, analog dazu werden Lagerungen, Verhaltensweisen und diejenigen Tätigkeiten durchgenommen, die die Frau selbst unter der Geburt anwenden muß. Anschließend erfolgt dann das Üben in der Gruppe.

Vorbereitung der Eröffnungsperiode

Die Eröffnungszeit ist für die gebärende Frau eine „passive“ Phase. Die Muttermundsöffnung und das Tiefertreten des Kindes wird allein durch die Kontraktionen des Uterus erreicht. Diese Uterusarbeit darf die Frau in keiner Weise behindern, sei es durch Verkrampfung der gesamten Muskulatur, speziell des Beckenbodens, durch Anhalten der Atmung oder durch frühzeitiges Mitpressen. Die Eröffnung muß ganz von selbst vor sich gehen, sie kann aber erleichtert und stark verkürzt werden durch bewußte Entspannung und Atmung.

Gesichtspunkte

- Entspannung,
- Atmung,
- Vorbereitung der Austreibungsphase.

Maßnahmen

- Unter *Entspannung* versteht man ein bewußtes Herabsetzen des gesamten Muskeltonus. Je angespannter das tägliche Leben verläuft, je vielfältiger die Anforderungen sind, desto seltener gelingt eine spontane Entspannung.
  Bei der Geburtsvorbereitung kann die Entspannung erreicht werden durch:

- Lagerungen,
- Entspannungsübungen über vorangegangene Anspannung,
- konzentriertes „Durchtasten" des gesamten Körpers allein durch Gedanken,
- Atmung.

Weitere Möglichkeiten der Entspannung sind z. B. autogenes Training, Yoga, Eutonie.

Rückenlage:
Ein kleines Kissen stützt den Nacken, die Arme liegen locker und leicht angewinkelt an der Seite. Eine Rolle liegt unter den Knien, oder die Unterschenkel werden auf einen Hocker gelegt, Oberschenkel und Knie fallen locker der Schwere nach auseinander. Durch diese Lagerung wird bereits eine Entlastung der Hals- und Nackenmuskulatur erreicht, die Bauchmuskeln lassen in ihrer Dehnspannung nach, der Beckenboden wird von seiner statischen Funktion entlastet, Lendenmuskulatur, Hüftstrecker und die ischiokruralen Muskeln werden von ihrer Haltearbeit befreit.

– Um festzustellen, wie weit bereits ein Vermögen und die Bereitschaft zum Lockerlassen besteht, kann der Krankengymnast Beine und Arme der Schwangeren passiv bewegen. Während des passiven Bewegens erfolgt die Aufforderung, nichts mitzumachen, nicht zu helfen und nur nachzuspüren, wie schwer das Bein (Arm) ist. Gerade das „Sich-anderen-Überlassen" fällt zu Anfang sehr schwer, ist aber in Hinblick auf die Entbindung unumgänglich (sich den Wehen überlassen, sich dem Arzt und der Hebamme überlassen).

Ist erst einmal das Schweregefühl der Glieder bekannt, kann mit Anspannungs-Entspannungs-Übungen begonnen werden. Dabei geht man von dem Gedanken aus, daß nach maximaler Anspannung eine maximale Entspannung erfolgt.

Kleine Muskelgruppen werden isoliert herausgesucht, möglichst kraftvoll angespannt, es wird der Spannung nachgespürt und dann bewußt wieder lockergelassen und als Schwere erlebt, z. B. Faustschluß – Armspannung – Lockerlassen, Fuß hochziehen – Beinspannung – Lockerlassen, Beckenbodenspannung – Lockerlassen.

Auf diese Weise können sämtliche Muskeln durchgearbeitet werden. Es muß aber darauf geachtet werden, daß alle anderen Muskeln, die nicht in Aktion treten sollen, wirklich entspannt bleiben. Außerdem darf nicht mechanisch geübt werden, sondern die Schwangere soll sich jedesmal ganz bewußt den Unterschied zwischen Anspannung und Entspannung klarmachen und diese als „Erlebnis" spüren.

Ein weiterer Weg zur Entspannung führt über die nur geistige, gedankliche Arbeit, indem der ganze Körper durchgetastet wird. Das kann in jeder beliebigen, entspannten Lage geschehen, z. B. in Seitenlage. Dabei wird das untere Bein gestreckt, das obere leicht angebeugt und mit Rolle oder Sandsack gestützt. Der Rücken ist gerundet. Der obenliegende Arm bzw. die Schulter werden locker nach vorne gelegt, der untenliegende Arm nach hinten geschoben. Aber es eignen sich auch die verschiedenen geburtserleichternden Stellungen dazu, die in der Eröffnungszeit eingenommen werden können. Zuerst gibt der Physiotherapeut den Weg an, den die Schwangere in Gedanken nachvollziehen soll, etwa:

- Das Gesicht kontrollieren.
- Die Stirnmuskeln glattmachen.
- Die Augenlider ruhig geschlossen halten.
- Die Wangen schlaff nach unten hängen lassen.
- Unterkiefer und Kinn einfach hängen lassen.
- Den Mund leicht aufgehen lassen.
- Die Zunge ganz schwer in den Unterkiefer legen und den hinteren Gaumenraum weitstellen.
- Hals- und Schultergürtel locker lassen.
- Nachspüren, wie schwer die Arme an der Seite liegen.
- Die Rückenmuskeln durchtasten und in sich locker lassen.
- Nachspüren, ob die Gesäßmuskeln schlaff sind.
- Den Beckenboden kontrollieren, ob er weit oder eng ist.
- Fühlen, ob die Beine ganz bequem und schwer auf der Unterlage liegen.
- Den Körper als Ganzes spüren, wie breit und schwer er auf der Matte liegt.

Bei dieser Art von Entspannungsübungen ist es günstig, wenn der gleiche Wortlaut und die Reihenfolge beibehalten werden, wie der Körper durchzuarbeiten ist. Es prägt sich der Schwangeren besser ein und erleichtert ihr das Üben zu Hause.

Die *Seitenlage* wird oft am angenehmsten empfunden und kann auch während der Geburt am längsten eingenommen werden (Abb. **24**).

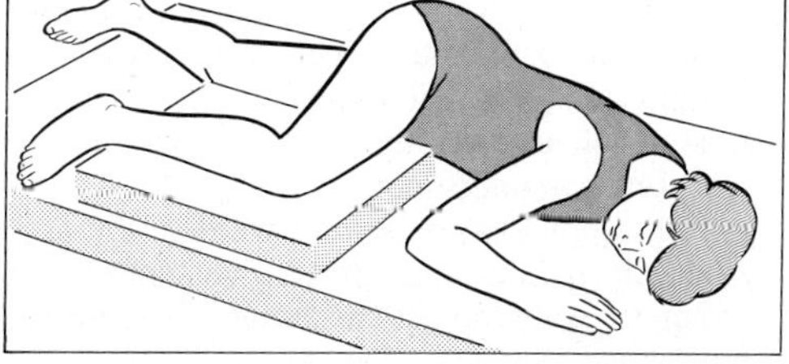

Abb. **24** Seitenlage mit locker vorgedrehtem Brustkorb und Schultergürtel.

Sie garantiert völlig entspannte Bauchmuskeln, weiten Beckenboden und Ausgleich der Lendenlordose. Durch den breit liegenden Brustkorb wird außerdem die Atmung nicht behindert. In Einzelfällen wird in Rükkenlage im letzten Drittel der Schwangerschaft ein Syndrom von schockähnlichem Charakter beobachtet. Der vergrößerte Uterus vermindert durch Druck auf die große untere Hohlvene den venösen Rückstrom von Blut zum Herzen (Vena-cava-Kompressionssyndrom). Die Umlagerung in Seitenlage bringt rasche Besserung. Die von der Schwangeren geklagten Beschwerden wie Schwindel, Kopfschmerzen, Schwäche und Schweißausbruch verschwinden ebenso wie der vorübergehende Blutdruckabfall und Pulsanstieg. Dieses schockähnliche Syndrom ist eine der Ursachen dafür, daß Schwangere im letzten Drittel der Schwangerschaft häufig die Rückenlage scheuen. Hinzu kommt, daß sich die Schwangeren in Seitenlage stärker geborgen und nicht so beobachtet fühlen wie in Rückenlage. Das spielt ganz besonders eine Rolle bei der Entspannung des Gesichtes.

Zusätzlich können andere Ausgangsstellungen gewählt werden, z. B. Schneidersitz, Kutschersitz oder Reitsitz auf einem Stuhl, Pezzi-Ball, Vierfüßlerstand, Knie-Ellenbogen-Lage, Fersensitz. Herumgehen und Stehen, wenn der Geburtsverlauf es erlaubt.

Am Anfang der Eröffnungsperiode empfinden viele Frauen die sitzende Stellung ebenso wie das Herumgehen angenehmer. Durch den verstärkten Druck des kindlichen Kopfes auf den Muttermund wird die Wehentätigkeit in senkrechter Stellung angeregt. Ebenso wird der Schmerz weniger stark empfunden, da man sich in diesen Stellungen besser ablenken kann. Das Stehen und Gehen soll soweit wie möglich mit einer optimalen Entspannung erfolgen (z. B. keine Schultern hochziehen, Beckenboden bewußt weit machen). Bei Beginn der Wehe bleibt die Gebärende stehen und achtet auf die abdominal gerichtete Atmung und eine entspannte Bauchdecke.

Bei stärkeren Wehen bringt das Abstützen beim Partner oder der Hebamme und das Vorneigen des Oberkörpers Erleichterung.

– *Atmung.* Eine große Hilfe bei der Entspannung ist die Atmung. Damit ist nicht das „besonders gut machen wollende“ Atmen gemeint, sondern ein ganz gleichmäßiges, durchfließendes Atmen, das von selbst kommt und geht. Die Schwangere wird aufgefordert, nur dieser Atmung nachzuspüren und sich ihr ganz hinzugeben. Gerade wenn ihr trotz Entspannungsübungen und gedanklicher Entspannung noch Stellen in ihrem Körper bewußt werden, die noch nicht ganz entspannt sind, hilft die Atmung. Sie soll versuchen, Fehlspannungen zu lösen, indem sie während der Ausatmung an diese Stellen denkt und diese zu entspannen versucht.

Eine gleichmäßige, ruhige Atmung wirkt bereits entspannend und angstlösend, wodurch ein schmerzlindernder Effekt erreicht wird. Unter der Geburt bedarf es aber noch der intensiven kostodiaphragmal gerichteten Atmung, die während der Übungsstunden erlernt werden muß.

Die nach kostodiaphragmal gerichtete Atembewegung soll zu folgendem beitragen:

- bessere Sauerstoffversorgung des mütterlichen wie kindlichen Organismus unter der Geburt wie auch in der Schwangerschaft;
- ausgiebige Sauerstoffversorgung der schwer arbeitenden Uterusmuskulatur und genügende CO_2-Abfuhr;
- ein geistiges Mitarbeiten, durch das weitgehend Angstzustände ausgeschaltet werden können;
- Kräftigung des Zwerchfells und der Bauchmuskulatur, welche für die Austreibungszeit von großem Nutzen sind.

Zur Schmerzreduzierung kann durch die dehnende Einatmung die reflektorische Abwehrspannung der Bauchdecke erfolgreich überwunden werden.

Zum Erlernen der bewußten Lenkung der Atembewegung wird eine der genannten Stellungen eingenommen (Abb. **25 a–d**).

Die Schwangere legt sich eine Hand auf den Bauch und eine Hand unter das Kreuz. Jetzt wird ruhig abgewartet, bis das Bedürfnis zum Einatmen kommt. Wenn die Einatmung einsetzt, spürt sie nach, wie der Bauchraum weit wird, und zwar nicht nur nach vorne, sondern auch nach hinten Richtung Lendenwirbelsäule („kyphosierende Atmung") und nach unten zum Beckenboden. Zur Erleichterung kann man sich dabei vorstellen, klein und dick zu werden. Dann langsam die Luft durch den Mund ausströmen lassen. Die Ausatmung sollte immer länger als die Einatmung sein, um eine Hyperventilation zu vermeiden und den Entspannungseffekt der Atmung zu vertiefen (beim Ausatmen sich fallen lassen). Die kyphosierende Atmung ist wichtig, da ein ausgeprägtes Hohlkreuz (was bei den meisten Schwangeren verstärkt ist) den Geburtsweg verengt und der Kopf des Kindes schlechter tiefertreten kann. Gleichzeitig ist diese Atmung sehr wohltuend bei Wehen, die man vor allem im Kreuz spürt. Nach der Ausatmung wird ruhig abgewartet, bis das Bedürfnis zum Einatmen von allein einsetzt. Die Atempause muß eingehalten werden, damit es nicht zu einer Hyperventilation kommt. Diese Atmung wird in der Eröffnungsphase so lange wie möglich durchgeführt. Sobald sich eine Kontraktion ankündigt (vermehrte Kindsbewegungen, Herzklopfen), wird mit der Bauchatmung begonnen, und zwar entsprechend der Wehenstärke. Am Anfang und Ende der Wehe nicht zu tief atmen, auf dem Höhepunkt der Wehe am tiefsten = Dreieckatmung (Abb. **26**). Man kann durch diesen Atemrhythmus Energie sparen und eine Hyperventilation vermeiden.

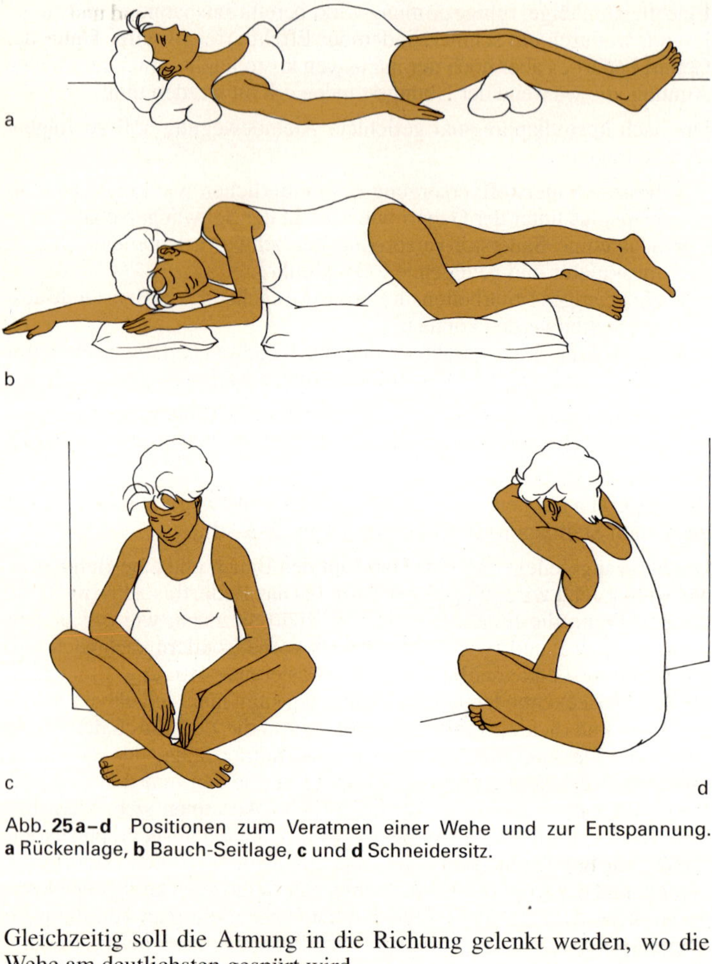

Abb. **25 a–d** Positionen zum Veratmen einer Wehe und zur Entspannung. **a** Rückenlage, **b** Bauch-Seitlage, **c** und **d** Schneidersitz.

Gleichzeitig soll die Atmung in die Richtung gelenkt werden, wo die Wehe am deutlichsten gespürt wird.

Bei fast jeder Geburt ist gegen Ende der Eröffnungszeit ein Punkt erreicht, wo die kostodiaphragmale Atmung nicht mehr durchgeführt werden kann. Die Kontraktionen werden so intensiv, oft besteht auch schon ein Drang mit Mitpressen. In dieser Phase kommt ein oberflächlicher Atemtyp zur Anwendung, das Hecheln (schwingende Atmung).

Das Hecheln dient nicht zur vermehrten Sauerstoffzufuhr. Es ist eine oberflächliche, frequente Atmung (Totraumventilation) bei entspannter Bauchdecke. Dabei schwingt das Zwerchfell auf und ab. Der Atemweg

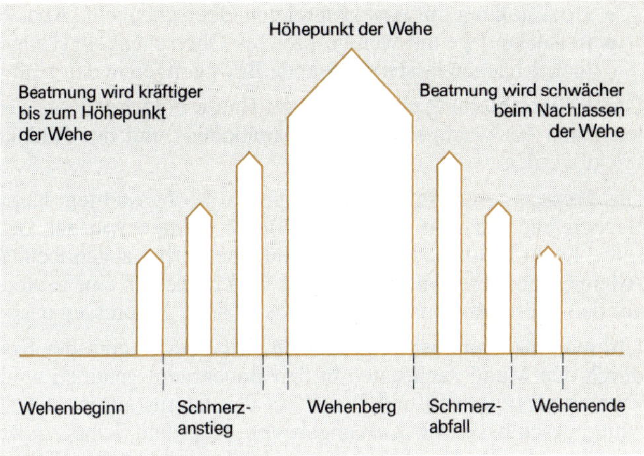

Abb. **26** Schematische Darstellung der sog. Dreieckatmung.

ist der Mund. Ein- und Ausatmung sind gleich lang. Es gibt keine Atempause. Der Schwangeren wird gesagt, daß der Rhythmus richtig ist, der ihr am angenehmsten ist. Falls das Hecheln nur über kurze Zeit gelingt, wird nur der Höhepunkt der Wehe überhechelt. Am Anfang und Ende der Wehe soll die Schwangere nach ihrem Bedürfnis die kostodiaphragmale Atmung durchführen. Durch die Konzentration auf das Hecheln dringen Reize, die vom Uterus herkommen, nicht in das Bewußtsein, damit wird Schmerzminderung erreicht, Angst und Verspannungssituationen können vermieden werden. Es darf nicht zu schnell und zu lange gehechelt werden, da sonst leicht eine Hyperventilation entstehen kann. Um dies zu vermeiden, muß in bestimmten Abständen die Luft ausgestöhnt werden. In welchen Abständen das Bedürfnis zum Ausstöhnen der Luft entsteht, ist sehr unterschiedlich. Nach dem Ausstöhnen der Luft wird sofort weiter gehechelt, damit der positive Effekt des Hechelns erhalten bleibt.

– *Vorbereitung der Austreibungsphase.* Eine schnelle Austreibungszeit ist weitgehend abhängig von der aktiven Mitarbeit der Gebärenden. Sie besteht in einer günstigen Preßhaltung, Tiefertreten des Zwerchfells, dirigiertem Mitdrücken mit den Bauchmuskeln und Erschlaffung des Beckenbodens.

Spezielle Vorbereitung des Beckenbodens mit bewußtem Weitmachen der Scheide:

- Schneidersitz,
- Sitzen mit aneinandergelegten Füßen (Fußsohlen) (Abb. **27**);

- Hockstellung mit weit gespreizten Oberschenkeln (Abb. **28**);
- in Rückenlage mit weit gespreizten Oberschenkeln (Unterschenkel locker hängen lassen) kreisende Bewegungen in den Hüftgelenken.

Durch diese Stellungen, die auch zu Hause eingenommen werden sollen, kann ein Nachgeben des Beckenbodens und der Adduktoren erreicht werden.

Das Pressen geschieht in Rückenlage mit hochgestelltem Kopfteil. Das Becken und die weit gespreizten Beine werden von der Gebärenden selbst leicht herangezogen, Kopf und Oberkörper abgehoben (Abb. **29**). Allein durch diese Haltung üben die Bauchmuskeln einen starken Druck auf den Uterus aus, hinzu kommt das gezielte Mitpressen nach unten.

Um maximal mitpressen zu können, wird bei Beginn der Kontraktion durch den Mund nach unten in den Bauchraum geatmet, wodurch das Zwerchfell tiefer tritt und Druck auf den Uterus ausübt. Jetzt wird der Mund geschlossen, die Luft angehalten, Kopf und Schultern werden abgehoben, das Kreuz nach unten gedrückt und mit den Bauchmuskeln nach unten geschoben, indem diese ganz fest zusammengezogen werden. Durch das Einatmen nach unten entsteht der Druck der angehaltenen Luft im Bauchraum, und man kann leichter nach unten drücken. Man teilt die Preßwehe in 3 Abschnitte: einatmen, Luft anhalten, drükken, wieder zurück ausatmen usw.; nicht öfter als 3mal innerhalb einer Wehe, da sonst nicht genügend Schubkraft entsteht.

Da der Preßdrang entfällt, genügt es bei der Vorbereitung, das Anhalten der Luft in der Preßhaltung möglichst lange zu üben mit der intensiven

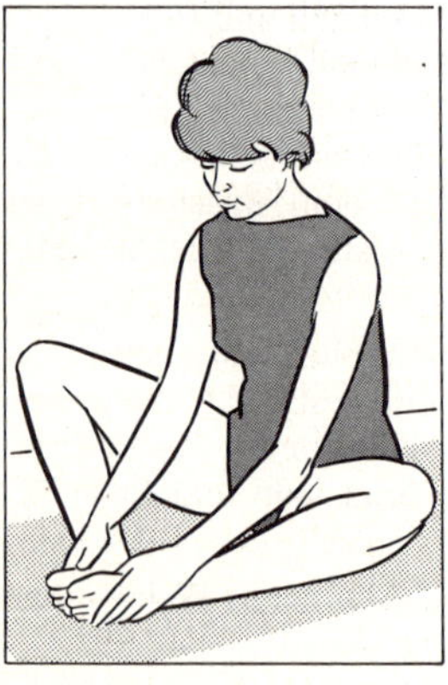

Abb. **27**
Sitzen mit aneinandergelegten Fußsohlen.

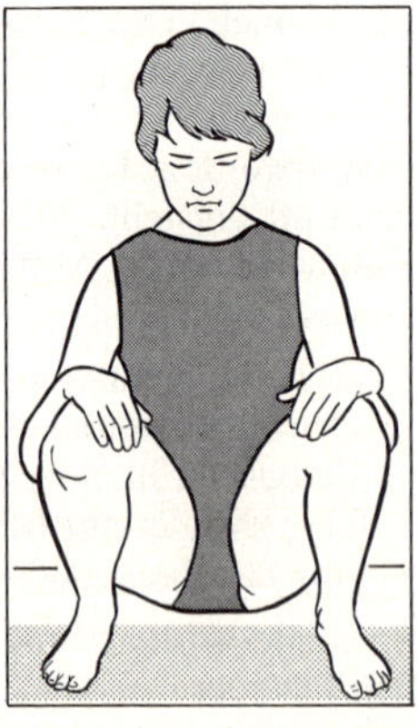

Abb. **28**
Hockstellung angelehnt.

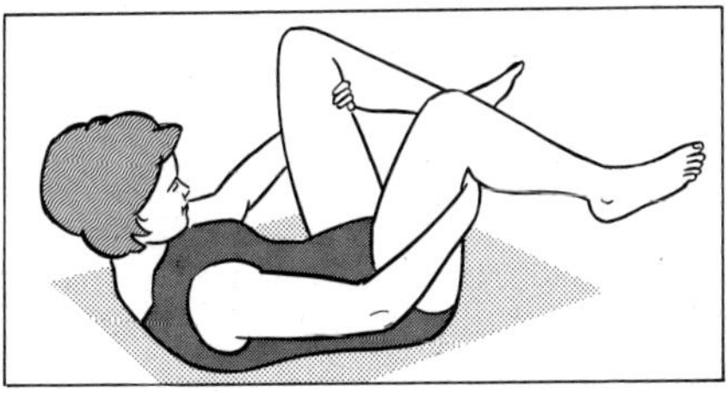

Abb. **29**
Pressen in Rückenlage.

Vorstellung, man würde nach unten drücken und den Beckenboden dabei lockerlassen.

In der Wehenpause soll die Gebärende die kostodiaphragmale Atmung durchführen und bewußt entspannen, damit Mutter und Kind sich wieder erholen können und Kraft für die nächste Wehe haben. Falls die Oberschenkelmuskulatur sehr angespannt ist, können leichte Streichungen hilfreich sein.

In der Preßhaltung, nur mit dem Unterschied, daß Kopf und Schultern liegenbleiben, wird noch einmal das Hecheln geübt. Da beim Durchtritt des kindlichen Kopfes auf keinen Fall mitgepreßt werden darf (Gefahr eines Dammrisses), wird der Preßdrang mit Hilfe des Hechelns ausgeschaltet. In der Vorbereitung muß auch beim Hecheln wieder die Vorstellung herrschen, daß die Beine und der Beckenboden schlaff bleiben, so wie es für den Durchtritt des Kopfes unter der Geburt nötig ist.

Den Einsatz zum Pressen gibt immer die Hebamme. Falls trotz Preßdrang nicht gepreßt werden darf (z. B. Verschlechterung der kindlichen Herztöne, nicht geburtsgerechte Einstellung des kindlichen Kopfes), kommt die Hechelatmung zur Anwendung, um die Gebärende vom Preßdrang abzulenken.

Alternative Gebärstellungen, z. B. das Hocken in der Austreibungsphase, werden leider in den wenigsten Kliniken angeboten. Dabei bewirkt besonders die Hockstellung im Gegensatz zur Rückenlage folgendes:

- Höchst möglichen Druck innerhalb des Beckens.
- Minimale Muskelanstrengung.
- Optimale Entspannung des Perineums.
- Optimale O_2-Versorgung des Kindes.

In der Hockstellung ist der Eintritt des Kindskopfes in den Beckeneingang einfacher und die unmittelbare Berührung des Kopfes mit dem Gebärmutterhals wird unterstützt, weil der Beckeneingang vorwärts und der Beckenausgang abwärts zeigt und somit einen günstigen Winkel zum Hinabgleiten bildet.

Die Vorbereitungsübungen bedeuten eine große Hilfe, Hemmungen zu überwinden, die viele Frauen durch das weite Spreizen der Beine empfinden können. Hemmungen abzubauen und ein Erziehen zur körperlichen wie geistigen Mitarbeit ist ja Ziel der Geburtsvorbereitung.

Die Übungsstunden laufen am besten wie eine „Bilderbuchgeburt" ab mit möglichst den gleichen Signalworten, um den Übungsablauf zu automatisieren (bedingter Reflex), so daß die Gebärende nicht mehr über die Atmungsform nachdenken muß, sondern reflektorisch auf die verschiedenen Situationen der Geburt reagieren kann.

In der Vorbereitung ist das aktive Mitdrücken verboten wegen der Gefahr eines Blasensprunges.

Zusätzlich zu dem „normalen" Geburtsvorbereitungskurs werden Abende für Paare angeboten, in denen der zukünftige Vater die verschiedenen Atem-und Entspannungstechniken lernen und mit seiner Frau zusammen üben kann, ebenso auch das Massieren des Kreuzes. Der Kreißsaal wird gezeigt, die verschiedenen Geburtsphasen erklärt und evtl. auftauchende Probleme besprochen.

Literatur

Barth, V.: Erkrankungen der weiblichen Brust, 3. Aufl. Trias, Stuttgart 1991

Braun-Sonnenschmidt, R.: Krankengymnastische Geburtsvorbereitung. Fachwissen für Kursleiter und Geburtshelfer. Perimed, Erlangen 1986

Brehm, H. K.: Frauenheilkunde und Geburtshilfe für Krankenpflegeberufe, 7. Aufl. Thieme, Stuttgart 1991

Eklundh, M.: Achte auf deinen Rücken, 2. Aufl. Pflaum, München 1979

Földi, M., E. Földi: Das Lymphödem. Vorbeugende Maßnahmen und Behandlung. Leitfaden für Patienten, 2. Aufl. Fischer, Stuttgart 1987

Krahmann, H., H. Steiner: Krankengymnastik in Geburtshilfe und Frauenheilkunde. Pflaum, München 1983

Martius, G.: Ich bekomme ein Kind. Trias, Stuttgart 1991

Nachsorgeleitfaden Krebs. Ein Wegweiser für Krebspatienten und Selbsthilfegruppen. Ministerium für Arbeit, Gesundheit, Familie und Sozialordnung Baden-Württemberg, Stuttgart 1987

Nachsorgeleitfaden Onkologie. Ein Leitfaden für Ärzte und psychosoziale Fachkräfte. Ministerium für Arbeit, Gesundheit, Familie und Sozialordnung Baden-Württemberg, Stuttgart 1987

Pschyrembel, W., J. W. Dudenhausen: Praktische Geburtshilfe und geburtshilfliche Operationen, 18. Aufl. de Gruyter, Berlin 1994

Schüle, K., S. Trimborn: Rehabilitation nach Mammakarzinom. Pflaum, München 1984

Sachverzeichnis